Jesus

イエス

ハンス・キュンク＝著
Hans Küng

福嶋 揚＝訳
Fukushima Yo

図書出版
ヘウレーカ

どのようにして私はイエスに近づいたか

キリスト教に名前を与えた、あの唯一無比の人物は、何者であったのだろうか？　第二ヴァチカン公会議（一九六二―六五）より以前、私は無数の他のカトリック教徒たちと同じように、信仰告白やヘレニズム的な公会議やビザンチンのモザイクが描く、伝統的なキリスト像とともに育った。それらによれば、イエス・キリストとは玉座についた「神の子」、人間の友なる「救い主」であり、かつての若者にとっては「王なるキリスト」であった。

公教要理の授業で私たちは教義の公式を学んだものの、理解してはいなかった。曰く、イエス・キリストは「三位一体の第二位格」なり。人性と神性という「二つの本性を持った神的な位格」なり。その後、そういった「上からのキリスト論」をまるで天の高みから聴かされるように、私はローマにおいて一学期間にわたって講義を聴いた。諸々の公会議や皇帝たちが異端思想を断罪したこと、それに加えて、当時すでに出されていた難題に対する、説得力に欠けること甚だしい回答も聴かされた。非常に難しいラテン語の試験にもすべて難なく合格した。だが私の霊性はどうであったか？　それはどちらかと言えば満たされないままだった。長いこと私が最も関心を寄せていたのは、霊に満ちあふれたパウロの神学だった。だがそれとは反対に、福音書のことは知りすぎていて、むしろ退屈にさえ感じられた。

キリストという人物が私にとって本当に興味深くなったのは、ローマで七年間を過ごした後、現代的な「下からの」聖書学に基づいて、いわばキリストの最初の弟子たちの視点から彼を知ることができた時であった。つまり、キリストを歴史上実在した人物として知るということである。私が担当した講義や演習や出版物との関連で、カトリックおよびプロテスタントの釈義文献の徹底的な研究へと私を突き動かしたものは、この「知られざる」地上のイエスに対するすさまじい知的欲求であった。

なぜならば、キリスト教の本質は結局のところ、抽象的で教義学的な事柄ではなく、また一般的な教えでもなく、はるか昔から、生き生きとした歴史上の一人物、すなわちナザレのイエスだからである。長年にわたって私は、過去二〇〇年におよぶきわめて豊かな聖書研究に基づいて、このナザレ人の唯一無比のプロフィールを習得し、情熱的に取り組みながら何ごとも考え抜き、厳密に根拠づけ、体系的に提供してきた。それればかりか、マルコ福音書全体について、その第一節から最終節まで説教を行い、続けて山上の説教についても説教を行った。

『キリスト者であること（*Christ sein*）』〔未邦訳。後でこの語が出てくる時には「人間であること（あるいは人間らしさ= Mensch sein）」と対比しながら「キリスト者らしさ」と訳す場合もある〕を著して以来、「キリスト教的な人生のモデルはこのナザレのイエスそのもの、すなわちメシア、クリストス、神によって油を注がれて派遣された者である」というきわめて基本的な事柄の意味を私は知っている。それは、イエス・キリストこそ真のキリスト教的霊性にとっての土台だということである。彼は、私たちが作る隣人との関係にとって、また神そのものとの関係にとって、挑戦的な人生モデルであり、世界中の無数の人々にとっての導き、基準となったのである。

キリスト者とは要するに何者なのか？　「主よ、主よ」と言って「原理主義」を信奉する者——聖書主義的なプロテスタントのタイプであれ、権威主義的なローマ・カトリックのタイプであれ、伝統主義的な東方の正教会のタイプであれ——のことではない。キリスト者とはむしろ、自らのまったく個人的な人生の道（各人には固有の人生の道がある）において、このイエス・キリストを実践的な導きにしようと努める者である。それ以上のことは必要ではない。

私自身の人生や他の幾人かの人生は、その高みにおいても低みにおいても、今述べてきたことからだけ理解される。私の教会に対する忠誠および批判も同様である。きわめて多くのキリスト者による教会批判と同じように、私の教会批判はまさに、この歴史的イエスが何者であったのか、何をメッセージとして、何を生きて、何と闘って、何に苦しんだかということと、今日の制度的教会がそのヒエラルキーをもって体現するものとの間の不一致に由来するのである。この不一致はしばしば耐え難いほど大きなものとなった。イエスがサン・ピエトロ大聖堂の輝かしい教皇ミサにいるのだろうか？　あるは、ホワイトハウスで執り行われる、アメリカの戦争好きな大統領とベネディクト一六世との祈りにいるのだろうか？　あるいはパパ・モビル（教皇専用車）に乗った「代理人」の高額な国費旅行にいるのだろうか？　そんなことは想像もできない！　ドストエフスキーの「大審問官」のように、きっと至るところで「なぜお前は私たちを邪魔しに来るのか？」と人は彼に問うだろう。

したがって私たちのキリスト教的な霊性にとって、これ以上はないほど切迫しており、さらに最大の解放をもたらすのは、以下のことである。私たちがキリスト者であるために、神学的かつ実践的に、多くの人々にとって抽象的であり、生活する上で瑣末に見える伝統的な教義学的表現や教会の規制を導きとするよりも、むしろ再び、聖書の証言を通して私たちが出会うイエス自身の人格を導きとすることである。

一九七四年に刊行された『キリスト者であること』は、これまで四〇年間〔二〇一二年時点〕にわたって、私が神学的情熱をすべて注いできた広大な研究領域を探究するための土台であり続けてきた。この浩瀚《こうかん》な書物が今日に至るまで多くの版を重ね、一五か国語に翻訳されたということは、キリストとキリスト者についてのこの本の見解が圧倒的に認められてきたということを意味する。神学の遥かなる水平線を目指して航海し終えた後、神学的活動の最後にさしかかって感じることは、わが神学にとっての胸が高鳴る中心へと回帰し、その中心を今一度きわめてはっきりと際立たせたいという欲求と喜びである。イエスを扱う本書では、『キリスト者であること』（特にC部）の該当する節にほぼ従い、そこにたくさんの小見出しを加えて読みやすくしている。だが、必要ではない釈義的神学的な説明、注釈や文献指示はすべて取り除くことにする。それゆえに厳密な聖書箇所を調べたい人は『キリスト者であること』の該当する節の、二〇〇箇所近い脚注を見れば厳密な箇所がわかるだろう（本書では『キリスト者であること』の脚注のうち、聖書箇所のみ［ ］で補記した）。かくして、神学的な思弁や修養がまったくない稠密《ちゅうみつ》な本が仕上がったのである。

人々は私のイエス本をヨーゼフ・ラッツィンガー（教皇ベネディクト一六世）の二冊のイエス本と比べるであろう。実際、私たちはどちらもテューービンゲン大学の教義学の教授として、一九六〇年代に自らのイエス像を形成したのであった。もちろん私はお互いのイエス像の間に妥協できないような対立を作り出すつもりはない。だが知ってもらわねばならないことがある。私の同僚ラッツィンガーはすでにテューービンゲンで著した『キリスト教入門』において、現代的なイエス研究を攻撃的に風刺したのに対して、私は歴史的批判的な釈義との対決を決然として引き受けて、批判的に突き詰めた新約聖書の研究結果に厳密に基づきながら、私の著書『キリスト者であること』を体系的に構築したのである。ラッツィンガーが歴史的批判的方法に対するどんなに口先の信仰告白を唱えようと、彼はその方法がもたらす教義学にとっての不愉快な成果を無視し、教会教父を引用しながら、典礼に基づきつつ、その成果から賢く巧みに身をかわしたのである。彼の「上からの」イエス像は、四－五世紀のヘレニズム的な公会議の教義、またアウグスティヌスとボナヴェントゥラの神学から、決定的に霊感を受けている。彼は共観福音書をヨハネ福音書から解釈する一方で、ヨハネ福音書をニカイア公会議（三二五年）から解釈しているが、そこに循環論法がないわけではない。私自身はニカイア公会議を新約聖書に基づいて判定する。このように彼が一貫して強度に神格化されたイエス像を提示しているのに対して、私は歴史的イエスを明らかにし、また宗教的ヒエラルキーやファリサイ派の敬虔と歴史的イエスの間に生じた劇的で根本的な争いを明らかにしたのである――まったく首尾一貫して。

教皇となったラッツィンガーがはっきりと望んだ立場を批判するためには、ヘルマン・ヘーリンクが編集した内容豊かな二巻本である『学問的議論における「ナザレのイエス」』（ベルリン、二〇〇八年）、『教皇にとってのイエス――受難・死・復活をめぐる論争』（ベルリン、二〇一二年）を読むといい。私にとっては『キリスト者であること』の論述をたくさん補わずにすむ。もちろん釈義的研究は細かな問題をめぐって遥かに発展を遂げてきた。それゆえに私は今、この間大いに変化してきたクムランへの評価を示し、新たな論点を厳密に叙述しよう。だが有能な聖書解釈者たちが私に確証してくれたことは、根本問題にはわずかの変化しかなく、私の組織神学的な結論が新しいものであり続けてきたということである。要するに、新約聖書の中に教義化されたキリストを探し求める者はラッツィンガーを読めばよいし、歴史的なイエス、また原始キリスト教が告知するイエスを探し求める者はキュンクを読めばよい。このイエスこそ、当時も今も人を困惑させ、態度決定を要求し、単に距離を置いて知ることができないような存在なのである。かくして冷静な情熱をもって書かれた本書は、霊性の深化をもたらしうる書である。私の本『キリスト者であること』をもとにして一〇〇回の説教を作ることができると、当時ある牧師が書いていた。そうかもしれない。私の本そのものは説教をするわけではないが、あの人物のメッセージ、振る舞い、運命がキリスト教的な霊性——すなわち真の人間らしさとキリスト者らしさ——を可能にすることを多角的に描いた本である。もちろんこの本を書いた理由は、自分のことを良いキリスト者だと思っているからではない。イエス・キリストのあとに従うキリスト者であることが特別に良いことだと思っているからである。

ただし本書の読者が、伝統的な信仰告白についての解説を求めるならば、聖書のメッセージに導かれつつ、私の著書『我信ず——同時代人のための使徒信条注釈』(*Credo. Das Apostolische Glaubensbekenntnis-Zeitgenössen erklärt*, 1992, 未邦訳)を読めばよい。また「上からの」キリスト論の発展や、キリストの先在や救済論といった問題に関心がある人は、私の著書『キリスト教——本質と歴史』(福田誠二訳、教文館、二〇二一年)を改めて学んでもらえばよい。

ユダヤ人にとってトーラー(律法)が、またイスラム教徒にとってコーランが「道であり真理であり いのち」であることを私は尊重し理解している。だがキリスト者である私にとって「道であり真理でありいのち」であるのは、このイエス・キリストである。本書における私のエキュメニカルな関心はここで昔も今も変わることなく、さらにまた宗教間対話を行うためにも、すべてのキリスト者にとって共通であるもの、すなわちキリストであるイエスそのものを明確にするということである。堅固な基礎をなすこのキリスト教の土台は、キリスト者としての精神的アイデンティティを私に与えてくれる。この土台を出発点として、私は昔も今も、ユダヤ教徒、イスラム教徒、信仰者、非信仰者と対話する精神的な冒険へと思い切って飛び込んでいくことができる。この本を締めくくる基本定式を私は数十年間ずっと持ち続けてきたが、それは今日でも、そして願わくは私の最後に至るまで、端的に、私のまったく個人的な「われ信ず（クレドー）」を表現するものである。

イエス・キリストのあとに従いながら
ひとは今日の世界で
真に人間らしく生きて、行動して、苦しんで、死んでいくことができる
幸福な時も、不幸な時も、生きる時も、死ぬ時も、神に抱かれて、
人々をおおいに助けながら。

テュービンゲン　二〇一二年一月

ハンス・キュンク

目次

凡例

・〔　〕は訳者による補足である。
・［　］の聖書引照箇所は原著にはないが、『キリスト者であること』の脚注に従い訳者が補記した。例えば［ルカ1・1-4］はルカによる福音書第一章一節～四節を指す。

第1章　キリスト教の特殊性

1　何が「キリスト教的」なのか？

「キリスト教的（あるいはクリスチャン）」という言葉は今日、キャッチフレーズというよりも、むしろ眠気をもよおす言葉だ。キリスト教的なものはとても多い。というよりあまりにも多すぎる。教会、学校、政治政党、文化的団体。そしてもちろんヨーロッパ、西洋、中世。ローマが授ける「最もキリスト教的な王」という称号のことは言うまでもない。その他にも「ローマの」「カトリックの」「ローマ・カトリックの」「教会の」「聖なる」といった付加語が無造作に「キリスト教的」と同一視されている。どんなインフレもそうであるように、「キリスト教的」という概念のインフレも価値の下落をもたらすのである。

危険なる記憶

使徒言行録によれば、アンティオキアで現れたこの言葉は、世界史の文脈の中で初めて用いられた時、尊称であるよりもむしろ蔑称であったということをそもそも覚えているだろうか。

当時、それは一一二年のことだが、小アジアのビテュニア州におけるローマ総督であったガイウス・プリニウス二世は、トラヤヌス皇帝の治世下で、数々の犯罪で訴えられている「キリスト者」について問い合わせた。彼が確かめたところによれば、「キリスト者」は皇帝崇拝を拒否しているが、それ以外には「神であるキリスト」への賛美を歌い（信仰告白を朗誦した？）、いくつかの戒め（盗み、強奪、姦淫、偽証をしないこと）を遵守しているらしかった。

当時、それより少し後のことになるが、プリニウスの友人のコルネリウス・タキトゥスは、帝都ローマの歴史を書きながら、六四年のローマの大火についてかなり厳密に報告している。この大火は、一般にはネロ皇帝が起こしたと考えられているが、ネロ自身は「キリスト者（クリスチアノイ）」に罪をかぶせている。「クリスチアノイ」という言葉は、ティベリウス皇帝の治世下に、執政官ポンテオ・ピラトによって処刑された「キリスト」に由来する。彼の死後、この「有害な迷信」がローマにやって来たばかりか、あらゆる恥ずべきことや下劣なことが起き、大火のあとには大勢の信者まで獲得したという。

当時、時を経ずして、皇帝伝記作家スエトンのずっと不正確な報告によれば、「キリスト」の指示に従ってしょっちゅう騒ぎを起こしていたユダヤ人たちを皇帝クラウディウスがローマから追放したという。

当時――すでに西暦九〇年頃の最初期のユダヤ人の証言であるが――同じくローマで、この時代のユダヤ人の歴史家フラウィウス・ヨセフスは、六二年に起きた、「キリストと呼ばれるイエスの兄弟」ヤコブに対する石打ちの処刑について、明らかによそよそしく言及している。

以上が最初期における異教徒とユダヤ教徒の証言である。今日においても、明らかにキリスト教とは何らかの世界観や永遠の理念のことではなくて、キリストという一人物に関係する何かであるということとを思い出すだけで多くのことが達成されるだろう。だが記憶はつらいものかもしれない。自らの綱領を修正しようとした少なからぬ政党はそのことをすでに知っている。それどころか記憶は危険なものかもしれない。つまりキリスト教とは「危険であり、解放をもたらす記憶」（J・B・メッツ）を活性化することなのである。新約聖書の文書朗読、記念の祝宴、キリストのあとに従う生活、この世における教会の多様な取り組みの全体がもともと意味していたのは、まさにそのことだった。キリスト教とは何についての記憶だろうか？　明らかに不安をもたらすこの記憶について早くから証言しているのは、異教徒とユダヤ教徒から聴取されたキリスト教に関する最初の報告そのものである。これらの報告は、最も遅く書かれた新約聖書の諸文書の時代にさかのぼる証言である。世界を変革するこの記憶について証言しているのは、何よりもキリスト教徒の証言それ自体である。それは何についての記憶だろうか？　今日私たちに対して、新約聖書のみならず、そもそもキリスト教史がこの根本的な問いを投げかけてくる。

1

新約聖書の集成に含まれている諸文書の多様性、偶然性、部分的な矛盾がしばしば強調されるが、それは正しいことである。詳細かつ体系的に教えを説く文書もあれば、宛先人からの問いに対してほとんど行き当たりばったりに応答する文書もある。たまたま書かれた二ページにも満たない小さな手紙で、逃亡した奴隷の主人に宛てられたものもあれば、第一世代とその主要人物の行動に関するどちらかと言えば長々とした記述もある。特に過去のことを報告する福音書、未来に関する預言的な書簡、熟達した文体を持つ文書もあれば、どちらかというと整えられていない文書もある。ユダヤ人に由来する言語や思考世界を持つ文書もあれば、ヘレニスト由来の文書もある。非常に早く書かれた文書もあれば、一〇〇年近く後に書かれた文書もある……！

疑問を抱くのは実にもっともなことだ。一体何が、これほど異なった新約聖書の二七の「書」を束ねているのか？　答えは驚くほど簡単に証言されている。イエスという一人の人物についての記憶である。このイエスは新約聖書のギリシャ語では「クリストス（Christos）」（ヘブライ語ではmaschiah、アラム語ではmeschiha、「メシア」＝「油を注がれた者」）と呼ばれる。

2　まったく同様に、キリスト教の伝統や歴史そのものに含まれた裂け目や飛躍、対立や矛盾がしばしば強調されるが、それも正しいことである。小さな共同体の世紀があれば、大組織の世紀もある。マイノリティの世紀があれば、マジョリティの世紀もある。迫害されていた者が支配者になることもあれば、迫害する側になることもしばしばある。地下教会の世紀に国家教会の世紀がとって代わられる。ネロ皇帝の支配下における殉教者の世紀があれば、コンスタンティヌス皇帝の支配下における宮廷司教の世紀もある。修道者や学者の時代があれば——しばしばそれらと絡み合って——教会政治家の時代もある。ヨーロッパの勃興期に野蛮人を改宗させる世紀があれば、キリスト教徒の皇帝と教皇によって新設されてから再び荒廃させられるローマ支配の世紀もある。教皇が率いる教会会議の世紀があれば、教皇を標的とする改革的公会議の世紀もある。キリスト教的人文主義者や世俗的ルネサンス人の黄金時代があれば、宗教改革者たちによる教会革命もある。カトリックあるいはプロテスタントの正統主義の世紀があれば、福音による覚醒の世紀もある。順応の時代があれば抵抗の時代もある。暗黒の世紀があれば啓蒙の世紀もある。刷新の世紀があれば復興の世紀もある。絶望の世紀があれば希望の世紀もある……！

またしても真っ当な疑問が生じる。これほどまでに異様な対立をはらんだ二〇世紀に及ぶキリスト教の歴史と伝統を一体何が束ねるのだろうか？　ここでもまた別の答えは存在しない。それはイエスという一人の人物の記憶である。幾世紀にもわたって、「キリスト」——神の最終的かつ決定的な派遣者

――と呼ばれる者の記憶である。

概念を言葉どおりに受け取る

概説はあとで行うことにしよう。ただ諸概念の神学的な混同や曖昧化さえ起きている時代には、明確な言語が必要である。神学者がキリスト者に対しても非キリスト者に対しても務めを果たさないのは、物事を名前通りに名指さない時、概念を言葉通りに受け取らない時である。

キリスト教は今日世界の諸宗教と直面しているが、それらの宗教も同じように真理を啓示し、救済に至る道であり、「正統な」宗教である。それらの宗教によっても、人間の疎外や隷従や救いのなさについて、さらに神の近さや恵みや憐みについて知ることができるのだから。そこで迫ってくるのは「もしその通りならば、何がキリスト教的に特殊なものとして残るのか?」という問いである。

まだ大まかではあるが、完全な正解は以下のようなものであるに違いない。初めの証言、伝統全体の証言、キリスト者と非キリスト者の証言によると、キリスト教に特殊なものは――この答えが陳腐な同語反復でないことは後で明らかになる――古代の言葉によって今日でもキリストと呼ばれるイエス自身である。あるいはこう言えないだろうか。大小の宗教が時としてイエスを神殿や聖典に取り入れて崇拝することがあったとしても、それらの宗教は、イエスこそが神と隣人と社会に対する人間の関わりにとって、究極的に重要で決定的で基準となる人物だとは考えないだろう。キリスト教の特殊性、根源的な固有性とは、そのような人間のさまざまな次元において、このイエスこそ究極的に重要かつ決定的な基準となる者だと見なすことである。まさにこれこそが「キリスト」という称号が当初から持っていた意味であった。この称号が当時からすでに「イエス」という名前といわば一体化して固有名詞となったのは、故なきことではなかった。

キリスト教は今日、進歩的あるいは革命的なポスト・キリスト教のヒューマニズムにも直面している。これらはキリスト教と同様に、あらゆる真・善・美に与《くみ》し、自由・平等・友愛を含むすべての人間的な価値を高く評価し、個人の全人的な発展のため、さらにすべての人間の発展のために、より効果的に力を発揮することもしばしばである。他方、キリスト教の教会や神学も新しいやり方で人間的、同胞的であろうとする。つまり、現代的、現実的、啓蒙的、解放的、対話的、多元主義的、連帯的、成人的、現世的、世俗的であろうとする。要するに人間的であろうとする。そうすると次のような疑問を避けられない。「それならば、あるいは少なくともそうあるべきならば、それでもなおキリスト教に特殊なものとは何なのか？」。

またもや大まかでしかないが、すでに十分厳密な答えは、ここでも同じである。初めの証言および伝統全体の証言によれば、特殊なものは再び、このイエス自身、キリストとして繰り返し新たに認識され承認される、このイエス自身なのである。ここで逆の検証もしてみればよい。つまり進化的または革命的なヒューマニストは、時としてイエスを人間として尊敬しようと、さらに宣伝しようと、イエスのことをあらゆる次元で人間にとって究極的に重要かつ決定的な基準となる者とまでは考えないだろう。キリスト教に特殊なもの、最も固有なものとは、このイエスを神と隣人と社会に対する人間の関わりにとって、究極的に重要かつ決定的な基準となる者と見なすことである。聖書の短い表現を用いれば「イエス・キリスト」と見なすということである。

以上の二つの視点から、次のような結論がもたらされる。キリスト教が諸々の世界宗教の中において人間のために役立ちたいのであれば、また現代のヒューマニストにとって意義ある存在であり、さらに新たに意義ある存在になりたいのであれば、少なくとも他人がすでに話したことを後になってから話したり、他人がすでにやったことを真似しても駄目である。オウムのように物真似をするキリスト教は、諸宗教にとってもヒューマニズムにとっても意義を持たず、無意味で余計なものとなってしまうだろう。最新化、現代化、連帯だけでは不十分だ。キリスト者もキリスト教会も、自分が何を欲し、自他に向かって何を言うべきかを知らなければならない。何の制約もない世間で、他者に向けて自らに固有な事柄を言語化し、発揮し、影響をもたらさなければならない。つまりキリスト教は究極的には、ただ以下のことによって、意義あるものとして存在し、また意義あるものとなる可能性を持つ。それは理論と実践において繰り返し、究極の基準となる者イエスの記憶を活性化することである。その記憶とはキリストであるイエスについての記憶なのであって、単に「基準となる人々」の中の一人についての記憶ではない。

　差し当たりもう一度、ごく大まかに言っておこう。ただこのキリストから、キリスト者と非キリスト者がまわり中から投げかけてくる、キリスト教的なものの区別についての切迫した問いに答えることができる。テストとしていくつかの例を挙げよう。

1　カブールにおいてキリスト教徒とイスラム教徒が深い神信仰をもって執り行った祝宴は、キリスト教とスーフィーの伝統の祈りを用いたものだった。それはキリスト教的な聖餐の祝いであったのか？その答えは以下の通りである。そのような祝宴は真正の礼拝、それどころか非常に称賛に値する礼拝でありうる。とはいえ、イエス・キリストという特定の人物のことを考えること――主を記念すること（memoria Domini）――によってのみ、キリスト教的な聖餐の祝いは成立する。

2　ガンジス河畔のベナレスで、あるヒンドゥー教徒が身を捧げ尽くして行った敬虔な沐浴は、キリスト教の洗礼と同一視してよいだろうか？　その答えは以下の通りである。そのような沐浴は宗教的にきわめて重要であり、救いをもたらす清めの儀式である。とはいえ、それがイエス・キリストの名において行われて初めて、キリスト教の洗礼となるであろう。

3　ベイルートのあるイスラム教徒が、コーランの中でイエスについて語られているすべてのこと——多くのことが語られている——を大切に尊重しているならば、彼はすでにキリスト教徒であろうか？　その答えは以下の通りである。コーランが彼にとって必須のものである限り、彼は良きイスラム教徒であり、自分のやり方で救いを見出すことができる。だが彼がキリスト者になるとすれば、それはムハンマドが唯一の預言者でありイエスがその先駆者であるということではなく、他ならぬこのイエス・キリストが彼にとって基準となることによって、初めてそうなるのである。

4　シカゴ、リオ、オークランド、あるいはマドリッドで、人道的理想や人権や民主主義が支持されたことは、キリスト教の宣教だろうか？　答えは以下の通りである。これは、キリスト者個々人とキリスト教会に対して緊急に命じられる社会参加である。だがそれがキリスト教の宣教となるのはただ、今日の社会において実践的かつ具体的に、このイエス・キリストのほうから語りうることを発揮することによってのみである。

今までの諸節においてすでに行った説明を前提として、またこれから先具体的な説明をしていくという前提の下で、混乱や不要な誤解を避けるために、できることとしなければならないことがある。それは、まったく差別せずに、冷静な道標を——確信をもって、ただし大げさにではなく——思い切って立てるということである。それは以下のような道標である。

——真・善・美なるものが何もかもキリスト教的だというわけではない。真、善、美、人間らしさがキリスト教の外側にも存在することを誰が否定できようか。けれどもキリスト教的だと言えるものは、理論と実践において明確かつ積極的にイエス・キリストへと関係するすべてのものである。──純粋な確信、まじめな信仰、善き意志を持つ人間なら誰でもキリスト者だというわけではない。純粋な確信、まじめな信仰、善き意志がキリスト教の外側にも存在することを誰が看過できようか。けれどもキリスト者と言ってよい人々とは、その生死をイエス・キリストが最後に決する、すべての人々である。

──どんな瞑想集団や行動集団もキリスト教会だというわけではない。救いを求めてまっとうな生活をしようと努力する活動的な集団がキリスト教会であるとは限らない。参加、行動、瞑想、まっとうな生活、救いといったことが教会の外側の他の集団にも存在しうることを決して否定してはなるまい。しかし、イエス・キリストこそ究極的に重要だと考える人々の集まりであれば、大小を問わずキリスト教会であると言ってよい。

──人が非人間性に対して闘って人道性を実現する場所にはどこでもキリスト教が存在するというわけではない。人が非人間性と闘い、人道性を実現する場所は、キリスト教の外側──ユダヤ人、イスラム教徒、ヒンドゥー教徒、仏教徒、キリスト教以後のヒューマニスト、明確な無神論者──にも存在するということはまったくの真実である。だがキリスト教が存在するのは、イエス・キリストの記憶が理論と実践において活発化される場所だけである。

さて以上はすべて、いったん区別を行う定式である。だがこれらの「教えの公式（Lehrformeln）」は「空疎な公式（Leerformeln）」ではない。なぜか？

それらはきわめて具体的な一人物に関係する。

それらの背景には、キリスト教の起源および大いなる伝統が存在する。

さらにそれらは現在と未来のための明確な導きを提供する。つまりキリスト者の役に立ち、なおかつ非キリスト者の同意を得ることができる。またこれによって非キリスト者の確信は尊重され、彼らの価値は明確に肯定される。そうした確信や価値は、キリスト教と教会の教義学的な抜け道によって取り込まれることがない。

キリスト教的なものを表す概念を水で薄めて恣意的に拡大解釈するのではなく、厳密に把握することによって、つまり概念を言葉どおりに受け取ることによってこそ、以下のような二つのことが可能になる。いかなる非キリスト教的なものに対しても開かれた姿勢を保つこと。それと同時にいかなる非キリスト教的な混同も避けること。その点で、先ほどの区別を行う公式は、差し当たりどれほど大まかに見えても、きわめて重要である。どんなに暫定的であろうと、それはキリスト教的なものを区別するのに役立つのである！

しばしば善意でなされる、キリスト教的なもののあらゆる延長、混合、歪曲に抗って、事柄を率直に名前どおり名づけねばならない。すなわちキリスト者たちのキリスト教は、キリスト教的であり続けるべきである！　もっともそれがキリスト教的であり続けるのは、それがはっきりと唯一のキリストに結びつけられ続ける時だけである。この唯一のキリストは、何らかの原則や志向性あるいは進化の目標点ではなく、一人の——これからきわめて厳密に見ていくことにするが——まったく特定の、取り違えることも交換することもできない人物であり、まったく特定の名前を持っているのである！　キリスト教はすでにその名前からして、文字通り名無しの「匿名のキリスト教」へと平板化あるいは「止揚」することはできない。匿名のキリスト教は、その二つの言葉を少しでも考えてみれば、「木製の鉄」とでもいうような形容矛盾である。善良な人間集団は、教会の祝福や神学的な許可を受けなくても尊敬に値する。だがキリスト教はキリストというこの唯一の名前を告白するのである。そしてキリスト教神学者たちも「一体この名前の後ろに何が、誰が隠れているのか？」という問いから逃れてはならないのである。

2　歴史的なキリスト

大いに熟考に値するのは以下のことだ。私たちが生きている世紀にこれほど多くの神々が凋落《ちょうらく》した後、この男ときたら、敵対者に敗れ、信奉者たちからも時代を超えて繰り返し裏切られてきたというのに、無数の人々にとって、今も変わることなく、長大な人類史の中で明らかに最も感銘を与える人物であり続けているのは、一体なぜなのだろうか。しかもけた外れに多様な観点で。彼は革命家や改革者にとっての希望であり、知識人も反知識人も魅了する。彼は有能な者にも無能な者にも要求を突きつける。神学者にとっても無神論者にとっても絶えず思考の新たな刺激となる。教会に対しては、そこが彼の墓碑であるのか、それとも彼の生きた証人であるのかという絶えざる批判的な自問を呼び覚ます。そればかりか世界中のすべての教会に光をもたらし、その光はユダヤ教にも他の諸宗教にも届く。ガンジー曰く「私がヒンドゥー教徒たちに向かって言っているのは、イエスの教えについても畏敬の念をもって研究しなければ、人生が不完全なものになってしまうということだ」。

それだけに「いかなるキリストが真のキリストなのか？」という真実を求める問いが、今や一層差し迫ってくる。「人に親切にしなさい、イエスはあなたを愛している」と簡単に答えたところで何にもならない。それはどのみち長続きせず、たやすく無批判的な原理主義かヒッピー風の敬虔主義となってしまう可能性がある。感情を頼りにするならば、イエスの格好をしたチェ・ゲバラから、今度はゲバラの格好をしたイエスへ、そしてまた逆へ、といった具合に、名前はどのようにでも変わっていく。教条主義的なイエスと敬虔主義的なイエスの狭間において、抵抗や行動や革命のイエスと感情や情緒や幻想のイエスとの狭間において、真実を求める問いを以下のように厳密に立てなければならない。夢のキリストか、それとも現実のキリストか？　夢見られたキリストか、それとも現実的なキリストか？

神話ではない

単に夢見られたキリストに従うこと、教義学的あるいは敬虔主義的に、革命的あるいは熱狂主義的に私たちが操作し演出したキリストへと従うことをどうすれば防げるのだろうか。キリストをどんなに操作しようと、イデオロギーで粉飾しようと、神話化しようと、歴史の限界にぶつかるのである！　キリスト教にとってのキリストは、単なる無時間的な観念、永遠に妥当する原理、深遠なる神話ではない。あらゆる新旧の混淆主義を批判するために、このことをどれほど強調しても強調しすぎることはない。ヒンドゥー教の寺院で、神々の住む天にキリスト像が描かれているのを見て喜べるのは、ナイーヴなキリスト教徒だけである。キリストがパンテオンに恵み深く受け入れられることに対して、すでに初期のキリスト者は全力で反対し、あまりにもしばしばいのちを犠牲にした。そうされるくらいなら無神論者と罵られることを選んだのである。キリスト者にとってのキリストはむしろ、まったく具体的、人間的、歴史的な人物、つまりナザレのイエス以外の何者でもない。その点でキリスト教は本質的に歴史に根ざし、キリスト教信仰は本質的に歴史的な信仰である。共観福音書を、非常によく知られているヒンドゥー教の詩『ラーマーヤナ』と比べてみるとよい（ジャワ島プランバナン寺院の前で夜に演じられ、また無数の寺院壁画に描かれている有様は、見事なものである）。二万四〇〇〇のサンスクリット語の詩節によれば、高潔なラーマ王（受肉したヴィシュヌ神）は、妻シータをラーヴァナ大王によってセイロンに誘拐された。猿の軍団が海に橋を架けたことに助けられて、ラーマは自らに忠実であり続けた妻を解放したが、結局は追放する。かくして違いの全体が認識される。キリスト教はすでに初めから、ただ歴史的な信仰としてのみ、あらゆる神話、哲学、神秘的儀式に抵抗しながら自らを貫徹することができたのである。

たとえ無数の人々がイエスにおいて超人的、神的な現実を経験したとしても、またたとえすでに初めからイエスに尊称が冠せられたとしても、イエスが同時代人からも後の教会からも、常に現実的な人間と見なされていたことは疑う余地がない。新約聖書の全文書によれば――それらは、すでに言及したわずかばかりのさほど役に立たない異教の証言やユダヤ教の証言を別とすれば、私たちにとって唯一の信頼できる資料である。タルムードやミドラシュ（タルムードは律法の教えや議論を集めた書。ミドラシュはその一部で、口伝律法を集めた書）もそのように信頼できる資料だとは言えない――イエスは、あるまったく特定の時代とまったく特定の状況において生きていた現実的な人間である。だが彼は本当に生きていたのだろうか？

かつてナザレのイエスの史的実在に対して異議が唱えられたことがあった。仏陀の史的実在や、その他にも論争の余地がないように見える諸事実も同様の憂き目にあったものである。不必要な大騒ぎが起きたのは、一九世紀にブルーノ・バウアーが、キリスト教を原福音史家による捏造と解釈し、さらにイエスを「理念」と解釈した時である。さらにもう一度、アルトゥール・ドレフスが一九〇九年にイエスを純粋な「キリスト神話」と解釈した時も大騒ぎとなった（イギリス人のJ・M・ロバートソンとアメリカ人数学者のW・B・スミスも似たようなことをした）。だが極端な意見には長所がある。それは事態を明らかにした挙句、たいていは廃棄される。それ以来、イエスの歴史的実在が真面目な研究者によって否定されることはなくなった。むろんそれでも、不真面目な物書きがイエスについていっそう不真面目なこと（イエスは精神病質者、星の神話、ヘロデの息子、密かな既婚者だった云々）を書き続けることは止められなかった。ただ、いささか悲しいこともあった。ある文献学者がイエスのことを、初代キリスト者が儀式の中で用いたとされる幻覚症状を引き起こすベニテングダケの暗号と解釈したことによって、評判を損なってしまったのである。これよりももっと奇抜なことを見つけられるだろうか。

私たちはナザレのイエスについて、偉大なアジアの宗教創始者たちと比較して、はるかに多く歴史的に確実なことを知っている。

――仏陀（前四八〇年頃没）よりも多く。仏陀の人物像は、経典（スートラ）の中では顕著にステレオタイプ的なものにとどまっており、強度に体系化された彼の神話は、史的であるよりも理念型の生涯を再現するものである。

――仏陀と同時代人である中国の孔子（推定では前四七九年没）よりも一層多く。孔子は疑いもなく実在の人物だが、あらゆる努力にもかかわらず、資料の不確かさのゆえに厳密に把握することはできない。彼は後になって初めて、中国の国家イデオロギーである「儒教」と結びつけられた。

――最後に老子よりも多く。老子は中国の伝承によって実在の人物として受け入れられている。だが資料の不確かさのゆえに伝記的にはまったく把握できず、生存時期が資料ごとに、紀元前一四、一三、八、七あるいは六世紀とまったく異なっている。

批判的な比較によって、驚くべき相違が実際に明らかになる。仏陀の教えを伝承する資料は、彼の死後少なくとも五〇〇年経って、すでにもとの宗教がはるかに発展を遂げた時になってから書き記されたものである。

紀元前一世紀になってようやく、老子は『道徳経』の著者と見なされるようになった。「道」と「徳」についてのあの古典的な本は、事実上数世紀にわたって編集されたものであり、その後で道教の形成のために決定されたものである。

孔子の最も重要な伝承テキスト——司馬遷の『史記』および『論語』（弟子が書いたという孔子の格言集成が状況報告の中にはめ込まれているもの）——は四〇〇年も、また二番目の対話は約七〇〇年も、師の存命期間から隔たっており、ほとんど信頼できない。確実に信頼できる孔子の文書や伝記は存在しない（魯国の年代記も、ほとんど彼に由来しない）。

ヨーロッパに目を向けてみても、私たちに残されているホメロスの叙事詩の最古の写本は一三世紀のものである。ソフォクレスの悲劇のテキストは八世紀か九世紀に書かれた唯一の写本に基づく。だが新約聖書の場合は原本からの時間の隔たりがずっと短く、保存されている写本もより多く、それらの写本間の一致は古代のどんな書物よりも大きい。福音書の綿密な写本はすでに三世紀か四世紀に存在する。だが最近になって（本書の原著刊行は二〇一二年）、特にエジプトの砂漠で、さらにずっと古いパピルスが発見された。ヨハネ福音書——四福音書のうち最後のもの——の最古の断片のオリジナルが、今日マンチェスターのジョン・ライランド図書館にあるが、これは二世紀初頭に遡るもので、私たちの印刷されたギリシャ語テキストと一言も異なっていない。それゆえに四福音書は、すでに西暦一〇〇年頃には存在していた。神話的な拡張や解釈し直し（外典の福音書など）は二世紀から見られる。この道は明らかに歴史から神話へと向かっていたのであって、神話から歴史へと向かっていたのではない！

特定の場所と時間において

ナザレのイエスは神話ではない。つまり彼の歴史は場所を特定できるのである。イエスの歴史は――こう言うといたく悲しむ忠実なスイス国民もいるだろうが――スイスの国民的英雄ウィリアム・テルの放浪神話のようなものではない。イエスの歴史の舞台となったのは、ローマ帝国の辺境の属州にあった、政治的には重要でない土地だった。だが少なくともこのパレスチナの地は「肥沃な三日月地帯」の中心部にある最古の文化的世界だった。政治的文化的な重心が三日月の両端――エジプトとメソポタミア――へと移動するよりも前、紀元前の第七の千年紀頃、そこで大いなる新石器革命が起きた。その時代に狩猟者と採集者が農耕者と牧畜者となって定住し、それによって人類史上初めて自然から独立して、自立して生産的に自然を支配することを始めたのである。それは、その後ほぼ四〇〇〇年経ってから三日月の両端――エジプトとメソポタミア――において次の革命的な歩みがなされるよりも前のことであった。その革命的な歩みとは、最初の高度な文化の創造と文字の発明、さらに五〇〇〇年後、差し当たり最後の大いなる革命的な歩み、つまり星々に手を伸ばすことである。エリコは憐み深いサマリア人の寓話の中で言及され、また近年再発掘された、世界最古の都市的居住地（前七〇〇〇―前五〇〇〇年）だと言ってよい。パレスチナはナイル川、ユーフラテス川、ティグリス川沿いの国々の間に位置する狭い陸の橋であり、ずっと昔から巨大な権力同士の戦場となりやすかった。イエス時代のパレスチナは、ユダヤ人から憎まれているローマの軍事力によって、さらにローマから任命された半分ユダヤの傀儡政権によって支配されていた。イエスはドイツ国家社会主義の時代によくアーリア人にでっちあげられたが、彼がパレスチナ出身であることには疑う余地がない。より厳密に言えば、彼は北方のガリラヤ地方出身だった。その地方を人種的に見ればもちろん純粋なユダヤではなく、かなり入り混ざった民族構成であった。だがガリラヤ地方は、ユダとガリラヤの間にあるサマリアとは違って、エルサレムとその神殿を中心的な祭祀の場所だと認めていた。

ナザレのイエスは神話ではない。つまり彼の歴史は時間を特定することができる。それは、人類最初の高度文化を形成していた超時間的な神話ではない。エジプトに見られるような永遠のいのちの神話でもない。メソポタミアに見られるような宇宙秩序の神話でもない。インドに見られるような変化する世界の神話でもない。ギリシャに見られるような完全な人間の神話でもない。ナザレのイエスの歴史とは、私たちが用いる西暦の初め頃、パレスチナでローマ皇帝アウグストゥスの支配下に生まれ、その後継者ティベリウスの支配下に表舞台へと登場し、最後にその執政官ポンテオ・ピラトによって処刑された、まさに一人の人間の歴史なのである。

不確かなこと

厳密な場所や時間の特定に関するその他の事柄は不確かであるが、重要度は低い。

a　出身はどこか？　イエスの誕生地は一か所に特定できない。福音史家のマルコとヨハネは誕生場所を記していない。記述が似ているが食い違っているマタイとルカによれば、おそらく神学的な理由（ダビデの家系および預言者ミカの預言）に基づいてベツレヘムである。少なからぬ研究者の推測によればナザレである。いずれにしても新約聖書全体が証言する通り、「ナザレ人」（ドイツ語ではNazarener または Nazoräer）の本当の故郷は、ガリラヤ地方にあるちっぽけなナザレである。マタイとルカによるイエスの系図は、ダヴィデで一致している以外は互いにかけ離れすぎていて調和しない。今日の聖書学者たちのごく一般的な見解によれば、伝説で彩られた幼子イエスの物語は、ルカだけが伝えている神殿における一二歳の少年イエスの修養的な物語がそうであるように、特殊な文学的性格を持つものであり、福音史家たちの神学的解釈のために書かれている。福音書の中には、イエスの母マリア、父ヨセフ、兄弟姉妹について実に率直に語っている箇所がある。イエスの家族は故郷の町の人々とまったく同様に、彼の公の活動から距離を置いていたのである。

b　誕生した年は？　イエスが皇帝アウグストゥス（紀元前二七―後一四年）とヘロデ王（紀元前二七―前四年）の治世下に生まれたとするならば、彼の誕生年は紀元前四年よりも後ではない。位置を特定できない奇跡の星からも、またキリニウスの人口調査（紀元後六年か七年）からも、ほとんど何もわからない。ルカにとってそれは、イエスの誕生という出来事が世界的な意義を持つことを示していた。

c　死んだ年は？　ルカによればイエスはティベリウス皇帝の第一五年、つまり二七／二八（あるいは二八／二九）年に洗礼者ヨハネから洗礼を受けた。これは歴史的な事実として一般に受け入れられている。ルカによれば、イエスが最初に公に登場したこの時、およそ三〇歳だった。また（タキトゥスも含めて）あらゆる伝承によれば、イエスはポンテオ・ピラト（二六―三六年）の下で有罪判決を受けた。以上の通りだとすれば、イエスは三〇年頃に死んだはずである。厳密な死亡日は、最初の三人の福音史家とヨハネとの間で異なった日付（ニサン第一五あるいは一四日）をもって伝えられている。死海で発見されたクムラン教団の祭祀暦を参照しても、一つの日に特定することができない。

このようにイエスの生涯の日付が、古代の多くの時点と同じように結局は厳密に特定できないのであれば、まさしく考えるに値するのは以下のことである。あの十分に限定された時間と空間の中で、一人の人間がいかなる「公的な」資料も碑文も年代記も訴訟文書も残すことなく、（ヨハネが報告する三回の過越祭によれば）最長でも三年、だがひょっとするとわずか一年（共観福音書はただ一回の過越祭についてしか語っていない）、それどころか劇的なわずか数か月間、ほとんどガリラヤで、その後エルサレムで公に活動したということ、この一人の人間が世界の流れをある意味で変えてしまったということ、彼の死後になってから世界の年数が数えられ始めたのは故なきことではないということ——それはフランス革命の指導者たちにとっても、十月革命の指導者たちにとっても、ついでにヒトラーたちにとっても、不愉快なことだった。偉大な宗教の開祖たちの誰一人として、これほど狭い範囲内では活動しなかった。彼らのうち誰一人として、これほど極端に短くしか生きられなかった者はいなかった。彼らのうち誰一人として、これほど若くして死んだ者はいなかった。それなのに何という影響力であろう。三人に一人、およそ二〇億人がキリスト教徒だと言われる。キリスト教は——数の上では——群を抜いてあらゆる世界宗教の頂点に位置している。

伝記より以上のもの

数えきれないほどの小説風のイエス本が出ているにもかかわらず、認められているのは以下のことだ。これほど簡単にイエスの歴史の場所と時間を特定できるのに、ナザレのイエスの伝記を書くことはできない！　なぜか？　伝記を書くための前提が単に欠けているからである。

すでに見てきたように、初期のローマとユダヤの資料は、イエスが歴史上実在したという事実以上に、彼に関する有益なことをほとんど何も報告していない。教会で昔から公認されてきた福音書の他に、ずっとあとになってから種々の奇異な伝説や偽造されたイエス語録によって飾り立てられた、公には用いられない「外典」（Apokryphen ＝隠された）福音書が存在する。ごくわずかなイエスの言葉を除けば、それらは彼に関する歴史的に確かなことを何も提供しない。

それゆえに何と言っても、あの四福音書が残る。古代教会の「正典（カノン）」（基準、尺度、リスト）に従えば、これらの福音書はキリスト教信仰の根源的な証言として公に用いられるべく、『新約聖書』の文書集成の中に（『旧約聖書』の諸文書との類比で）受け入れられた。つまり四福音書の全体は――新約の正典と同様に――二千年の歴史の中で、信頼に足ることが実証されてきた選集である。だがこれら四つの「正典の」福音書は、イエスの生涯のさまざまな段階や出来事を伝えるものではない。彼の幼年時代について確かなことはほとんどわからないし、その後三〇歳になるまでの時代についてはまったくわからない。そして最も重要なことであるが、もしかするとわずか数か月間、あるいは長くても三年間の公の活動期間において、まさにどんな伝記にとっても前提となること、つまり発展ということを確かめることができないのである。

なるほど私たちは、イエスの道が故郷ガリラヤからユダヤの首都エルサレムへと向かったということ、またヨハネに洗礼を授けられ、近づく神を告げ知らせることによってユダヤ教の当局と対決することになり、さらにローマ人によって処刑されるに至ったことをだいたいは知っている。けれども、イエスの道のりの年代と場所について、最初の証人たちは明らかに関心を持っていなかった。イエスの内面的な発展についても同様である。つまりイエスの宗教的な意識、特にメシア的な意識や動機、さらに彼の「性格」「人柄」「内的生命」といった事柄の生成発展について関心を持っていなかった。その点で（ただその点においてのみ）一九世紀の自由主義的なイエス伝研究は、イエスの生涯の年代特定と動機づけを試みつつ挫折したのである。これはアルバート・シュヴァイツァーの古典的なイエス伝研究が主張していることである。つまりイエスの外面的な発展、そしてとりわけ内面的、心理学的な発展を福音書から読み取ることはできず、せいぜい読み込むことができるだけだというのである。どうしてだろうか？

神学を学んでいない人にとっても重要であり興味をそそることは、福音書がおよそ五〇—六〇年のプロセスを経てどのように成立したかである。ルカは福音書の最初の文章でそれを報告している［ルカ1・1—4］。非常に驚くべきことに、イエス自身は言葉を一つも書き残さず、自分の言葉が忠実に伝達されるために何もしなかった。弟子たちは彼の言葉と行いをまずは口頭で伝えた。その際弟子たち自身は、どんな語り手もそうであるように、自らの性格や聴衆に応じてさまざまなアクセントをつけ、選択し、解釈し、意義づけ、拡張した。すでに最初から、イエスの活動、教え、運命についての簡単な物語が存在したのかもしれない。福音史家たちは——彼らは皆イエスの直接の弟子ではないが、最初の使徒たちによる伝承の証人である——非常にあとになってからすべてを集めた。それらは口で伝えられ、すでに一部は文書化されたイエス物語とイエス語録だった。それらはエルサレムかガリラヤの会衆の古文書館のようなところに保管されていたわけではないが、会衆の信仰生活の中で、説教や信仰問答や礼拝において用いられたものであった。これらのテキストはいずれも特定の「生活の座」を持っており、またそれを形成した歴史を背景としており、すでにイエスのメッセージとして受け渡されてきたものだった。長いこと福音史家たちは単なる収集家や伝承者であるかのように思われていたが、実はそうではなかったことは疑う余地がない。彼らは独自の構想を持つ徹底的に独創的な神学者たちであり、固有な計画と判断に従ってイエス物語とイエス語録を整理したのである。つまり彼らは一定の枠組みを設定して、それによって連続する物語を作り出したのである。四つの福音書すべてにおいて、受難物語の伝承は顕著な一致を示している。この物語は比較的早いうちからすでに物語としての統一性を形成していたように思われる。福音史家たちは自らも宣教活動や教理問答を行う中で、会衆の要求に応じて伝承されたテキストを整理した。彼らはそれらのテキストをイースター（復活祭）の側から見て拡張して、必要と思われる箇所に当てはめた。このようにして、同じイエスという人物について書かれたさまざまな福音書が、共通性を持ちつつもきわめて異なった神学的個性を持つことになったのである。

マルコはキリスト教徒の第一世代と第二世代の間の大変革の渦中において、紀元七〇年のエルサレム崩壊の直前に最初の福音書を書いたということが、今日では最も広まっている見解である（マルコ先行説はマタイを最古の福音書と見なす伝統的見解に対立する）。マルコ福音書はきわめて独創的なことを成し遂げた。つまりこの「福音書」は、ほとんど文学的な言葉ではないにもかかわらず、まったく新しい文学的な類型、以前の歴史に存在しなかった文学様式を形成したのである。

マタイ（ユダヤ人キリスト教徒）と**ルカ**（教養層に向けて書いているヘレニスト）は、エルサレムの崩壊後に大いなる福音書を書くべく、マルコ福音書を用いつつ、一つの（あるいはひょっとすると複数の？）イエス語録の集成であるいわゆるQ資料を用いた。研究者はこれをたいてい「Q」と略記する。これが古典的な二資料説である。この説はすでに一九世紀に立てられ、その間に個々の聖書解釈において多様な仕方で実証されてきた。この二資料説によれば、各々の福音史家は自分自身の資料、いわゆる特殊資料を併せて用いた。異なる福音書を比較してみれば、この特殊資料ははっきりと姿を現してくる。またそのような比較が示すことは、マルコ、マタイ、ルカは構成上の大まかな計画に関して、素材の選択と配置に関して、さらにまた文言に関しても、非常にしばしばかなりの程度まで一致しているので、容易に相互比較表を作ることができるということだ。それらは「一緒に―見る」、つまり「共―観（Synopse）」することができるので、三人の「共観福音史家（Synoptiker）」による「共観」福音書と呼ばれる。

これらに対して、**ヨハネ**がヘレニズム的なユダヤ・キリスト教の地域で書いた福音書は、文学的にも神学的にもまったく異なった性格を持っている。ヨハネにおいてはイエスの語り方はまったく異なっていて、長いモノローグという非ユダヤ的な様式を持ち、また完全にイエス自身の人格に集中する内容となっている。それゆえに第四福音書は「歴史的なナザレのイエスは何者であったか？」という疑問に対する答えの出所としてはごく限られた意義しか持っていない。例えば最初の弟子たちの召命に関して、また受難物語の伝統や、それに直接先立つ出来事に関して。ヨハネ福音書を全体として見れば、共観福音書と比べてイエスの生涯と活動の歴史的現実から遠ざかっていることは明らかである。それが疑いもなく最後に書かれた福音書であることは、すでに一九世紀にダーヴィト・フリードリヒ・シュトラウスが発見した通りである。この福音書は紀元後九〇年と一〇〇年の間に書かれたものかもしれない。

コミットする（積極的な）証言

以上のことすべてから明らかなように、福音書を速記録として読むのは誤解である。福音書はイエスについて歴史的に報告したいのではないし、イエスの「発展」を記述したいわけでもない。福音書は初めから終わりまで、神がもたらしたイエスの復活の光の下で、イエスを神のメシア、キリスト、主、子として告げ知らせようとする。そもそも「福音」とは元来福音書のことではなく、すでにパウロ書簡において明らかなように、口頭で宣言されたメッセージ、善い悦ばしい知らせ（euangelion）を意味する。まずマルコが書いた「神の子イエス・キリストの福音」は、同じ信仰のメッセージを今や文書形式で受け渡そうとする。

それゆえに福音書は無関心で客観的なドキュメンタリー報告ではなく、ましてや中立的で学問的な歴史記述でもない。当時そんなことは期待すらされなかった。なぜならば、当時の人々は歴史的な出来事を叙述することによって、それらの意味や影響も記述するのが常だったからである。つまりその報告は同時に何らかの様式を持つ証言であって、その背後にいる著者の姿勢によって強く脚色されたのである。歴史家のヘロドトスとトゥキディデスはギリシャの事柄に没頭していた。それとまったく同様に、リヴィウスとタキトゥスもローマの事柄に没頭していた。彼らは自分の態度をはっきり透けて見えるようにしたばかりか、しばしば自らが報告する出来事から教訓を引き出した。つまり、彼らはただ単に物語って報告するだけでなく、教育的かつ実践的な歴史記述を行ったのである。

さて福音書はさらに一層深い意味で、真の証言である。第一次世界大戦後に「様式史学派」が個々のイエス語録とイエス物語の研究を通して微に入り細に入り明らかにした通り、福音書は会衆のさまざまな信仰経験によって規定され形成されている。それらはイエスを信仰の眼差しで見ている。つまり「コミットしコミットさせる信仰の証言」なのである。無関係な者が作った記録ではなく、確信を持った信仰者が作った記録である。その記録はイエス・キリストへの信仰を呼びかける意図を持ち、それゆえに解釈と告白の様式を持つ記録である。それは報告であると同時に——言葉の最も広い意味で——説教である。人がただ信じながら心を打たれるように、これらの証人もこのイエスによって心を打たれている。そして証人たちはこの信仰を受け渡そうとしている。この証人たちにとってイエスは過去の一人物であるだけではない。彼らにとってイエスは今日も生きている者であり、そのメッセージを聴く者にとって決定的な意義を持つ。その意味で福音書は単に報告しようとするのではなく、告げ知らせ、心を打ち、信仰を呼び覚まそうとするのである。それらはコミットする（積極的な）証言である。あるいはそれに当たるギリシャ語でしばしば「ケリュグマ」と言われる。これは宣教、告知、メッセージという意味である。

さて、以上をもって暫定的ではあるが、キリスト教的なものの区別に関して十分に語ったかもしれない。振り返ってみよう。何がキリスト教をキリスト教たらしめるのか？　現代のヒューマニスト、諸々の世界宗教、あるいはユダヤ教とは以下のように区別をすることができる。キリスト教を区別するものは常にこのキリスト、すでに見てきたように、歴史的なナザレのイエスと同一のキリストである。キリストであるナザレのイエスこそ最後の決め手、決定的な基準となる人物であり、キリスト教をキリスト教たらしめる存在である。

だがここまでのように単に形式的に輪郭を描くだけでは足りない。これからは内容も定めなければいけない。予見される内容は、イエス・キリスト自身の人格こそキリスト教のプログラムだということである。だからこそ、今や閉じられようとしている本章の冒頭においてすでに、キリスト教の本質とは理論と実践においてイエス・キリストの記憶を活性化することだと言ったのである。だがキリスト教的なプログラムの内容規定のために、以下のことを知らねばならない。「私たちは『イエスとは何者か？』という問いを綴り直すことを学ばなければならない。それ以外のすべてのことは気晴らしである。イエスは私たちの基準だが、諸々の教会や教義や敬虔な人々はイエスのものではない……それらはそれら自身から立ち去って主なるイエスのあとに従うよう呼びかけるのと同様に、十分役立つこともあれば、ほとんど役立たないこともある」。こう言ったのはプロテスタント（福音主義）の聖書学者エルンスト・ケーゼマンである。

新約聖書は今日抜群によく研究された世界文学の書だと言ってよいが、それは三〇〇年以上に及び学者たちの全世代が行ってきた緻密な仕事のおかげである。学者たちはテキスト批判と文学批判、様式批判と類型批判において、概念、モチーフ、伝統の歴史を結びつけながら、一つひとつの文と言葉に取り組んできた。こうした最も包括的な意味での歴史的批判的方法によって、神学はある意味では真の現実的歴史的なキリストについて問うことができる道具を手に入れて今日に至っている。それはかつての数世紀の間にはまったく不可能なことだった。イエスの告知と振る舞いと運命を特徴づける根本的な特質と輪郭が明らかにされること。まさにこれこそが信仰者にとっては十分であり決定的なことである。たとえイエスの個々の言葉のいわゆる真正性や、個々の物語の歴史性が証明されなくても。

第２章　社会的な座標軸

キリスト教に特殊なものが、このイエス・キリスト自身であるならば、そしてこのイエス・キリストが同時にキリスト教のプログラムでもあるならば、「このイエスとは何者なのか?」「彼は何を欲したのか?」という疑問が生じる。なぜならば、彼が何者であったにせよ、何を欲したにせよ、キリスト教はイエス自身がどのような人物であったか次第で異なった様相を呈さざるをえないからである。そして今日だけでなく、すでに当時の社会、文化、宗教のつながり全体の中で問われたのは、究極的には生と死をめぐる問いであった。イエスという人物は何を欲しているのか? 何者なのか? 彼はエスタブリッシュメントの人間なのか、それとも革命家なのか? 律法と秩序の守護者なのか、それともラディカルな変革を求める闘士なのか? 純粋な内面を支持する者なのか、それとも自由な俗世を擁護する者なのか?

ここで決して忘れたり隠したりしてはならないのは、イエスがユダヤ人だったということである。彼はユダヤ人の中で、ユダヤ人のために活動した。彼の母マリア、父ヨセフ、彼の家族、彼の支持者はユダヤ人だった。彼の名前はユダヤ人の名だった(ヘブライ語では「ヨシュア」。これは「イェホシュア」の後の形であり「ヤーヴェは助け」を意味する)。彼の聖書、彼の礼拝、彼の祈りはユダヤ人のものであった。だが今日の問いは、彼がどのようなユダヤ教に属していたのかということである。

1　エスタブリッシュメント？

イエスはしばしば、宗教や政治のシステム、そのシステムの教義、祭祀、教会法といったことを何もかも正当化する者だと思われてきた。彼は目に見える教会制度の目に見えない頭《かしら》、信仰や慣習や戒律に関するあらゆるものごとの保証人だと思われてきた。二千年間のキリスト教史において、イエスは教会や社会のあらゆることを正当化し許可しなければならなかったのである！　キリスト教の支配者、高位聖職者、キリスト教的な党派や階級や民族が、どんなにイエスを引き合いに出したことだろう！　どれほど奇異な理念、律法、伝統、慣習、基準のために利用されてきたことだろう！　それだけに、あらゆる類の飼い馴らしの試みに対して、はっきりさせなければならないことがある。それは、イエスが教会や社会のエスタブリッシュメントの人間ではなかったということである。

宗教的政治的なシステム

時代錯誤的な問題提起だろうか？　決してそんなことはない。イエスの時代には、巨大な宗教的・政治的・社会的なエスタブリッシュメントが存在していた。それは一種の神権政治的な教会国家であり、イエスはそこで挫折することになったのである。

権力と支配の組織全体は、最上位にいる主なる神によって正当化されていた。宗教、司法、経営、政治は互いに分かちがたく絡まり合っていた。そして同一の男性たちによって支配されていた。祭司のヒエラルキーは、高位と低位の聖職者（祭司とレビ人）から成り立っていた。彼らは役職を継承したが、自民族を愛してはいなかった。決して一枚岩ではないユダヤ人社会の中で、祭司たちは他のわずかなグループとともに支配を行使していた。とはいえ、彼らはローマの占領軍の管理下にあった。この占領軍は政治的な決定を下し、平穏と秩序を保ち、死刑判決を下すことができたようである。

政治、経営、司法の中心的メンバーであり、宗教や民事のあらゆる案件を担当するエルサレムの最高法院――ギリシャ語で「議会（Synedrion）」、アラム語で「サンヘドリン」と呼ばれる――は、支配層を代表していた。それは大祭司を議長とする七〇人の男性で構成されていた。サンヘドリンはローマ人によって任命されていたとはいえ、依然としてユダヤ民族の最高の代表者であった。

ではイエスは？　イエスは以下の三つのグループとも何ら関係がなかった。まず「大祭司」あるいは上位祭司（在職中の大祭司と、おそらく引退した大祭司たちの一種の枢機卿会議、さらに何人かの高位祭司職保持者たち）。次に長老たち（首都に住んでおり、影響力のある、祭司ではない貴族の首長たち）。最後に何十年も同じ最高法院に居座っている「律法学者」たち（法律的な神学者であり、たいていファリサイ派的傾向を持っていたが、決してそれだけにはとどまらなかった）。これらすべてのグループは、イエスをまもなく敵と見なすことになる。イエスが彼らの仲間ではなかったことは、初めから明らかである。

祭司でも神学者でもない

歴史上のイエスは祭司ではなかった。後になってイエスを「永遠の大祭司」と見なした新約聖書のヘブライ人への手紙によるイースター以後の解釈のせいで、ここで勘違いをしてはならない。イエスは普通の「一般信徒」であった。また祭司階級によって最初から嫌疑をかけられていたように、イエスは一般信徒による運動の首謀者だった。祭司たちは彼から距離を置いていた。彼を支持したのは市井の人々であった。またイエスが民に親しみやすく語ったたとえ話の中には数多くの人物が登場するが、祭司はたった一度しか登場しない——それも模範としてではなく、見せしめのために。というのも、祭司は異端のサマリア人とは違って、強盗に襲われた者を素通りしてしまうからである［ルカ10・25－37］。イエスは意図的に、話の素材をたいてい神聖ならざる日常的な領域から取ってきた。

また歴史上のイエスは——神学教授たちは残念がるだろうが——神学者でもなかった。その間接的な証拠となるのは、ルカの幼年物語のすぐあとに続く、神殿における一二歳のイエスをめぐる、後世に作られた伝説である。イエスは村人であり、さらに「学のない者」であったことは、彼の敵対者たちが批判した通りである。イエスが神学的な教育を受けたという証拠はなく、因習に従って年数をかけて一人のラビの下で学んだこともなく、按手を受けてラビに叙せられて権威を与えられたわけでもない。とはいえ、おそらく多くの人々は彼に対して尊敬を込めて「ラビ」と——「博士」（Herr Doktor）と呼ぶように——語りかけたであろう。彼は教え、道徳、法（正義）、律法をめぐって発生しうるあらゆる問題の専門家として振る舞ったのではなかった。自分のことをまず第一に聖なる伝承を守ったり解釈したりする者だとも見なしていなかった。旧約聖書に由来する生活全体において、彼は旧約聖書を聖書神学者たちのように学統に沿って解釈したのではないし、父祖たちの権威を要求したのでもなかった。彼は方法とテーマに関して驚異的な自由さ、直接さ、自明さをもって、独自の事柄を講じたのである。

こう言ってよければ、彼は公衆に対する語り部であった。今日でも同様に、カブールの中央広場で、あるいはインドで、大勢の人々の前に立つ語り部を見ることができる。イエスはもちろん童話や言い伝えや奇跡物語を語ったのではない。彼は自他の経験から汲み上げたものを聴衆にとっての経験に変えた。彼はきわめて実践的な関心を持ち、人々に語り聞かせ、人々を助けようとしたのである。

イエスの教え方は一般信徒的で、民衆に向かって直接語りかける。必要とあれば手厳しく論証し、しばしば意識してグロテスクに皮肉を交えるが、いつも簡潔で、具体的でわかりやすい。彼は意図的に自信に満ちた表現を行い、そこでは厳密な観察による即事性、詩的な造形力、レトリカルな情熱が類いまれなほど結びついている。彼は形式や教義に囚われない。意味深な思弁や律法に関する小難しい決疑論を駆使しない。彼は人々にとってわかりやすい簡単な箴言、短い物語、たとえ話を用いて語る。それらは誰にでも理解できる飾り気のない日常を素材としている。彼が語った非常に多くの言葉は、諸民族にとっての格言となった。彼が語る神の国についての表現も、天の国の様子についての謎めいた啓示ではない。また、彼以後にキリスト教徒が霊験あらたかに実践してきたような、謎めいて意味深な寓話的解釈でもない。イエスの鋭くて簡潔なたとえ話や寓話は、冷静かつ現実的に観察された人間の現実の中に、神の国の非常に異なった現実を入れ込む。彼の見解と要求はきわめて決然としており、知的、道徳的、世界観的な類の特殊な前提を持っていない。人はイエスの言葉を聴いて理解し、そこから結論を出さねばならない。何人《なにびと》も真の信仰や正統的な信仰告白を問われたりしない。期待されるのは理論的な反省ではなく、差し迫った実践的な決断である。

支配者たちの側ではない

歴史上のイエスは、リベラルで保守的な政権政党の党員や支援者ではなかった。彼はサドカイ派には属していなかった。この社会的な特権階級の党は、定期的に大祭司を定めていた。サドカイ派という名前は、大祭司ツァドク（ソロモンの時代）または zaduk（正義を行う）という言葉に由来する。それは聖職者の貴族的な党であり、外部に対する寛容と内部における保守性を結びつけていた。つまり順応と緊張緩和を旨とする現実主義的な「対外政治」を行い、ローマの主権を絶対的に尊重する一方で、内側においては自らの権力保持を目指していたのである。聖職者の教会国家が維持すべきものを維持するためであった。

けれども、世界に開かれているように見せかけながら現代的ヘレニズムの生活様式を受け入れること、既存のものの保持に努めること、さらに神の国の大いなる理想を蔑ろにすることをイエスは明らかに欲しなかった。そのような類の寛容性と保守性を彼は拒否したのである。

彼は指導者層の保守的な法解釈に共鳴しなかった。彼らは聖書の中に書かれたモーセの律法のみを必須のものと見なしたが、まさにそのために、後のファリサイ派が行った、しばしば寛容な再教育を拒否した。指導者層は何よりも神殿の伝統を守ろうとしたために、安息日の妥協なき遵守と律法による厳格な処罰を強要した。だが彼らは実践的にはしばしば、ファリサイ派が行ったもっと大衆的な解釈へと順応せざるをえなかった。

そしてイエスは、サドカイ派の祭司貴族による保守的神学にもまったく共鳴しなかった。彼らは書かれた聖書の言葉に固執し、古い信仰のユダヤ的教義学を保存した。その教義学が説いたのは、神は世界と人間をかなりの程度まで各々の運命にまかせ、復活信仰が革新をもたらすということだった。

ラディカルな変革

イエスは宗教的政治的な現状維持に関心がなかった。彼は徹頭徹尾、より良い未来のほうから、つまり世界と人間にとってのより良い未来のほうから考えたのである。彼はまもなく状況がラディカルに変わることを期待していた。それゆえに、彼は言葉と行動をもって既存のものを批判し、宗教的エスタブリッシュメントを徹底的に疑問視したのである。イスラエルが紀元前五世紀にバビロン捕囚から帰還して、書記エズラが改革を行って以来、神殿礼拝と律法遵守はユダヤ人の宗教および民族共同体にとっての二本柱だった。だがイエスにとって、それらは最上位の規範ではなかった。イエスは、ローマ帝国の覇権やヘレニズムの世界的文化に魅了された聖職者階級や政治家たちとは異なった世界に生きていた。彼は神殿礼拝者とは異なって、イスラエルに対して神が主であり続けているということだけを、つまり天地創造以来の神の永続的な世界支配だけを信じているのではなかった。彼は同時代の多くの信仰者のように、近い将来やって来る神の世界支配を信じていた。その支配は、終末において最終的な世界の完成をもたらすものであった。「御国が来ますように」――それは「最後の事物」、神学的特殊用語で「終末論的」な神の支配を意味していた。それは未来の終末時における神の国のことである。

つまりイエスは徹底的な終末待望によって支えられていたのである。それは、今あるシステムは最終妥当的なものではなく、今ある歴史は終末へと向かうという待望である。しかも今まさにそれが起きる。もはやこれまでだ。現世代が生きているうちに、神によって時代の転換と終末の啓示（ギリシャ語の「アポカリュプシス」）が起きるだろうと。イエスがこうした「黙示録的」運動の影響圏内にいたことは疑う余地がない。こうした運動は、ヘノク、アブラハム、ヤコブ、モーセ、バラク、ダニエル、エズラといった名を語る匿名の黙示文学の影響を受けて、紀元前二世紀以来ユダヤ教に広まっていた。なるほどイエスは、神話的な思弁や占星術の予言を用いて人間の好奇心を満足させることに関心を持たなかった。彼は黙示文学者たちのように、神の国の正確な日付や場所の特定を気にかけなかった。だが彼は次のような信仰を共有していた。神はまもなく、まだ彼の存命中に、これまでの世界の進行に終わりをもたらすだろう。神に逆らうもの、悪魔的なものは滅ぼされるだろう。預言者が告げ知らせるように、困窮と苦難と死が滅ぼされ、救いと平和がもたらされる。世界の転換と審判、死者たちの復活、新しい天と新しい地、神の世界が、このますます悪くなる世界にとって代わる。それを一言で言えば、神の国である。

個々の預言者の表現や黙示文学によってかき立てられた期待は、時が経つにつれ濃密なものとなり、苛立ちは増大していった。のちにイエスの先駆者と呼ばれるヨハネにとって、高まる期待は頂点に達していた。彼は近づく神の国を審判として告げ知らせた。だがヨハネは、黙示文学作者たちの慣例とは異なって、他者すなわち異教徒たちに下される審判や、神に敵対する者たちが殲滅されることや、イスラエルが最終的に勝利することを告げ知らせたのではなかった。ヨハネは大いなる預言者たちの伝統に棹差して、まさにイスラエル自身に対する審判を告げ知らせたのである。つまりアブラハムの子孫であっても救われる保証は何もないという告知であった！　ヨハネの預言者的な人物像は、都市や村の裕福な社会に抗い、さらにヘレニズム的な宮廷文化に抗う、生き生きとしたプロテストを体現していた。彼は自己批判的な仕方でイスラエルを自らの神に直面させ、神の国へと目を向けつつ、単なる禁欲的修行や祭祀行為とは異なった「悔い改め」を要求する。彼は生活全体を神への回心と向き直りとするよう呼びかける。そしてそれゆえに洗礼を授ける。ヨハネを特徴づけるのは、このただ一度だけ授けられる、単に選ばれた一群の人々に対してのみならず民全体に対して提供される悔い改めの洗礼である。それは、ヨルダン川近くでクムラン共同体が行う、儀式的に反復される償いの洗礼浴槽に由来するものではない。また後になって初めて証言されるユダヤ人の改宗者洗礼――教団への法的な受け入れ儀式――に由来するものでもない。ヨルダン川に身を浸すことは、来たる審判に向けて浄められ選ばれることの終末的なしるしとなる。この種の洗礼はヨハネが独自に創造したものと思われる。「洗礼」が彼の名「洗礼者ヨハネ」に含まれるのも当然である。

あらゆる福音書の報告によれば、イエスの公的活動の始まりは、ヨハネのプロテストと信仰覚醒の運動の時期に当たる。後の新約聖書時代のいくつかの集団も、洗礼者ヨハネはイエスの競合者だと感じていた。マルコによれば洗礼者ヨハネとともに「福音の始まり」がもたらされる。このことは後々ずっと固守されるようになる。もっとも、マタイとルカの序幕をなす幼年物語やヨハネのプロローグを別とすればであるが。事実は教義学にとっては不快であり、まさにそれゆえに一般的には史実だと認められる。すなわちイエス自身も洗礼者によって悔い改めの洗礼を受けるのである（ただしヨハネ福音書には報告されていない）。したがってイエスはヨハネの預言者的活動を肯定し、自らの説教において——洗礼者の逮捕の後、あるいはすでに早くから——ヨハネに続くのである。彼はヨハネの終末論的な悔い改めの呼びかけを受け入れ、それをラディカルに貫き通す。たとえ洗礼の場面がキリスト論的に整えられ（天の声）、伝説的に飾りつけられていても（「鳩のような」聖霊）、イエスが洗礼において自らの召命を経験したという可能性を排除することはできない。いずれにしても、あらゆる報告は以下の点で一致している。イエスはその時から霊に捉えられ、神によって力が満ち溢れたことを認識した。洗礼運動、そしておそらく洗礼者の逮捕がいよいよイエスにとって時が満ちたというしるしになったのである。

こうしてイエスは「良い知らせ」を放浪説教者として至るところで告げ知らせ始め、自らの弟子たち（そしておそらく女性の弟子たちも）——最初の弟子たちはたぶん洗礼者のグループ出身だろう——を身辺に集める。神の国は近づいている。回心して良き知らせを信ぜよ。だがそれは、禁欲家ヨハネによる暗い審判の脅しとは異なって、初めから、近づいてくる神の慈しみと、正義と喜びと平和の国についての友好的で喜ばしいメッセージである。神の国は根本的には審判ではなく、万人にとっての恵みである。

病気だけでなく苦難や死、貧困や抑圧も終わりを迎えるだろう。貧しい者、労苦する者、罪を負わされた者に解放をもたらすメッセージ、つまり赦し、正義、自由、同胞性、愛のメッセージである。

だがこの民にとって喜ばしいメッセージはまさに、神殿祭祀や律法遵守によって規定されている既成秩序を守ることを目指すものでないことは明らかである。イエスは生贄の祭祀に対してはある程度冷淡だったように見えるが、それだけではない。彼は目前に迫った終末時に神殿が破壊されることを明らかに予想していた。そして彼はほどなくして律法との一種の衝突を起こすようになったため、ユダヤ教のエスタブリッシュメントにとっては支配を揺るがすきわめて危険な脅威と見なされた。聖職者階級とその御用神学者たちは、ここで革命が事実上説教されているのではないかと自問せざるをえなかった。

2　革命？

革命が既存の状態や状況の根本的な変革を意味するのであれば、イエスのメッセージは疑いもなく革命的なものであった。なるほどこのような意味で――そして単に宣伝目的ではなく――人はごく一般的に革命（医学の革命、企業経営の革命、教育の革命、婦人ファッションの革命）について語る。だがそのような陳腐で捉えどころのない一般的な語り方は、ここで私たちの役には立たない。問いを厳密に立てねばならない。イエスは、社会の秩序や価値や代表者たちを暴力的に突如として転覆すること（ラテン語の re-volvere ＝新たに－転回する）を欲したのだろうか？　これは、左から来るものであろうと右から来るものであろうと、厳格な意味での革命である（フランス革命、十月革命等）。

革命的な運動

この問いは時代錯誤ではない。「革命の神学」は私たちの時代が考案したものではない。古代における軍事的で黙示録的な運動、中世の過激なセクト（とりわけコーラ・ディ・リエンツォの政治的なメシアニズム）、宗教改革の左派（とりわけトーマス・ミュンツァー）がキリスト教史におけるこうしたタイプを体現している。歴史的批判的な福音書研究の初期の提案者であるS・ライマールス（一七六八年没）、オーストリアの社会主義の指導者K・カウツキー、私たちの時代にJ・カーマイケルが大いに受け入れたロベルト・アイスラー、そしてS・G・F・ブランドンに至るまで、イエス自身が政治的社会的な革命家だったという主張が時としてなされてきた。

今や疑いえないことは、イエスの故郷ガリラヤは革命の呼びかけを特に受け入れやすく、ゼロータイ、、、、の革命運動（ゼロータイ＝狂信的というニュアンスを持つ「熱心な者」）の故郷であったということだ。さらに、少なくともイエスの支持者の一人――「ゼロータイ」のシモン――そして名前からいくらか推測するとイスカリオテのユダ、さらに二人の「雷の子」ヨハネとヤコブも革命家だったことは疑いえない。最後に、何にもまして、ポンテオ・ピラトの面前で行われた訴訟において「ユダヤ人の王」という概念が決定的な役割を演じたこと、イエスがローマ人によって政治的理由で処刑されたこと、彼が奴隷や政治的反逆者のためのとっておきの方法で処刑されたことも疑いえない。この告発の手がかりとなったのは、少なくとも報告されているような、イエスのエルサレム入城や神殿の清めの出来事であった。

ユダヤ民族ほどに、ローマの異民族支配に対して粘り強く、精神的かつ政治的な抵抗を続けた民族は存在しなかった。ローマの権力者にとって、反乱の恐れはあまりにも現実的なものだった。パレスチナのローマ人は差し迫った革命的状況と長らく対峙してきた。革命運動は、エルサレムのエスタブリッシュメントと対立し、占領軍との協力を拒否し、さらに納税まで拒否し、数多くの横のつながり、とりわけファリサイ派のグループへの結びつきを維持し、影響力をふるっていた。特にイエスの故郷では、数多くの民族主義的なユダヤ人のパルチザンが活動していた。彼らに対して、すでにローマの元老院によって「ユダヤ人の王」と命名されていたイドマヤ人ヘロデは——その在職時代の終わり頃にイエスが生まれた——死刑判決を下さねばならなかった。厳しくて抜け目のない統治を行ったヘロデが死んだ後、再び騒乱が勃発した。その騒乱は、シリアの総司令官クィンティリウス・ヴァルス——彼は後にゲルマニアでの活動で失敗する——が率いるローマ軍によって情け容赦なく鎮圧された。ガリラヤでは、ガマラのユダ（たいてい「ガリラヤ人」と呼ばれる）に率いられて、革命政党が実際に設立された。ほどなくして紀元後六年、皇帝アウグストゥスはユダの属国支配者（もはや「王」ではなく「統治者」）であった残酷なヘロデの子アルケラオスを解任して、ユダをローマによって直接統治するために執政官の下に置き、シリアのローマ総司令官となったスルピキウス・クィリニウスを通して税制を改善するため、民全体に住民登録をさせた。このことについてはルカも曖昧な言い方で、イエス誕生との関連で言及している。ガリラヤにおいては——ここで人々はヘロデのもう一人の息子ヘロデ・アンティパスの下で、間接的にのみ影響をこうむった——怒れるゼロータイが反乱を試みたが、その指導者ユダが死んで、支持者たちは離散した。

ローマの軍事力が圧倒的に優勢であったにもかかわらず、抵抗集団はなくならなかった。それらの集団は特にユダの山岳荒野に拠点を置いた。ローマに書記として仕えていたユダヤ人の歴史家ヨセフスは、彼がローマ人と一緒に単に「盗人」や「強盗」と呼ぶ者たちのことを嘆いている。「こうしてユダは盗族に満ちていた。そしてある者が扇動者集団を集めることに成功すると、自らが王となって大衆を堕落させた。というのも、彼らはローマ人にわずかな害しか与えられない間、ますます同胞の民を殺りくしながら暴れまわったからである」。

抵抗戦士たちは都市ゲリラのやり方で、敵やその協力者を短刀（ラテン語で「シカsica」）で容赦なく抹殺した。それゆえにローマ人は彼らをいみじくも「短刀の男たち（Sikarier）」と呼んだ。特に危険だったのは、大きな祝祭日ごとに、巡礼者の大群がエルサレムへと入ってきた時である。その時にはたいてい、万が一の事態に備えて、ローマの総督（執政官）が海辺のカイサリアにある邸宅から首都へと移動してきた。総督ポンテオ・ピラトもこれを行ったのだが、それは折しもユダヤ人エスタブリッシュメントとイエスの争いが頂点に達していた時だった。

そのことを完全に度外視しても、ピラトはそうするべき十分な理由があった。というのも、西暦二六年に在職し始めて以来、彼は絶えざる挑発によって騒然とした空気を煽り立ててきたので、反乱がいつ起きてもおかしくなかったからである。彼はすでに当時、ローマ人からも尊重されていた聖なる伝統全体に抗って、一夜にして皇帝――国家が祭る神――像で飾られた軍旗をエルサレムに持ってこさせた。それは激しいデモを引き起こした。ピラトはそれに屈した。だが彼はエルサレムへの水道を建設するために神殿の財宝から金《かね》をとった時、抵抗が起きるのを未然に鎮圧した。そしてルカによれば、彼はエルサレムで捧げものをしようとしたガリラヤ人一行を何らかの理由で、生贄の動物もろとも殺害させたのである。ピラトがイエスの代わりに釈放したバラバもまた、殺人をともなう暴動に加わっていた。

イエスの死後の西暦三六年、ピラトは自らの暴政のためにローマによって解任された。三〇年後になってようやく、ゲリラ戦争はついに巨大な民族戦争となり、エルサレムのエスタブリッシュメントはそれを防ぐことができなくなった。再びガリラヤ人でありゼロータイの指導者であるギシャラのヨハネが本格的に参戦して――他の反乱軍との長い争いの後に――神殿区域を防衛した。だがそれは、ローマが三重の壁の輪を突破して、神殿が炎上するまでのことだった。西暦七〇年にエルサレムが占領され、最後の抵抗集団が抹殺されるとともに――それらのうち一つの集団はさらに三年間、死海を見下ろすヘロデの城塞マサダにおいてローマの攻囲軍に抗して持ちこたえようとした――革命運動は無残な最期を遂げた。マサダにおいては最後の抵抗戦士たちがついに自ら命を絶ち、そこは今日イスラエルの国民的聖地となっている。

解放者への希望

革命運動にとって、偉大な解放者、来たる「油を注がれた者」（メシア、キリスト）あるいは「王、終末時に神から派遣される力に満ちた者」への民族的期待が巨大な役割を演じたのは当然のことであった。ユダヤの権力保持者が最も沈黙したいこと、神学者たちも語りたがらないことを、民は信じた。つまりメシア待望は黙示録的な文学と観念によって、多様な仕方で熱狂的に高まっていたのである。指導者然とした者が出現する度に、この人物がひょっとすると「来たるべきお方」ではないか、あるいは少なくともその先駆者ではないかという問いがかき立てられた。もちろん人によって期待は大きく異なっていた。政治的なダヴィデの子孫のメシアを期待する人もあれば、黙示録的な「人の子」、世界審判者、世界救済者を期待する人もいた。西暦一三二年にローマ人に対する二回目の、そして最後の大規模な反乱が起きた際も、ゼロータイの指導者であった「星の子」バル・コクバは、その時代に最も尊敬されていたラビのアキバによって、また他の多くの律法学者たちによって、約束されたメシアとして歓迎された。

それはバル・コクバが戦死して、エルサレムが二回目に破壊された後、ユダヤ人が何世紀にもわたって入ることを禁じられた都市となる前のことだった。その結果、ラビが率いるユダヤ教にとってバル・コクバは単なる苦々しい記憶となった。

ではイエスはどうだったか？　彼のメッセージは革命的イデオロギーに非常に近いものではなかったのか？　それがゼロータイの革命家たちを惹きつけないはずがあろうか？　政治的な過激派と同様に、イエスは状況の根本的な変革、人間の支配秩序に代わって神の国が間近に始まることを期待している。世界は調和しておらず、根底から変わらなければならない。彼はまた支配集団と富裕な大土地所有者たちを厳しく批判した。彼は社会的な困窮、正義をねじまげること、強欲、冷酷さを批判し、貧しい者たち、抑圧された者たち、迫害された者たち、不幸な者たち、忘れられた者たちの側に立った。彼は王宮でやわらかい衣をまとっている者たちを批判し、自らを民の恩人と呼ばせる独裁者に対して、かみつくような皮肉に満ちた発言を行った。ルカの伝承によれば、イエスはヘロデ・アンティパスのことを軽蔑してキツネと呼んだ。

イエスはまた権力保持者や地位ある者たちにとっての神ではなく、解放と救済をもたらす神のことを説教した。さらにさまざまな観点から律法を先鋭化させて、彼のあとに従う者たちに対して、無条件にあとに従うこと、妥協なき参与を期待した。鋤《すき》に手をかけたならば、後ろを振り返ってはならない。商売や結婚や埋葬を言い訳にしてはならない。

イエスが――キューバのゲリラ戦士チェ・ゲバラがイエスに似せて描かれることはまったく別としても――コロンビアの司祭の革命家カミロ・トーレスに至るまで多くの革命家たちに影響を与えたことは、それほど驚くべきことであろうか？　また福音書が、ロマンチストが今も昔も描くような甘ったるくて柔和なイエスや教会的なキリストを示していないということに疑う余地はない。賢い外交家や、司教的な「調停」や「バランス」を重んじる男性像などどこにも見当たらない。福音書がはっきりと示すイエスは、非常に明断で決然とした不屈の人物であり、必要とあらば闘争的、論争的、大胆不敵になることも辞さない。彼がやって来たのは、まさに地上に火を投じるためであった［ルカ10・49］。彼は肉体を殺してもそれ以上何もできない者たちを恐れなかった［マタイ10・28］。剣《つるぎ》の時、最も大きな苦難と危機の時がすぐそこまで迫っていた。

社会的革命家ではない

だが、イエスをゲリラ戦士、反乱者、政治的扇動者、革命家に仕立て上げ、神の国についての彼のメッセージを政治的社会的な行動のプログラムに仕立て上げようとするならば、福音書の全報告をねじまげて解釈し直さなければならず、資料をまったく部分的に選び、個々のイエスの言葉や教団の形成したものを精査することなく恣意的に扱い、イエスのメッセージ全体を大幅に無視しなければならなくなる。つまり歴史的・批判的である代わりに、小説風のファンタジーを作らなければならなくなるのである。ヒトラー時代に戦士や総統や武将について語られたように、また第一次世界大戦の戦争説教において英雄や愛国主義者イエスについて語られたように、今日では反逆者や革命家であるイエスについて語ることが人気を博している。だがたとえそうだとしても、時代精神を気にかけず――イエスのために――誤解のないようはっきりさせておかねばならないことがある。彼は組織の人間ではなかったし、また社会的政治的な革命家でもなかった。

イエスは彼と同時代の革命家たちとは違って、軍事的あるいは擬似軍事的な行動によって暴力的に実現すべき民族的、宗教的、政治的な神権政治あるいは民主主義を告知したりしない。明確に政治的あるいは社会批判的な参加をしなくても、イエスのあとに従うことはできる。彼は抑圧的な構造に対する攻撃を煽り立てないし、左または右から政府を失脚させることもしない。彼は神がもたらす転覆を待っている。彼が告げ知らせるのは、すでに今権威を持っているが、暴力をともなわずに期待される、無制約的かつ直接的な神自身による世界支配である。下から活動的に急き立てられるのではなく、上からもたらされる転覆である。人はもちろんそれに対して、時のしるしを理解しつつ、徹底的に向き合わねばならない。この神の国はまず探し求めるべきものであるが、人間が思い煩うその他のことはすべて与えられるのである。

イエスはローマの占領軍に抗って議論したり扇動したりしない。彼が活動するガリラヤの村や町の名が多く挙げられているが、そこで気づくのは、まさにヘロデにとっての首都であり居住町でもあるティベリアス（皇帝ティベリアスに従って命名）とヘレニズム風のセッフォリスへの言及がまったくないことである。「キツネ」のヘロデへの言及は、イエスの真の使命に対する政治的曲解をはっきりと防ぐものである。イエスは反ローマの空気を煽り立てることをすげなく拒絶する。ルカにおける剣の比喩は、イエスの暴力使用拒否と関連づけて見るべきものである。メシアやダヴィデの子といった、政治的に曲解可能なあらゆる称号を彼は避ける。彼の神の国のメッセージの中には、いかなる民族主義も不信仰者に対する怨恨も含まれていない。ダヴィデ王国の権力と支配を再興することについて、彼はどこでも語っていない。この世の支配を獲得するという政治的目標を持つ行動を彼はどこでも示していない。その反対である。いかなる政治的希望も、革命的な戦略や方策も、自らの人気を利用するリアル・ポリティクスも、特定の党派との狡猾な連合も、組織的に動員された戦略的な長い行進も、権力を集積しようとする傾向も存在しない。その反対に――社会的に重要なことは！――権力の断念、いたわり、恵み、平和である。それは暴力の応酬、罪と報復がもたらす悪循環からの解放である。

聖書的な象徴言語によって形成されている誘惑の物語〔マルコ１・12―13および並行箇所。以下「および並行箇所」は「並行」と表記〕の中に、もし歴史的な核が存在するとすれば、それは、三つの誘惑がすべて起因するところの、あまりにも良く理解できる誘惑、すなわち政治的メシアニズムへの悪魔的誘惑である。この誘惑に対して、イエスはこの物語においてのみならず、彼の公生涯全体を通して――たぶんペトロを「サタン」と呼んだ言葉においても――一貫して抵抗したのである。彼は諸々の同盟のはざまにとどまり、いかなる集団にも取り込まれて「王」や上役にされることがなかった。彼は決して神の国を強引に先取りして引き寄せようとはしなかった。「差し迫った」天の国が襲われて暴力的に奪い取られようとしていることについての暗い言葉〔マタイ11・12〕は、ことによるとゼロータイの革命運動をはっきりと拒否する言葉かもしれない。おのずから成長する種のたとえ話〔マルコ４・26―29〕の中で、神の時を忍耐強く待つように要求していることも、偽預言者に対する警告〔マルコ13・22並行〕も、たぶんゼロータイへの反論を証《あか》しするものであろう。そのような反論は、西暦七〇年の破局の後では、福音史家たちにとってほとんど不必要なものとなっていた。

ユダヤ人内部の宗教的争いをほとんど気にかけないが、あらゆる民族運動を疑い深く観察していたローマ人にとって、イエスは政治的に疑わしい存在であるどころか、つまるところ騒乱の火つけ役、潜在的な扇動者にしか見えなかった。ユダヤ人のピラトへの訴えは理解できるものであり、一見すると正当なものであった。だがそれはきわめて偏っているばかりか、究極的には――福音書が一致して主張しているように――誤っていた。イエスは政治的な革命家として有罪判決を受けるが、彼はそのような人物ではなかった！　彼は無防備なまま敵の手に引き渡された。今日の真面目な研究は以下の点で一致している。イエスはどの点をとっても政治的陰謀の頭《かしら》ではない。彼はゼロータイが語ったようなイスラエルの敵を打ち砕くメシアの王について語っていないし、イスラエル民族による世界支配についても語っていない。すべての福音書を通じて、彼は無防備な放浪説教者として、傷ではなく癒しをもたらすカリスマ的な医師として現れる。彼は困窮を和らげるが、それを政治目的に利用しない。軍事闘争ではなく、万人にもたらされる神の恵みと赦しを告げ知らせる。旧約聖書の預言者を思い起こさせる彼の社会批判もまた、社会政策的なプログラムのためにではなく、彼の新しい神理解と人間理解に基づいて行われたのである。

非暴力の革命

イエスがロバに乗ってエルサレムに入城する物語［マルコ11・1─10並行］は、史実かどうかはともかく、彼の特徴を正しく捉えている。つまり彼は勝利者の白馬にではなく、支配者を象徴する動物にでもなく、貧しい者たちや権力なき者たちが使う動物に乗っている。共観福音書がそれに続いて報告している神殿の清め［マルコ11・15─19並行。ヨハネ2・12─17も参照］は──入城の物語はマタイとヨハネによって、マルコに比べると過度に強調されているが、おそらくすでにマルコによって、物語としてわかりやすくするために誇張されていただろう──いずれにせよ、騒乱を起こすには至らなかった。騒乱が起きれば直ちに、神殿の前庭の北西角のアントニアの砦にいる神殿警備隊とローマの歩兵隊が介入したであろう。物語の歴史的な核心がどんなものであろうと、聖書解釈者たちは史実性を疑うだけの十分な論拠を挙げていない。つまり資料によれば、それはゼロータイに典型的な行動ではなく、純粋な暴力行為やあからさまな暴動ですらない。イエスはゼロータイが目論んだようなあらゆる商人の永久追放や神殿の掌握や神殿と祭司の再組織化を意図したのではなかった。もちろんそれは意図的な挑発、象徴的な行動だった。つまり神殿の運営とそこから利益を得ている聖職者階級を示威的に断罪する、個人的で預言者的な象徴行動であった。それは祈りの場の神聖さを守ろうとするものだった。この断罪を——たぶんそれは神殿に対する脅しの言葉あるいは異教徒への約束［イザヤ56・7］をともなっていた——軽視することはできなかった。これによってイエスが聖職階級および巡礼市によって懐を肥やすグループを激しく挑発したことは疑う余地がない。

こうして改めて明らかになるのは、イエスがエスタブリッシュメントの人間ではなかったということである。最初の考えの筋道において私たちが見たすべてのことは、正しいままである。イエスは折衷主義者ではなく、既存のものごとの弁明者でもなく、平穏さや秩序の擁護者でもなかった。この意味で彼は剣をもたらしたのである。つまり平和ではなく争いを、場合によっては家族の中に入り込むほど、もたらしたのである［マタイ10・34－37、ルカ12・51－53］。彼は宗教的社会的な組織、ユダヤ人の律法と神殿の既存の秩序を根底から疑問視し、その点で彼のメッセージは政治的な結果をもたらした。ただし同時に踏まえておくべきことがある。イエスにとって組織、エスタブリッシュメント、既存の秩序にとって代わるべきものは、まさに政治的社会的な革命ではなかった。暴力を新たな社会の助産婦と見なしてロマンチックに賛美したチェ・ゲバラよりも、またカミロ・トーレスよりも、むしろガンジーとマーティン・ルーサー・キングがイエスを引き合いに出すことができた。

ゼロータイの革命家たちは言葉を語るだけでなく行動しようとした。エスタブリッシュメントの非行動と権力欲に対抗して、彼らは現実をただ神学的に解釈するだけでなく政治的に変革しようとした。彼らは責任をもって参加し、妥協するまいとした。存在と行動、理論と実践が互いに適合していなければならなかった。徹底的であること、一貫していることは、革命的であることを意味する。彼らは「ラディカルに」ものごとを「根底（radix）」から捉え、世界を真理と一致させるために、世界に対する責任を積極的に引き受けようとした。このようなラディカリズムをもって、彼らは神の国という終末を最終的に実現することを目指した――神の名において、必要ならば武力を用いて。だがイエスはゼロータイのこうした革命的ラディカリズムの方法と目標を認めなかった。ゼロータイは、神に敵対するローマ帝国の権力を打倒することに神的な義務を見出したが、結局は復興（ダヴィデの大王国を民族主義的に再建すること）を志していた。イエスはそれと異なっており、ゼロータイに対しても挑発的であった。彼は、右でもなく左でもなく、いかなる革命も説教しなかった。

――彼は納税を拒否することを要求しなかった。皇帝には皇帝のものを与えよ――ただし神のものを皇帝に与えるな！［マルコ12・13－17並行］

――彼は民族解放のためのいかなる宣戦布告もしなかった。彼は占領軍への最悪の協力者たちから食事に招待され、異教徒より憎まれていたと言っても過言ではない民族の敵であるサマリア人をお手本として評価した。

――彼はいかなる階級闘争も喧伝しなかった。同時代の多くの戦闘的な人々と違って、「友か敵か」という図式で光の子らと闇の子らを分けることをしなかった。

――彼は陰鬱で社会変革的な消費断念を主張しなかった。イエスは政治的な隷従と社会的な困窮が支配する悪しき時代の中で、祝祭的な食事を行った。

――彼は革命のために律法を廃棄しなかった。彼が欲したのは助けること、癒すこと、救うことであり、個々人の意志に従って人々に幸福を強いることではなかった。まず神の国を求めよ。そうすれば他のすべてのことも一緒に与えられるであろう［ルカ12・31］。

かくして、権力を見さかいなく用いる権力保持者に対する厳しい批判と、暴君暗殺ではなく奉仕を求める要求とが、イエスにおいては一体化している。また彼のメッセージが頂点に達するのは、暴力によってよりよい未来を無理やり手に入れよというアピールにおいてではない。剣をとる者は剣によって死ぬだろう［マタイ26・52］。彼のメッセージは、暴力の断念へのアピールにおいて頂点に達するのである［マタイ5・39］。曰く、悪人に手向かわず、私たちを憎む者に対して善を行え。私たちを呪う者を祝福せよ。私たちを迫害する者のために祈れ［マタイ5・44。ルカ6・27─28を参照］。来たる天の国を目前にすれば、あらゆる既存のもの、あらゆる秩序や組織や構造、権力者と権力なき者、豊かな者と貧しい者との間に存在するいかなる相違も根本から相対化される。来たる天の国の規範をすでに今から適用すべきである。

イエスがパレスチナでラディカルな地方改革を成し遂げていたならば、彼はとっくに忘れ去られていただろう。彼が仮に、西暦六六年にエルサレムの反乱者たちがやったように、まず都市の資料保管所を金貸しのあらゆる借用証書もろとも燃やしていたならば、また彼が仮に、二年後にエルサレムの革命家バル・ギオラがやったように、ユダヤ人奴隷の完全解放を公言していたならば、彼は──英雄的な奴隷解放者スパルタクスのように、七万人の奴隷とアッピア街道沿いの七〇〇〇本の十字架もろとも──逸話として残り続けていたであろう。

これに反して、イエスの──多義的で刺激的な言葉をすでにお望みならば──「革命」は、真の意味で、そしてより厳格な意味でラディカルであり、それゆえに世界を持続的に変えてきたのである。彼は「体制的秩序か、それとも政治社会的革命か」「妥協主義か、それとも非妥協主義か」という二者択一を超えてしまったのである。イエスは革命家以上に革命的であったと言ってもよいだろう。これが何を意味するかについては、さらに厳密に見てゆくことにしよう。

――敵を殲滅する代わりに、敵を愛すること！

――殴り返す代わりに、無条件に赦すこと！

――暴力をふるう代わりに、苦しみを厭わぬこと！

――憎悪と報復を賛美する代わりに、平和な者たちへの祝福を！

――権力欲にまみれた支配の代わりに、率先して援助を！

最初のキリスト者たちはいずれにせよ、大きなユダヤ人の反乱の中で、イエスの足跡に従った。戦争が勃発した時、彼らはゼロータイの革命家たちとは行動をともにせず、エルサレムからヨルダン川の対岸にあるペラへと逃げた。そしてバル・コクバによる二度目の巨大な反乱の時、彼らは激しく迫害された。だがローマ人たちは、特にネロによる迫害が起きるまで、彼らと対立しなかった。

このようにイエスは政治的社会的な革命を要求しなかったか、あるいはまったく引き起こさなかった。彼が引き起こした革命は決定的に非暴力の革命、最も内奥の隠されたもの、つまり人格の中心、人間の心から社会へと及んでいく革命であった。今までの続きではなく、人間が根底から思考を改めて回心（ギリシャ語のメタノイア）を行い、己のエゴイズムから離れて、神と仲間へと向かうこと。人間が解放されなければならないところの真のよそ者の権力とは、敵対する世俗的な権力ではなくて、悪の権力、すなわち憎悪、不正、不和、暴力、偽りの生、人間のエゴイズム全般、さらに苦難、病、死である。それゆえに変革された意識、新しい思考、異なる価値の目盛りが要求される。システムや構造の中だけではなく、人間の中にある悪の克服。外的な権力からの自由へと導く、内的な自由。個々人の変革を通しての社会の変革！

以上の通りであるとすれば、次のような疑問が起きる。このイエスは最終的には、この世から退却することあるいは殻に閉じこもることを擁護する者、世に背を向ける敬虔、浮世離れした内向性、修道士的な禁欲主義や遁世の擁護者ではないのか？

3　亡　命？

信仰を根拠として、必要とあれば武力を用いて、完全な世界征服を目指す、政治的ラディカリズムが存在する。つまり人間の介入によって、この世における神の支配を完全に実現しようとするのである。これがゼロータイのラディカリズムである。だがこれとは反対の、同じくラディカルな解決がある。それは、生死を賭けて積極的に参加する代わりに、大いなる拒否の異議申し立てをすることである。「反抗して立ち上がる」（Aufstand）のではなく「離れて立つ」（Abstand）のである。神に敵対する世を攻撃するのではなく、この世を拒否するのである。歴史を克服するのではなく、歴史から降りるのである。

非政治的なラディカリズム

これは、政治とは関わらない（非政治的であるのは見せかけにすぎないとしても）修道士のラディカリズムである。それは「独りで生きる者たち」（ギリシャ語の monachos ＝独りで）あるいは隠修士、（砂漠への）「逃亡者たち」である。それは世間からの隔離、脱出、移住、つまりエミグレーションである。それは個人的または集団的、外面的・地域的または内面的・精神的、組織的または非組織的な行動であり、閉じこもって孤立することによって、あるいは移動して入植することによって実現される。これをごく一般的に理解すれば、キリスト教史における隠修士的・修道士的な伝統である。仏教においても似たように八正道がまず僧侶たちとその共同体のために定められている。それは世間から批判的に距離を置いて撤退する伝統である。その一つは、個々の禁欲的な「隠修士」（こうした隠者たちの古典的人物は、三世紀にエジプトの砂漠にいた教父アントニウスである。彼らは今日もまだギリシャのアトス山に住んでいる）。また、後に教会で促進され組織化された「共住」を営む修道士の共同体（四世紀にパコミオスが設立）もその一つである。だがこの「退却主義」の伝統は、今日でもまったく世俗的な様式で生き残り続けているのが散見される。そこでは繰り返し新たにイエスが引き合いに出されるのだが、それは正しいことだろうか。

いずれにせよ、単純に間違っているわけではない。イエスは善良なる市民にはまるで見えなかった。彼が歩んだ道は世間一般で「立身出世」と呼ばれるようなものではなかった。彼の生活態度はヒッピー風の特徴を持っていた。誘惑物語が伝える砂漠滞在〔マタイ4・1－11並行〕が史実かどうか、私たちは知らない。だが私たちが知っていることは、彼の生活様式がきわめて異様なものだったということである。彼は疑いもなく「社会的適応」者ではなかった。彼は大工の息子であり、自身もどうやら大工であったが〔マルコ6・3、マタイ13・55〕、職業を営んではいない。むしろ彼は落ち着きのない放浪生活を送り、公の場所で説教し活動し、食べ、飲み、祈り、しばしば外で眠る。彼は故郷を出て家族から離れた男である。最も身近な家族が彼の支持者に入っていないからといって、驚くことがあるだろうか？　それどころか、マタイとルカが黙殺した古いマルコの伝承によれば、家族は彼がわれを忘れて気が狂っていると言って、彼を連れ帰ろうとしたのである〔マルコ3・21。ヨハネ10・20を参照〕。精神医学的な関心を持つ人々の中にはイエスが精神異常をきたしていたと主張する向きもあったが、それによってイエスのとてつもない影響力を説明することはできない。福音書はイエスの心理への洞察を公開していなくとも――福音書の関心はそれとは別のことに向かっている――、当時の振る舞いの模範からすればおよそ「普通」とは呼べないような外面的な振る舞いを見せている。イエスは生計を立てるために何もしておらず、彼の職業的営みについても何も報告されていない。福音書の報告によれば、彼は友人たちから支援され、女性たちの集団が彼の世話をしている。明らかに彼は家族の面倒を見なかった。私たちが福音書に空想を持ち込まなければ、イエスは彼以前の洗礼者ヨハネや彼以後のパウロのように、未婚であった。成人したユダヤ人が未婚であるのは、婚姻を義務づけて神の戒めとするこの民においては、異例の挑発的なことであった。もっともそれが未聞のことではなかったことは、間もなく見ていきたい。マタイだけが伝承している、天の国のために自ら進んで独身者となった者についての言葉〔マタイ19・12〕がもしも事実だとするならば、それは自己正当化であるとも理解しなければならないだろう。イエスが未婚だったからといって、それが独身制の律法の論拠とならないのは当然である。弟子たちに対してはいかなる戒めも語られず、その反対に、あの唯一のマタイの箇所においてさえ「これを受け入れられるものは受け入れよ」と、自発的な断念が同時に強調されている。だが、とりわけイエスの未婚は、他のすべてのことともに、以下のことを明らかにしているかもしれない。それは、テキストに逆らわなければ、イエスを文明的で司牧者的な道徳の教師に仕立て上げることはできないということである。それは一九世紀の自由主義的な聖書解釈者たちが試みたことだった。この点でもイエスは異なっていた。イエスは世間から逃避する、熱狂的な、ほとんど愚かなまでの性質を何がしか持っていなかっただろうか？　あらゆる世紀の少なからぬイエスかぶれやイエス狂、そしてまさに僧侶、禁欲主義者、修道会士たちが、イエスを引き合いに出してきたことには、ことによると特別な正当性があったのではないか？

だがこう言わなければならない。イエスは精神的に、あわよくば地域的にも亡命をして、世界に背を向けて完全性を目指す禁欲的な修道士ではなかった。そしてこれもまた時代錯誤的な主張ではない。

修道院制度

イエスの時代には――長い間知られていなかったことだが――ユダヤ人の修道院制度のようなものが存在していた。もちろんすでにユダヤ人歴史家フラウィウス・ヨセフスや、アレクサンドリアにいたイエスの有名な同時代人であるユダヤ人哲学者フィロンから知らされていたことは、サドカイ派、ファリサイ派、ゼロータイと並んで、さらに「エッセネ派」という集団が存在したということである。エッセネ派はおそらくあの「敬虔な者たち」（アラム語でchasajja、ヘブライ語でchasidim）に由来し、マカベア時代にもともとマカベアの反乱党の背後にいた。だが彼らはこの党派から分かれ、さらに、あまり黙示録的・厳格主義的ではないファリサイ派とも袂を分かった。それは、マカベア一族がますます政治的な権力欲を発展させた時のことであった。またサドカイの家系に属さず、戦争指導者として絶えず祭祀を汚さねばならなかったヨナタンが、紀元前一五三年に大祭司職を受け継いだ時のことであった。フィロンとヨセフスによれば、このエッセネ派の人数はおよそ四〇〇〇人であり、村や都市の中で孤立して生活し、堅固な共同体を結成していた。大プリニウスによれば、中には死海の西岸に住む者たちもいた。
だがイエス研究にとってエッセネ派が初めて大きな話題となったのは、一九四七年にアラブの羊飼いが、死海に面したユダの砂漠の険しい東側斜面のクムランの遺跡（ヒルベト）で、複数の巻物が隠されていた壺のある洞窟を偶然見つけた時であった。それから数百の洞窟が調査され、一一の洞窟でたくさんのテキストやテキスト断片が発見された。その中には聖書のテキストがあり、中でもイザヤ書の二つの巻物は、それまでに知られていた写本より千年も古いものであった（今日、エルサレムのヘブライ大学の「写本神殿」に他のクムラン文書とともに展示されている）。その後に聖書注解（とりわけハバクク書への注解）、最後に私たちの問いにとって決定的な非聖書テキストも発見された。その中にはクムランの教団規則あるいはセクトの規則（1QS）、そしてもっと短い共同体規則（1QSa）がある。これらすべては大規模な修道院的居住地における図書館の跡である。だからいずれにせよ、最初の発掘チーム（一九五二年～）の指導者であったロラン・ド・ヴォーの仮説は、アメリカ人ノーマン・ゴルブの批判的な論駁（一九九六年）の後、修正されねばならない。つまりクムラン共同体は、厳格に境界線を引かれた特別居住地（セクト）であったとは限らず、むしろ自らを「ヤカン（Jachan）」（「一致、教団」）と呼んだ共同体であり、その図書館はもしかすると元々エルサレムかどこかにあったが、安全のためにクムランへと運ばれたのかもしれない。これに関して一致した意見はまだない。

いずれにせよイエスの時代には、エッセネ派（クムラン―エッセネ派）の下位集団あるいは特殊集団として、ユダヤ人修道僧の共同体が存在していた。この集団はすでに、あのキリスト教的な共住のあらゆる要素を持っている。それはエジプトのパコミオスによって設立され、大バシレイオスによって神学的に基礎を固められ、ヨハネス・カッシアーヌスによって西方ラテン世界へと伝えられ、ヌルシアのベネディクトとベネディクト会の規則を通して西洋の修道院制度全体にとっての模範となったものである。すなわち「1．住居、労働、祈りの場所における生活空間の共有、2．服装、食事、禁欲的態度の均一性、3．服従を基礎として、文書化された規則によってこの共同体を確保すること」（K・バウス）といった要素である。

それだけに一層、次のような疑問が差し迫ってくる。「イエスはもしかしてエッセネ派かクムランの修道士だったのか?」「クムラン共同体と生まれつつあるキリスト教との間には関係があるのか?」。この二つの問いは区別しなければならない。第一の問いは今日では、初期の発見の喜びの中で少数の研究者が至るところに類似点を見て取ろうとした後、あらゆる真面目な学者によって否定されるようになった。

第二の問いは慎重に肯定すべきかもしれない。ただし、直接的影響よりも間接的影響について考えねばならない。特に洗礼者ヨハネは、伝承によれば砂漠で成長し、ことによるとクムランに近い場所で活動し、ひょっとすると早くからクムラン共同体と結びつきがあったかもしれない。いずれにせよ「義の教師」と呼ばれるクムラン共同体の設立者は、洗礼者ヨハネやイエスと同様に、公的なユダヤ教、エルサレムのエスタブリッシュメントとは対立している。彼らは皆、イスラエルの真ん中に分裂が生じていると見なす。彼らは皆、まもなく終末が来ることを期待している。つまり、今生きている最後の世代は悪しき世代であり、審判が突然訪れて、決断を迫られ、真剣な道徳的要求を避けて通ることはできないと考えるのである。

けれどもこうした共通点があるからといって、相違点を看過してはならない。洗礼者ヨハネは、律法のもとで他の人々から切り離された共同体を設立するのではない。彼は悔い改めの呼びかけによって民全体を来たるべきものへと向けさせようとする。だがイエスに関しては、それ以上は——いくつかの共通する概念、言い回し、観念、外面的な類似点を除けば——同時代人の中で驚くべきことは何も証明できない。またイエスとエッセネ派一般、特にクムランとの直接の結びつきを示唆することはほとんど何も証明できない。クムランの共同体もエッセネ派の運動も、新約聖書の諸文書の中で言及すらされていないし、逆にクムランの文書においてもイエスの名への言及は見出されない。

修道士ではない

だがこうした答えは一般的すぎる。キリスト教ののちの発展を見れば、この疑問はきわめて重要なものとなる。イエスとエッセネ派の修道士たちとの具体的な違いはどこにあるのか。なぜイエス自身は修道士の共同体や修道院を設立しなかったのか。さまざまな理由から修道院に共感している筆者と同じように、いくつかの修道会士の共同体を高く評価し、キリスト教のミッション、宣教と神学、西洋の植民地化、文明と文化、学校制度、病人の世話や牧会といったことのために修道院制度が大きく貢献したことを認める者も、疑問を抑えつけてはならない。ここでもまた先入見を交えず分析しようと努めるならば、こう言わねばならないだろう。イエスと修道士の間には――共通点があるにもかかわらず――一つの世界が横たわっていると。イエスの弟子たちの共同体は、いかなる隠修士的あるいは修道院的な特徴も持っていないのである。

1　イエスには世間からのいかなる分離も見られない：エッセネ派は他の人々から分離することによって、あらゆる穢れから身を遠ざけようとした。彼らはイスラエルの純粋な教団であろうとした。それは内面への移住であった！　これがさらにいっそう当てはまるのはクムランの人々である。在職中の大祭司（おそらくヨナタンと呼ばれた者で、今では「瀆神的な祭司」呼ばわりしかされない人物）との争いの後で、祭司、レビ人、一般信徒の一群が抗議するために、内面的に、ことによると外面的にも移住を行ったのである！　堕落した世界から、彼らは「義の教師」――それが誰なのかはもうわからない――によって導かれて、真に敬虔であろうとした。つまりいかなる不浄なものによっても汚されず、罪人たちから離れ、細心の注意を払って神の戒めを遵守することによって、砂漠において主の道を備えようとしたのである［イザヤ40・3］。祭司だけではなく会衆全員が、祭司の清浄規定を守り、日々の洗い清めによって――手洗いだけでなく全身浴によって――繰り返し清らかさを獲得し直した。それは完全性を目指す途上にある、聖者たちと選ばれし者たちから成る真の教団、「完璧な素行の人々」である。いつも神殿の中にいるように生活する祭司たちの一群である。

だがイエスは外面的な移住も内面的な移住も要求しない！　世間の組織から離反することを要求しないし、世間から逃避する姿勢も要求しない。自我を解体することや自我の世界への結びつきを解体することによる救いも要求しない。極東に見られる内面的沈潜の教えのこともイエスは知らない。彼は修道院で生きているのではないし、砂漠で生きているのでもない。ついでながらある箇所では、砂漠が啓示の場所であることははっきり否定されている［マタイ24・26］。彼は完全に世間の中で、村や町において、人々の真っ只中で活動する。もちろん社会的に評判の悪い人々とも、律法によって「穢れている」と見なされた人々とも、クムランから否定されている人々ともイエスは接触し、それゆえにいかなるスキャンダルも恐れない。彼にとってあらゆる清浄規定よりも重要なのは、心の清さである［マルコ7・14－23並行］。彼は悪しき力から逃れることなく、現場で闘いを引き受ける。彼は自らの敵から退却せず、対話を求める。

2　イエスは現実を二分割しない：エッセネ派の神学について、フィロンとヨセフスが短く、ヘレニズム的な要素（魂の不死）を報告している。だがクムランの人々の神学については、私たちは比較的厳密なことを知っている。それは、一神教的な創造者への信仰によってどれほど抑制されていても、二元論的なものである。真理と光が教団を導く。だがその外側にいる異教徒や、律法に対して完全には忠実でないイスラエル人のもとでは、闇が支配している。クムランの外に救いなし！　光と真理と正義の子らは、暗闇と虚偽と冒瀆の子らに対して闘う。光の子らは互いに愛し合い、闇の子らは互いに憎み合う。神は初めから人間をどちらかの宿命へと選び、二つの霊を分け与えたため、全歴史は、真理あるいは光の霊と、冒瀆あるいは暗闇の霊との間で続く終わりなき闘いである。後者の霊は光の子らをも惑わす可能性がある。こうした日々が終わる時にようやく、神は争いを終わらせる。このような二つの霊の対峙は旧約聖書的ではない。むしろ、善悪二つの原理が存在するというペルシャ的二元論に影響されたものかもしれない。

だがイエスはそのような二元論を知らない。光と闇の対立が大きな役割を果たすヨハネ福音書に拠っても、そうである。彼は人類を最初からあらかじめ善と悪に区別することをしない。つまり誰もが回心すべきであるが、誰でも回心することができるのである。イエスの山上の説教は、クムランや洗礼者ヨハネのように神の怒りではなく、神の恵みに根ざしている。イエスは罪人や神なき者たちへの復讐の審判を説教するのではない。神の恵みはいかなる限界も知らない。万人に対して赦しが提供される。そしてまさにそのゆえに、人は敵のことも憎むのではなく愛さなければならない。

3　イエスは律法への熱意を持っていない：エッセネ派は最も厳格な律法への従順を実践した。そのために彼らは、まさに彼らにとってはあまりにもルーズなファリサイ派からも分離したのである。彼らの律法への熱意は、特に安息日の戒めを厳格に遵守することに現れていた。食事はすでに前もって準備された。どんなに些細な仕事も、それどころか排泄さえ許されなかった。クムラン共同体のメンバーのもとでは、似たような厳格な律法遵守が見られる。悔い改め、回心とはモーセの律法に立ち帰ることを意味する。救いの道とは律法を守ることである。これはすなわち、律法全体のあらゆる規定を妥協も緩和もせずに守るということである。安息日には何も運んではならない。薬もいけない。家畜の出産も手助けしてはならないし、穴に落ちた家畜も引き出してはいけない。クムランの人々は律法への忠誠のゆえに、エルサレムの祭司階級に反対して、古い太陽暦を固守し、新たに導入された(セレウコス朝の?)太陰暦を拒否した。太陰暦は、エルサレムの祭司階級がエルサレム神殿の祝祭秩序に矛盾する仕方で持ち込んだものであった。彼らは神聖な言語である純粋なヘブライ語を律法の言葉として大切に扱った。神殿で犠牲を捧げることができなかった彼らは、祈りと律法への妥協なき忠誠によって、民の咎《とが》を償おうとしたのであった。

だがイエスは、そのような律法への熱意から完全に遠く隔たっている。彼は逆に、あらゆる福音書を貫いて、律法に対する驚くべき自由を示している。私たちはそれをこれから見ていこう。エッセネ派の修道士にとって、彼は――まさに安息日に関しては――明らかに処罰すべき律法違反者であった。仮にクムランにいたら、彼は破門され追放されていたであろう。

4 イエスは禁欲主義者ではない：エッセネ派は清浄を目指す努力を理由にして禁欲を実践した。女性との交わりによって自らを穢さないようにと、エリートは婚姻を断念した。それにもかかわらず、結婚するエッセネ派もいた。婚姻は――三年間の試験の後に――許された。唯一の婚姻目的は繁殖であり、妊娠中の婚姻性交は禁じられた。エッセネ派は自らの個人財産を一種のコミュニズムが支配する教団へと委ねた。彼らは必要な分だけを食べて満足した。クムラン共同体においてもまた厳格な掟が支配していた。そのような掟によってのみ、暗闇の子らに対して闘うことができたのである。ここでもまた、個人財産は共同体へ入る際に譲渡され、監督によって管理された。教団規則の修道士たち

(1QS)、つまり、少なくとも共同体で生きているメンバーは独身でなければならなかった。より短い共同体規則(1QSa)――これはクムランの歴史における、より初期か、あるいはより後期の段階だろうか？――もまた結婚しているメンバーのことを知っている。クムランの禁欲主義もまた儀式的に定められていた。正規のメンバーは聖書を読んで義を探究し、ともに神を賛美するために、夜の三分の一の間は目覚めていなければならなかった。

だがイエスは禁欲家ではなかった。彼は犠牲のための犠牲、断念のための断念を決して求めなかった。より大きな浄福を得るためにと倫理的要求を付け加えたり、禁欲による特別な功績を要求したりしない。彼は断食しない弟子たちを擁護する［マルコ2・18−28並行］。不機嫌な敬虔さは彼にとって我慢ならない。どんな敬虔な芝居も彼は拒否する［マタイ6・16−17］。イエスにはいかなる「犠牲者魂」もなく、いかなる殉教も要求しなかった。彼は人々の生活に参加し、食べて、飲んで、宴に招待された。この意味で彼はまさにいかなるアウトサイダーでもなかった。彼は洗礼者ヨハネと比較されて、(疑いもなく史実であるが不当な)「大食いで酒飲み」という非難を聞かねばならなかった［マタイ11・18−19］。婚姻は彼にとって穢れをもたらすものではなく、尊重すべき創造者の意志であった。彼は誰にも独身制を課さなかった。婚姻の断念は自由意志によるもの、つまり個人的に受け入れるものであって、弟子となるための規則ではなかった。そして物質的所有の断念もまた、イエスのあとに従うために必要なことではなかった。どちらかと言えば暗いクムランの教えやヨハネの厳格な悔い改めへの呼びかけとは対照的に、イエスのメッセージは多様な意味において喜ばしく解放をもたらすメッセージだったのである。

5　イエスは聖職者階級の秩序には属さない：エッセネ派は厳格な秩序を持っており、それによって四つの地位あるいは階級を厳しく区別していた。それは祭司・レビ人・一般信徒のメンバー・メンバー候補者という区別である。後から入るメンバーは、先に入っていたメンバーに対して細々《こまごま》としたことで服従した。各人は共同体を導く責任者の指図に従わねばならなかった。クムラン共同体もまた、同様の四つの階級によって厳格に組織されていた。どのグループにも助言を行う祭司が一人いなければならず、また食事の時には階級を尊重しなければならなかった。その上さらに、メシアと食事をする時には、祭司階級が優先的な地位を持つのである。身分の低い者たちは身分の高い者たちに服従することを叩き込まれ、厳罰による制裁も加えられた。例えば食事を四分の一減らすという罰である。この罰は、所有物の間違った申告に対して一年間、不必要に裸で歩いたことに対して半年間、愚かな一言に対して三か月間、総会の間の居眠りに対して、あるいは馬鹿げた大笑いに対して三〇日間、発言を遮ったことに対して一〇日間、課せられた。とりわけ教団からの排斥は厳しい罰であった。除外された者は、洗礼者ヨハネのように荒れ野で生きてゆかねばならなかっただろう。

だがイエスは何の処罰目録も持っていなかった。彼が弟子たちを自らのあとに従うようにと召命するのは、組織を作るためではない。彼は神の意志に対する服従を求めるが、それは他のあらゆる拘束から自由になるということだった。彼はより良い場所や名誉ある地位を求める努力をさまざまな仕方で断罪する。通常の聖職者階級の秩序は彼によって文字通りひっくり返される。つまり身分の低い者たちが最も身分の高い者たちとなり、最も身分の高い者たちは万人に仕える者とならねばならない。従属関係はお互いに対して、共同の奉仕において、作られねばならない。

6　イエスは修道士の規則を立てない：エッセネ派が過ごす一日は厳しく定められていた。最初に祈り、次に畑仕事、昼には沐浴と共同の食事、その後で再び仕事、夕べには再び共同の食事が行われる。共同生活では沈黙が支配していた。メンバーとして受け入れられる前に、二年か三年の修練期（試験期間）に合格しなければならなかった。受け入れられる際には、規則が厳かに義務づけられた。新メンバーは宣誓の形で一種の誓約を行い、それは特に目上の者たちに忠誠を誓うことにおいて頂点に達した。祭司のみならずすべてのメンバーは、特に共同の食事の時に白衣を着なければならなかった。それは祭司の衣装であり、清浄なる者の服であった。クムラン共同体においてもまた、似たような厳しい規則に従って生活全体が営まれていた。そこでは祈り、食事、助言を共同で行わなければならない。儀式的に規則化された食事の時は、清めの沐浴とまったく同様に、宗教的な意義を持っていた。礼拝的な生活が徹底して営まれた。神殿とその暦から切り離された後、犠牲は捧げられなかった。だが規則的な祈りの礼拝が、独自の詩編とともに行われた。それは一種の教会的な聖務日課の始まりであった。

イエスにおいては、そのようなことはまったくなかった。修練期も、入会の宣誓も、誓願もなかった！　規則的な敬虔の修練も、礼拝に関する指示も、長い祈りもしなかった！　儀式的な食事も、沐浴も、特別な衣装もなかった！　むしろクムランと比較すれば、とんでもなく無規則であり、ためらいがなく、自然で、自由である！　イエスはいかなる規則も会則も作らなかった。しばしば霊的な装いをまとった、人間が人間を支配するための規則に代わって、彼は神の支配についてのたとえ話を語る。彼が絶えず倦むことなく祈るよう求める時［ルカ18・1］、それは、いくつかの修道士の共同体において慣習化している不断の祈りの礼拝（「永遠の賛美」）のことではない。彼が言わんとするのは、常にすべてのことを神から期待する人間の、絶えざる祈りの態度である。

人間は願い事を倦むことなく神に向かって語ってよいし、また語るべきである。だが、まるで神がそれを何のことかまだわかっていないかのように、くどくど語るべきではない。祈りは他人の面前で行われる敬虔なデモンストレーションであってはならないし、神の面前で積まれる労苦に満ちた功績であってもならない［マタイ6・5―8並行］。

エリートのためではなく万人のために

もう明らかかもしれないが、またしてもイエスは異なっている。彼はエスタブリッシュメントの人間ではなく、政治的革命家でもなく、亡命者や禁欲的修道士たらんとしたのでもない。彼は明らかに、少なからぬ人々が聖人あるいは聖人のような人に対して、または預言者に対して抱く役割期待にはふさわしくなかった。彼はいかんせん、服装においても食習慣においても振る舞い全般においても、あまりにも普通であった。彼は傑出していたが、それは秘教的で敬虔な生活様式によるものではなかった。彼はメッセージによって傑出していたのである。このことが物語るのは、「光の子ら」が持っているあの排他的でエリート的なイデオロギーのまさしく正反対であった。つまり人間は選別を行うことができず、ただ神のみが、心の中を見て、選別を行うことができるということである。イエスが告げ知らせるのは、この世の子らや暗闇の子らに対する報復の審判ではない。完全無欠のエリート階級が住む国でもない。彼が告げ知らせるのは、まさに失われた者たちと困窮する者たちに与えられる、限りない慈しみと無条件の恵みの国なのである。クムランのまったく暗い教えや、洗礼者ヨハネの厳しい悔い改めの呼びかけと対比すれば、イエスのメッセージは大いなる喜びに溢れた知らせである。イエス自身が「福音」という言葉を用いていたかどうかを確かめるのは困難である。いずれにせよ彼が語ろうとしたことは、脅しのメッセージではなく、言葉の最も包括的な意味で「喜びのメッセージ」であった。とりわけエリートではない者たちにとって、またそのように自覚している者たちにとって。

キリストに倣う（イミタチオ・クリスティ）？　以下のような結論は避けられないように思われる。後世の隠修士的・修道院的な伝統は、世間からの離脱に関して、また生活の様式と組織に関して、クムラン共同体を引き合いに出すことはできるかもしれない。だがイエスを引き合いに出すことはほとんどできないだろう。彼はいかなる外的あるいは内的な亡命も要求しなかった。生活様式としてのいわゆる「福音的勧告」――共同体への財産の譲渡（清貧）、独身制（貞潔）、上位者の意志に対する絶対的従属（服従）、何ごとをも誓約（宣誓）によって保証すること――はクムランには存在したが、イエスの弟子たちには存在しなかった。かつてこうした関連や区別がそれほど知られていなかった時以上に、各々のキリスト教の修道会は、クムランとイエスのどちらをより多く引き合いに出すことができるかと問わねばならない。あらゆる種類の共同体や基礎的集団にとって、クムランの精神ではなくイエスの精神において特別に行動する余地が、今日キリスト教の中に残されていることは確かである。

クムランの真摯で敬虔な禁欲家たちは、イエスについて、少なくとも十字架にかけられたことを耳にしたに違いない。彼らは終末時において、それを予告する預言者が現れたあとに、さらに二人のメシア――祭司的なメシアと王的なメシア、救いの共同体を率いる霊的な指導者と現世的な指導者――が現れるのを期待していた。彼らは普段からすでにメシアと食事する際の着席順を定めていて、ことによるとイエスのために道を備えていたかもしれないが、どうやら彼を無視したようである。

大きな戦争が勃発した際、ゼロータイの政治的ラディカリズムと隠修士の非政治的なラディカリズムが存在した。相反するラディカリズム同士は「両極端は相通ずる（Les extrêmes se touchent）」と言われる通りの関係である。彼らはもちろん平素から、孤独の中で最後の闘いに備えていた。同じく見つけ出された「戦いの書」（1QM）は聖戦のための厳密な指図を与えていた。このように修道士も革命家の戦争に参与した。その戦争は彼らにとって終末時の戦争であった。ローマの第十軍団は、のちに皇帝となるヴェスパジアヌスに率いられて、西暦六八年にカイサリアから死海まで、またクムランまで前進した。その頃クムランの人々は自分たちの写本を包んで穴に隠したに違いない。そしてその写本を二度と取り出すことはなかった。彼らはその頃には死を覚悟していたに違いない。第十軍団の哨兵はクムランにしばらく駐在した。バル・コクバによる反乱の中で、ユダヤのパルチザンがもう一度残された施設に立てこもった時、クムランは最終的に破壊されてしまった。

そして何が残っただろうか？　エスタブリッシュメントに対して無条件に魂を売り渡そうとしないが、かといって暴力革命の政治的ラディカリズムをも、敬虔な亡命の非政治的ラディカリズムをも引き継ごうとしない者にとっては、もはやたった一つの選択肢しか残されていないように見える。それはすなわち妥協である。

4　妥協？

政治社会的な革命家たちは、修道士の亡命者たちと同様に、神の支配について真剣に突き詰めて考える。このように「根元（radix）」にまで達するほど、徹底性と全体性と一体性を求める、粗暴なまでの意志の中に、彼らのラディカリズムは存する。すなわち潔癖で一義的な解決、政治的であれ非政治的であれ明確な最終的解決である。つまり世界革命か、それとも世界からの逃避か。そのような一義的な解決と対峙するには、曖昧な態度、二股をかけること、意味深長に見せること、中途半端であることしか現実的に道がないように見える。つまり体制側と過激派の間を抜け目なく切り抜けることである。それは、真理に絶対忠実であり続けたり、生活を一つの尺度に従って形成したり、本当に完全性を得ようとしたりすることを断念するということである。

敬虔な人々

かくして、幸福な不整合（一貫性のなさ）、合法的な調和、巧妙な調停、道徳的な妥協の道ができる。ラテン語の compromittiere は、ともに約束する、意見が一致するという意味を持つ。人間はやむをえず神の絶対的な戒めと自らの具体的な状況との間で調停を試みなければならないのではないか？ やむをえぬ状況が存在しないだろうか？ 政治は――大につけ小につけ――可能なことをする技法ではないのだろうか？ 「汝なすべし、ただし可能な範囲内で」ということがイエスの道ではないだろうか？ 道徳的な妥協の道。これがファリサイ派の道である。ファリサイ派は実際の姿よりも貶《おとし》められた。すでに福音書は後の論争的な観点から、ファリサイ派をしばしば十把一絡げにして、見せかけの演技をする代表者、つまり「偽善者」だと見なしている。それには理由があった。ファリサイ派は、ローマ人に抵抗した大きな革命のあとにも生き延びた唯一の党派であった。ローマ人は、エスタブリッシュメントのみならず、政治的および非政治的な方向性を持つ過激派も一掃した。ファリサイ派の土台の上に、タルムードのユダヤ教、中世のユダヤ教、さらに今日の正統派ユダヤ教が続いていく。こうしてファリサイ派は、初期のキリスト教にとっては唯一の、ユダヤ人の敵対者として残り続けた。これは西暦七〇年以後に書かれた福音書に結実した。これとは反対に、ファリサイ派はフラウィウス・ヨセフス――彼自身が名前に至るまで妥協の人生を生きた――によって過度に称賛された。ヨセフスは皇帝に仕えつつ、ユダヤ人に味方する作品『ユダヤ年代記』をのちに書いて、ローマに味方する作品『ユダヤ戦争』を補おうとした。

それゆえにファリサイ派を単純に律法学者と同一視してはならない。祭司階級のエスタブリッシュメントもまた、律法解釈に関するあらゆる問題に解答を与える神学的、法学的な専門家、さらにサドカイ派の専門家を擁していた。つまりお抱えの神学者である。「ファリサイ派」はその名前から見れば、まさに「偽善者」ではなくて「分離された者」(アラム語でperischajja、ヘブライ語でperuschim)である。彼らは敬虔なる者、義なる者、神を畏れ敬う者、貧しい者と自称することも好んだ。「分離された者」という名前は——おそらく外部の者が最初に用いた名前であろう——エッセネ派やクムランの人々にもよく当てはまったであろう。ことによると「分離された者」はファリサイ派運動の過激な一派だけを指しているかもしれない。今や体制側についたマカベアの自由戦士たちによる権力政治や世俗性から、そしてマカベア家から——のちの子孫マリアムネは新たなヘロデ王家の設立者と結婚することになる——、あらゆる「敬虔な者たち」がとっくに離反していたことは、すでに知られている。彼らはトーラー、すなわち神の律法に基づいて生活を形成しようとした。ただしある者たちは他の者たちとラディカリズムをともにすることを欲しなかった。そのために敬虔な者たちはエッセネ派とファリサイ派とに分裂した。マカベア人のアレクサンドロス・ヤンネウス(前一〇三—前七六年)——再び王と称した最初の人物である——との血みどろの対決の後、ファリサイ派は暴力的に状況を変革することを一切断念した。彼らは祈りと敬虔な生活を通して、神自身がもたらす転換に備えた。それは約六〇〇〇人のメンバーによる一般信徒の運動だったが、おそらく五〇万人いた民族全体の中で非常に影響力を持っていた。彼らは堅固な共同体をなしつつ異なる人々の只中で生きていた。彼らはたいてい手工業者か商人であり、律法学者の指導の下で「協同組合」を形成した。イエス時代のファリサイ派は、ゼロータイに共感する者もいたとはいえ、政治的には柔和になっていた。

以下のことを忘れてはならない。イエスが例として引き合いに出したファリサイ人は、偽善を行ったのではない〔ルカ18・12を参照〕。彼は誠実で敬虔な男であり、純粋な真実を語った。彼は言ったことをすべて実行した。ファリサイ派は模範的な道徳を示したことによって、さほどうまくいっていない人々のもとで、それなりの名声を得ていた。ファリサイ派にとって、律法を満たす際には二つのことが重要であった。清浄規定と十分の一税である。

ファリサイ派のために定められた清浄規定は、日常においてもすべてのメンバーが清浄を保つことを要求した。そのメンバーにはごく少数の非祭司も含まれていた。このようにして、彼らは終末時において救いをもたらす祭司的な民として姿を現した。つまり、彼らは衛生のためや礼儀作法のために手を洗ったのではなく、祭祀の清浄のためにそうしたのである。特定の動物種、血、人間や動物の遺体に触ること、体液その他は、祭祀の清浄を失わせた。沐浴によって浄めるか、待機する期間をもうけるかして、祭祀の清浄を取り戻さなければならなかった。祈るためには手を清めておかねばならなかった。それゆえに、食事の前ごとに手を洗うことは大きな意味を持っていた。それゆえに、杯と鉢は意識して清く保たれた。

十分の一税の戒め——何よりも、収穫するものや獲得するものの一〇パーセントを祭司のレビ族や神殿の生活費のために提出すること——は、民の間ではひどくおざなりにされていた。そのぶんファリサイ派はますます真剣に、その戒めを受けとめた。あらゆるものから、野菜や薬草からさえ、何とかして一〇パーセントを取り分けて、それを祭司とレビ人に送り届けた。

これらすべてのことをファリサイ派は戒めと見なした。だがあらゆる戒めを超えて、彼らは自発的に多くのことを行った。後世のキリスト教道徳はそれを「義務を超えた業《わざ》（opera supererogatoria）」と呼ぶことによって、ファリサイ派の観念を再び取り入れた。つまり、それ自体は要求されていないが、補足的で過剰に善い業のことである。この業は、大いなる決算のために人間の負債を相殺することができたのである。こうすれば、義を計る神の天秤が善の側に傾く。悔い改めの業、自発的な断食（民の罪を償うため週二回、月曜と木曜に行われる）、施し（神に喜ばれるための慈善）、毎日三回の定時に行う祈禱（起立して行う）は、道徳的な決算のために特にふさわしかった。実際これらすべては、のちのキリスト教（この場合特にカトリック的なタイプ）が「キリスト教的」だと詐称したものと大きく異なっているだろうか？　イエスは——エスタブリッシュメントとラディカリズムの狭間において——この真に敬虔な者たちの党派を選択するほかなかったのではないだろうか？

道徳的な妥協

だが実に不思議なことに、イエスはこの敬虔な道徳と相容れないらしい。敬虔な道徳に特徴的なのは、妥協である。人は本来神の戒めを恐ろしく真剣に受けとめる。それどころか要求されていること、命ぜられていること以上のことを行う。それを正確無比に行い、それゆえに神の戒めに関するさらなる戒めの垣根を完璧なまでに張りめぐらす。それは、至るところで脅威となる罪を予防するため、日常の子細な問題に対応するため、何が罪であって何が罪でないか、いかなる不確実な状況においても決断するためである。何を守るべきかを厳密に知らなければならない。安息日にどれくらい歩いてよいか、何を持ち歩いてよいか、何の仕事をしてよいか、結婚してよいかどうか、安息日に産まれた卵を食べてよいかどうか……ただ一つの基本的な規則の中に、詳細な規定の体系全体がはめ込まれた。手洗い一つをとってみても、完全に決められた時間に、手首に至るまで、両手を正確に動かし、水を二回注がなければならない（一回目には両手の汚れを落とし、二回目には一回目の汚れた水滴を落とす）。

こうして人は「ぶよを漉《こ》して除くこと」、つまり洗練された敬虔の技法を学んだ。戒めは戒めを増し加え、規則は規則を増し加えた。それは個人および社会の生活全体を把捉できる道徳体系である。律法に対する熱意の裏には、至るところで待ち受けている罪に対する不安が存在する。聖書において、狭義の律法（モーセ五書＝「トーラー」）の中では、倫理的な戒めと儀式的な戒めとは同じ価値を持つものと見なされている。そこでは律法は預言者より重要である。そして書かれた神の律法である「トーラー」に、口頭伝承（「ハラハー」「古人の伝承」）、律法学者の作品が、同じ権限を持つものとして加わる。このようにして、死者の復活についての確固たる教えが、サドカイ派と対立しながら、発展していったのである。

何につけ重要なのは律法学者の教職である。彼らは個々の戒めの複雑な適用を司り、どんな場合にも無教養な人々が何をすべきかを言うことができる。どんな場合でも、どんな事例（Kasus）に対しても。のちにこの技能は「決疑論（Kasuistik）」と名づけられ、キリスト教の道徳神学者たちの大作はそれによって一杯となる。それは、朝から晩までの日常全体を律法の諸事例に分割して整理するのである。ところで、多くのファリサイ人にとって、友好の技術とは実際に人を助けることである。律法を現在へとうまく適用して実践できるものにしたい。良心の重荷を取り除き、自信を与えたい。罪を犯さずにどれくらい歩くことができるのか、厳密に示したい。あまりにも難しい状況では逃げ道を提供したい。神と人の間に律法の山をまるごと築いてしまった後、トンネルを提供したい（ヨハネ二三世がカトリックの教会法学者に宛てた言葉）。そうすれば、厳格であると同時に穏やかであり、きわめて伝統的でありつつきわめて現実に即していることができる。

律法に固執しても、弁明や免除もできるようにする。戒めを文字通り受けとめても、融通をきかせてその言葉を解釈する。律法の道を歩んでいても、回り道をあらかじめ想定しておく。こうすれば罪を犯すことなく律法を守ることができる。安息日に働いてはならない（律法学者は安息日に禁止される三九の仕事を列挙した）。ただし例外として、いのちが危険にさらされた時には安息日を汚すことが赦される。安息日には家から何も持ち出してはならないが、いくつかの家の庭は共同区域と見なされる。安息日に穴に落ちた雄牛を――クムラン共同体とは違って――引き上げてもよい。

このような律法解釈を民が感謝して受け入れたと理解できないだろうか。これによって、安息を非常に狭く解釈する神殿祭司たちの、厳しいサドカイ派的な正義が緩められたからである。ファリサイ人は――遠くの神殿にいるサドカイ派の聖職者階級とは違って――町や村で生活する民の近く、教えと祈りの家であるシナゴーグの近くにいる、いわば人民政党の指導者のようなものである。彼らは自分たちがやっていることは（神殿に基づく）保守的な反動ではなく、道徳的な刷新運動だと理解していた。

ただし、律法を行うことができない人々、あるいは行おうとしない人々に対してだけは、情け容赦がなかった。そこでは「分離」を避けて通ることができなかった。分離が必要となるのはヘレニズム化したエルサレムのエスタブリッシュメントに対してだけではなかった。律法を詳しく知らないために実行することができない、あるいは過酷な労働のために祭祀の清浄規定を気にかけることができない「地の民（アム・ハ・アレツ）」に対しても同様であった。とりわけ律法を守ろうとしないあらゆる類の公的な罪人に対して「分離」が必要であった。娼婦はもちろんのこと、徴税人に対しても同様だった。なぜならば、占領軍は最高値をつける者たちに税関を委ねたからである。彼らは公的な税額より多く奪いとることによって自己保身に走ってもよかった。「取税人」は詐欺師、悪党と同義語であった。彼らと同じテーブルにつくことはできなかった。このような神を冒瀆する者たちは皆、神の国とメシアが到来するのを阻止している。もし民族全体がファリサイ人のように清浄と聖性において忠実かつ厳密であれば、メシアがやって来て、イスラエルの散らされた諸部族を集めて、神の国を建設するであろうに。そもそも律法とは選びのしるしであり、恵みではないか!

律法を敬わない

イエスはファリサイ派に近いように見えたにもかかわらず、彼らからは果てしなく遠くにいた。イエスもまた律法を先鋭化させたことは、山上の説教のアンチテーゼが証明している通りである。それによると、怒りはすでに殺人を意味し「マタイ5・21−22」、姦淫への欲望はすでに姦淫を意味する「マタイ5・27−28」。だがイエスにとってそれは決疑論だったのだろうか。イエスは驚くほどルーズな一面も持っていた。それは道徳全体が崩されてしまうほどである。なにしろ行方不明になって落ちぶれた息子が父のところに帰ると、従順に家にとどまっていた息子よりも、最終的に優遇されるというのだから「ルカ15・11−32」。さらに税金泥棒が神のもとではファリサイ派の敬虔な者以上に恵まれるというのだから「ルカ18・10−14」。ファリサイ派の敬虔な者は、こんな詐欺師や姦通者のような他の人間とはまるで違う。イエスが語ったことは——失われた羊や失われた銀貨の物語を含めて——道徳的な転覆をもたらす破壊的なものであり、品行方正なイスラエル人をことごとく侮辱するものであった。

ファリサイ派との対立は、彼らとの共通点が特に大きかっただけに、深刻化せざるをえなかった。イエスはファリサイ派と同様に、エルサレムにいる祭司のエスタブリッシュメントに対して距離を置いて行動したが、ゼロータイの革命を拒否した点でも同様であった。彼は外面的あるいは内面的な亡命を拒否したのである。イエスはファリサイ派と同様に、この世の只中において敬虔であろうと欲して、生活し、活動し、民の只中で議論し、シナゴーグで教えた。そればかりか、イエスはあるファリサイ人の家に客として繰り返し招かれ〔ルカ7・36、11・37、14・1〕、まさにファリサイ人たちによって、ヘロデから追われていることを警告された、ラビに似た者ではないのか？〔ルカ13・31〕　イエスはファリサイ人のように原則として律法に従った。律法の廃止あるいは揚棄を求めつつも、少なくともそれを正面から攻撃したのではなかった。律法を解消するためではなく成就するために、彼はやって来たのである。彼はひょっとすると――現代のユダヤ人の学者たちが彼をそう見ようとしているように――特別にリベラルなタイプのファリサイ人そのもの、異様に寛大でありながら、基本的には敬虔で、律法に忠実なモラリストだったのではないだろうか？　彼の数々の命題と類似するものがラビたちにも存在しないだろうか？

だが、それではなぜファリサイ派のグループのイエスに対する敵意が増大していったのかという反問が生じる。類似している点は――ユダヤ教のみならず時としてヘレニズムの領域にも――実際にいくつも見られる。ただし早合点は禁物だ。一個人のラビのある個別の命題だけでは、歴史はまだ作られない。とりわけ安息日の問題のように、単一の命題に対して他の千もの命題が対立する時はそうである。誰が何をどこで最初に言ったかという知識は、私たちにとってここでは二の次である。第一級の重要性を持つ知識は、何かが語られた時、それはいかなる前提を持ち、いかなる全体の連関の中にあり、どれほどラディカルで、告知者と聴衆にどのような帰結をもたらしたかということである。まさしくこの一人のユダヤ人が歴史を作り、世界の流れとユダヤ教の位置を根本的に変えたのは、偶然ではありえない。
さて今や――ユダヤ教および再ユダヤ化されたキリスト教から区別するために――誤解を残さぬように言わねばならない。イエスは敬虔で律法に忠実なモラリストではなかった。たとえどれほど歴史的イエスが全体として一貫して律法に忠実に生きたとしても、それと同じくらい、いざという時には律法に反する行動を恐れて尻込みすることはなかったということを否定することはできない。それどころか彼は律法を廃棄することなく、事実上律法の上に身を置いたのである。批判的な聖書釈義家たちからも承認されている三つの事態に注意を向けねばならない。

――**イエスにとって儀式的なタブーは存在しない**：外から人間の中に入るものは何も人間を汚すことはできないが、人間の中から出てくるものは人間を汚す。このように語る者は、クムランにも見られる類の、形骸化して心が欠けた清浄の実践を批判するだけではない。彼は、再びクムランにおけるように清浄規定を厳格化するのではない。ここではむしろユダヤ教において聞かれたことがない命題が語られ、儀式の正確さを考慮するすべての者にとっては激しい攻撃だと理解されざるをえなかった。ことによると彼は、単に特定の状況の中で語ったのであって、プログラムを語ったつもりはなかった（トーラーそのものの清浄規定よりも、むしろ清浄に関する口頭のハラハーに反対した）のかもしれない。だがたとえそうだとしても、彼はすべての清浄規定を無意味だと見なし、動物や食べ物が清いか穢れているかという旧約聖書の区別を廃止したのである。イエスは祭祀の清さや儀式の正確さには関心がなかった。神の前における清さをもたらすのは、ただ心の清さのみである！　ここでは最終的に、旧約聖書の祭祀の営みはおろか、そもそも古代の祭祀の営みの前提を形成する、あの世俗的な領域と神聖な領域との間の区別が疑問視されることになった。

――イエスは断食する禁欲主義者ではない：洗礼者ヨハネが飲まず食わずであったのに、イエスは飲んで食べる。彼は大食いで大酒飲みだという非難は、断食と関係している。イエスが贖罪日やその他の追悼日に定められた断食を守らなかったという非難は、どこにも見当たらない。だが彼は、ファリサイ人とともにヨハネの弟子たちも励行していたらしい、自発的で私的な断食を行わなかった。彼曰く、婚礼の客は花婿がいる間は断食できない［マルコ2・19並行］。この謎めいた言葉の意味は、今や喜びの時であって、断食の時ではないということである。断食（Fasten）は祝祭（Festen）へと変わる。なぜならば、終わりの時に期待される祝祭が、すでに始まっているのだから。イエスはそのように教えたことによって、またもや大きな不快感を与えざるをえなかった。神の慈愛を得るため、そして功徳を積むためになされる悔い改め、断念、自己処罰といった類のことは、彼にとって明らかに無駄なことだった。それはすなわち、余分な善行、「義務を超えた業」に対する公然たる攻撃である。イエスはファリサイ人と取税人のたとえ話の中で、このような善行が実際には義をもたらさないと見なしている［ルカ18・9―14］。

――イエスには安息日心配性がない：これに関しては、他の律法違反よりもさらに多くの証言がある。イエスが安息日の休息を破ったことは知れ渡っていた。古典的と言ってもよい事例は、弟子たちが安息日に穂を摘むのを許したばかりか［マルコ2・23並行］、再三にわたって安息日に癒しを行ったということである［マルコ3・1―6並行、ルカ13・10―17、14・1―6］。それによって彼は、今日においてもユダヤ教の敬虔な実践においてきわめてはっきりと感じられる戒め、当時の神殿のエスタブリッシュメントによって、さらにゼロータイ、エッセネ派、クムランの修道士たちによっても同様に断固として擁護されていた戒めを傷つけたのである。この戒めは、イスラエルを異教世界から区別する目印であった！　イエスは命が脅かされている時だけそのように振る舞ったのではない。違う行動もたやすくできた状況においてさえ、そのように振る舞ったのである。彼の癒しのどれ一つをとってみても、翌日になればできなかったであろう。

ここでもまた、個々のより厳しい解釈、あるいはより緩い解釈、決疑論の「いつ」と「しかし」の全体に対して、イエスは関心を持っていない。彼は規則にあてはまらない例外を認めるだけでなく、規則それ自体を疑問視する。彼は人々を安息日から根本的に自由にする。その際に彼が語る「安息日は人のためにあるのであって、人が安息日のためにあるのではない」〔マルコ2・27〕という言葉は、疑いもなくイエス自身に遡る。ユダヤ人の耳には、そのような発言はとてつもなくスキャンダラスなものに響かざるをえなかった。なぜならば、安息日とはまさに卓越した礼拝だからである。つまり安息日は人のためにあるのではなく、神のためにある。同時代のユダヤ人の見解では、神は天において、すべての天使たちとともに厳格な儀式を執り行って、安息日を守っている。これに反して、あるラビが、たまたまどこかで「安息日はユダヤ人に委ねられているが、ユダヤ人は安息日に委ねられていない」と言っただけならば、ツバメが一羽だけ来ても夏は来ないようなものだ。そのような命題には何の根本的意義もない。それは他の意図を持っており、安息日を批判する振る舞いをもたらさなかった。だがイエスにおいて、安息日はもはや宗教的な自己目的ではなく、人間こそが安息日の目的である。安息日には何もしてはいけないのではなくて、公正に行動しなければならない。また動物を救うことさえ許されるのならば、ましてや人間を救うことも許される。だがそうなれば、いつ安息を守るのか、いつ守らないかが、基本的に人間に任される。このことは、その他の戒めを観察するためにも重要である。確かに律法は撲滅されないが、人間が事実上律法の基準となる。これは正統派のユダヤ人から見れば、物事が逆さまにされているような事態である。

いずれにせよ以上のことが、伝承の歴史的核心の一部をなしているかもしれない。伝統的な敬虔に対するイエスの態度全体がどれほど無作法なものであったかは、安息日に関するイエスの言葉が伝承においてどのように取り扱われたかということから見て取れる。除外された箇所は、マタイとルカが前述の革命的な言葉を語らない箇所である。副次的な理由づけが付け加えられた箇所は、聖書の言葉と旧約の手本を示唆する箇所だが、それらは証明すべきことを証明していない［マルコ２・25並行。マタイ12・５］。キリスト論的に強調されているテキストは、単なる人ではなく「人の子」が――すでにマルコが付け加えたように――安息日の主だという箇所である［マルコ２・28並行］。

自己義認に抗して

ファリサイ派に向けられたその他の批判のうち、どれくらい多くがイエス自身に遡るかを見極めるのは難しい［マタイ23・13―36。ルカ11・37―52を参照］。ファリサイ派は次のように批判される。彼らは薬草の一〇パーセントを捧げるが、正義、憐み、誠実を求める神からの大いなる要求を無視する。ぶよを漉して除くが、らくだを呑み込む［マタイ23・23―24］。さらに彼らは清浄規定を微に入り細に入り実行するが、彼ら自身の内面は汚れている。白く美しく塗った墓は、死者の骨で一杯になっている［マタイ23・25―28］。さらに、彼らは布教の情熱を見せるが、獲得した人間を堕落させる。つまり改宗者は二倍も悪い地獄の子らとなる［マタイ23・15］。最後に、彼らは貧しい者に金を与え、祈りの時間を厳密に守るが、彼らの敬虔さは報いを得んとする欲求と虚栄のためにある。それはすでに報いを得てしまったお芝居である［マタイ６・１―18］。イエスが律法学者に向けた批判のかなりの部分は、ファリサイ派に対しても当てはまる。

つまり彼らは人間に重荷を負わせながら、指一本触れようとしない〔マタイ23・1—4〕。彼らは名誉、称号、歓迎を求めて、神の地位をわが物にしている〔マタイ23・5—12〕。彼らはかつての預言者たちの墓石を立てるが、現在の預言者たちを殺している〔マタイ23・29—36〕。要するに、彼らは知識を持っていても、それに従って生きていないのである。

このような個々の批判よりも、その背後にあるものが重要である。つまりこうした種類の敬虔に対して、イエスは一体何をもって反対するのか。イエスは、人間が律法の厳格な実践や、より優れた道徳によって、築き、引き寄せ、作り上げ、強引に手に入れることができるような神の国を告げ知らせるのではない。道徳的な武装はどんな類のものであろうと、神の国をもたらすことはできない。イエスが告げ知らせるのは、解放と幸福をもたらす神の業によって創造される国である。神の国は神の業であり、神の支配は解放と幸福をもたらす支配である。イエスは道徳的努力の真剣さを皮肉ったわけでは決してない。確かに彼が「罪」や「罪を犯す」といった言葉をめったに用いないことは目を引く。彼はアブラハム・ア・ザンクタ・クラーラのようなペシミスティックな罪の説教者ではない。かと言って、人間の本性を善だと見なして、罪の意識や道徳的な努力に反対する、ルソーのような啓蒙主義的オプティミストでもない。その逆である。イエスによれば、彼の敵対者たちは罪を軽視している。それも二重の観点においてである。

——決疑論によって、個々の罪が孤立させられる。つまり神に対する服従要求が、詳細な個々の行為によって分割されるのである。何よりも問題とされるのは、誤った根本的な態度、傾向、思想ではなくて、個々の道徳的な無作法である。『告解の鏡』の道徳〔告解の準備に用いられる道徳的自己検査のための書〕である！　こうした個々の行為が登録され目録化される。つまりそれぞれの戒めにおける、重い過ちと軽い過ち、軽微な罪と悪質な罪である。罪の深い次元は視野に入らない。

――決疑論はまさに、イエスの根源的な取り組みによって始末される。彼はまず殺人の行為ではなく怒りの心情を、まず姦淫の行為ではなく姦淫の欲望を、まず偽りの誓いではなく不真実な言葉を問う。同時代人によって軽視された言葉の罪は、人間を汚すものとして強調される。彼は境界線を引いて、その内側が罪であり、その外側では罪を恐れる必要はないというようなことを決して定めない。彼は例を示すが、個々の事例においてかくかくしかじかでなければならないというように定めたりしない。彼は罪の目録作りに興味がない。軽い罪と重い罪、赦せる罪と赦せない罪の区別にすら興味がない。ラビによっては、殺人、猥褻、堕落、律法軽視を赦せない罪と見なす。だがイエスはたった一つの罪、聖霊に対する罪だけを赦せない罪と認める。つまり、赦すことができないのは、赦しを拒絶することだけである［マタイ11・20―24］。

――功績的思考によって罪は償われる。罪の重さに功績の重さが対置されるばかりか、それによって罪の重さを帳消しにすることができる。また自らの功績だけでなく、他者の（父祖、共同体、民族全体の）功績もそこでたやすく要求される。このような損失と利益をめぐる取引において、結局重要なのは、最後に赤字を残すことなく、できるだけ多くの功績を天国のために蓄積することである。

――イエスにとっては、そもそも功績など存在しない［ルカ17・10］。イエスが「報い」について語る時――彼は非常にしばしば同時代の語り方に合わせる――、「功績」のことを語っているのではない。それは人間が自らの功績のゆえに要求する報酬ではなく、神が自らの意志に基づいて、何も要求することなく贈り与える恵みの報いである。ここで功績の精算は重要ではない。それは、ぶどう畑の労働者全員に同一の報酬が支払われるという寓話が鮮烈に示す通りである［マタイ20・1―15］。重要なのは、どんな市民的正義にも反して、各人に——働く時間が長時間であろうと短時間であろうと——十分なもの、つまりその人が稼ぐ以上のものを与えてくれる神の憐みの法則である。だから人間は自分がした善行を安心して忘れるがよい［マタイ6・3－4］。自分が何も稼いでいないと思っていても、報いは与えられる。神は実際に報いを与える——これが報いについての物語が言わんとすることである。人間が忘れているどの器にも水が注がれる。功績について語る者は、自分自身の業績に目を向けるが、報いについて語る者は、神の誠実さに目を向けるのである。

決疑論と功績的思考によって罪を無害化する者は、自分自身を批判しなくなる。つまりうぬぼれて、自信たっぷりで独りよがりになるのである。それと同時に、他者に対して過剰なまでに批判的、不公平、冷酷になり、愛を失い、「罪人」扱いするようになる。人は自分を他者と比較する。他者に劣らず敬虔で道徳的だと承認されることを求め、他者から距離を置く。ファリサイ派に一貫して向けられた「偽善者」批判の浅からぬ根拠がここにある。自分自身のことを批判せずに考える者は、自らを過大評価し、仲間を過小評価するだけでなく、何よりも神を過小評価する。だからこそ、家にとどまっていた息子は父と疎遠になる［ルカ15・11－32］。だからこそ、ファリサイ派のシモンは赦しについて知ってはいても、赦しとは何であるかを知らないのである［ルカ7・36－50］。

神と人間の間にあるものは一体何か？　逆説的なことに、それは人間自身の道徳や敬虔である。つまり、知恵を絞って考え抜かれた道徳主義と、高度に養われた敬虔の技法である。回心するのが最も難しいのは——当時の人々が考えたように——税金泥棒ではない。彼らは誰をだましたか、またいくら返済しなければならないのかがまったくわからないからである。否、自信にあふれて回心をまったく必要としていないように見える敬虔な者たちこそ、回心するのが最も難しいのである。彼らはイエスにとって最悪の敵となった。重罪人に対してではなく、彼らに対してこそ、福音書に書かれている大半の審判の言葉は当てはまる。殺人者や泥棒や詐欺師や姦通者ではなく、きわめて道徳的な者たちが最終的にイエスの命を奪ったのである。彼らはそれによって神への奉仕を表したつもりだった。

ファリサイ派の精神は持ちこたえた。巨大な紛争の軍事的勝利者はローマだった。ゼロータイは挫折し、エッセネ派は絶滅し、サドカイ派は神殿と神殿礼拝を失った。だがファリサイ派は西暦七〇年のカタストロフィを生き延びた。律法学者だけが、隷従させられた民の指導者として残り続けた。こうしてファリサイ派から、後世の規範となるユダヤ教が成立した。それは――幾重にも修正され調整されて――この世の真っ只中で「分離されていた」ために、あらゆる攻撃を受けながら命脈を保ち、およそ二千年後にユダヤ人の国家を建設した。キリスト教の中でも時として、ファリサイ派はなお一層生きのびている――イエス自身と矛盾しているにもかかわらず。

あらゆる方面に対する挑発

エスタブリッシュメント、革命、亡命、妥協という、イエスを位置づける座標軸の四つの基準点は、歴史的状況がまったく異なる今日においても、意味を失っていない。神学者といえども社会的な制約についてただ単に抽象的に語ってはならない――これは、キリスト教のメッセージの社会的意義を強調する人々が、イエスに関してまさにしばしばやってしまうことだ。それゆえに重要なことは、ナザレのイエスをできる限り具体的かつ端的に、彼が生きた社会的コンテキストの中で、彼が実際にどのような人物だったのかを見るということだった。だがそれと同時に、彼がどのような人物であるか、すなわち彼が――たとえどれほど遠い存在であっても――今日も私たちの社会的コンテキストにおいて意義を持ちうることを見るということも重要である。そのような体系的な場所規定は、非現代的な歴史化と非歴史的な現代化の双方をできる限り防ぐ。それを肯定的に言えば、史実としてのへだたりと歴史的な重要性とを同時に考慮するということである。そうすれば、どれほど変数があろうと、重要な定数も発見することができる。

ここまでに得られた成果は意外ではなかっただろうか？　イエスは明らかにどこにも当てはまらなかった。支配者にも反逆者にも、道徳家にも、地に暮らす穏やかな人々［詩編35・20］にも当てはまらなかった。彼は右に対しても左に対しても挑発的な態度をとった。いかなる党派にも収まり切らず、あらゆる方面に対して挑戦的だった。つまり「型破りな男」だったのである。彼は哲学者でも祭司でも社会的改革者でもなかった。彼は天才、英雄、聖人だったのだろうか？　あるいは一宗教改革者（Reformator）だったのだろうか？　だが彼は「改めて－形づくる者」（Re-formator）以上にラディカルではないだろうか？　彼は預言者だったのだろうか？　だが「究極の」並ぶ者なき預言者をなおも預言者と呼べるだろうか？　並たいていの類型化では歯が立たないように見える。彼は非常に多様な類型を何がしか持っているように見える（おそらく預言者と宗教改革者の類型を最も多く持っている）ので、それらのどれにも属していない。彼は別格である。彼は祭司よりも神に近いように見える。世間に対しては禁欲家よりも自由である。道徳家よりも道徳的である。革命家よりも革命的である。つまり彼には他の人々にはない深さと広さがある。敵にとっても友にとっても、彼を理解すること、完全に見通すことは明らかに困難である。繰り返し新たに示されるのは「イエスは違う！」ということである。どんな個々の類例をとってみても、歴史的イエスは全体においてまったく取り違えようがないということが明らかになる――当時も今日も。

本章の副産物として確認すべきことは、あらゆる「宗教の開祖」を取り違えるどころか、あたかも取り替えることができるかのように同列に並べることが、どれほど浅薄かということである。ナザレのイエスがいかなる宗教も創設しようとしなかったことはさておき——歴史的イエスをモーセとも仏陀とも孔子ともムハンマドとも取り違えることができないということは、明らかになったのではなかろうか。ごく短い示唆にとどめておくが、イエスはモーセの外見のように宮育ちではなく、仏陀のように王子でもなかった。彼はまた孔子のような学者でも政治家でもなく、ムハンマドのように豊かな商人でもなかった。彼の出自がとても慎ましいものだっただけに、彼の永続的な重要性は驚異的である。しかしイエスのメッセージは——非常に図式的に言えば——以下の事柄とどれほど異なっていることか。

——ますます拡充される書かれた律法の、絶対的な重要性（モーセ）。

——厳格な規則を持った教団内部での、修道士的な沈潜への禁欲的な撤退（仏陀）。

——不信仰者に対する闘争と、神権政治国家の建設によって、力ずくで革命的な世界征服を行うこと（ムハンマド）。

——貴族的倫理の精神をもって、永遠の世界法則に従って、伝統的な道徳と安定した社会を刷新すること（孔子）。

明らかにここで重要なのは、単に多かれ少なかれ偶然のいくつかの可能性ではなく、いくつかのきわめて重要な根本的選択あるいは根本的ポジションである。つまりイエスの時代史的な座標軸においては、いくつかの一般的宗教的な根本的ポジションが反映しているように見えるのだ。それらはそのままで、あるいは形を変えて、世俗化された根本的ポジションとして、今日に至るまで持ちこたえている。

他の諸宗教が持つ真理は、キリスト教においても力を発揮することができる。それどころか、新たに力を発揮することができる。このことを取り消すことはできない。キリスト教は結局、プラトン、アリストテレス、ストア派だけでなく、ヘレニズムの神秘的祭祀、ローマの国家宗教、アラビアの哲学から学んできたが、インド、中国、日本からはほとんど何も学んでこなかった。

だがあらゆる宗教を混淆することは、このイエスという人物に拠って立つ者にとっては正当化できない。個々の偉大な人物を――私は他の書物で彼らの多様な人物像を評価している――取り替えることはできない。彼らが歩んだ道を、一人の同じ人間が同時に歩むことはほとんど不可能である。世界の滅却（仏陀）、世界の生成（孔子）、世界の支配（ムハンマド）、世界の危機（イエス）を同時に目指すことはできない。ナザレのイエスは、単一の全世界的宗教を表す記号や、新旧の宗教混淆のためのラベルとしては役に立たない。

だがこれまでに語ってきたすべてのことをもって、イエス像はようやく、否定的な境界設定によって輪郭がさらにはっきりとしてきた。積極的な問いはこれまでどちらかといえば間接的にしか表現されてこなかった。それは「何が一体彼を規定したのか？」「何が彼の中心なのか？」という問いである。

第3章　神のテーマ

イエスの意識や心理について、ここでは問わない。それらについて資料が何も教えてくれないということは、専門的な聖書学者たちが繰り返し強調している通りだ。だが彼の告知（宣教）と振る舞いの中心について問うことはできる。何のために彼は力を尽くしたのか？　一体何を彼は欲したのか？

1　中心

以下のことがいかに根本的であるかは、のちほどようやく明らかになるだろう。すなわち、イエスは自分自身を告げ知らせるのではない。彼自身は重要ではない。彼は「私は神の子だ。私を信じよ」と言うためにやって来るのではない。二世紀の哲学者ケルソスも知っていた、あの放浪説教者や神から遣わされた人々のように「私は神、あるいは神の子、あるいは神の霊である。私が来たのは、世界の没落が目前に迫っているからだ……私を今崇拝するものは幸いだ！」などと要求しながら登場したのではない。むしろイエスの人格は、彼が主張するテーマの背景に退いている。それではこのテーマとは何であろうか？　一言で言えばこうだ。イエスのテーマとは、世界の中における神というテーマである。イエスにとって人間こそが徹底的に重要であると強調することが、今日では流行っている。それはその通りだ。だがイエスにとって人間が徹底的に重要なのは、彼にとって何よりも神こそが重要だからである。

神の国

彼は自らの告知の中心にある言葉によって、これを語る。彼はこれを決して定義しないが、たとえ話——福音伝承の原石——の中で繰り返し、誰にでもわかりやすく言い表した。近づいてくる神の国（ヘブライ語の malkut Jahwe）！　テキストが示しているように、彼は教会についてではなく、神の国について語る。マタイ福音書の「天の国」は、神の名に対するユダヤ人の畏れのゆえに、おそらく二次的に作られたものだが、言わんとすることは同じだ。つまり天とは神を示す言葉である。この「国」とはある地域や支配領域のことではなくて、神の統治、神が行う支配活動、つまり「神の支配」のことである。それゆえに神の国は「神というテーマの合い言葉」（M・ディベリウス）となる。

イエスの時代にとりわけ人気を博したこの表現は、すでに彼の敵対者から際立って区別され厳密化された。イエスにとって神の国とは何だろうか？　これまでに語ってきたことを短く要約してみよう。

——エルサレムの聖職者が説く、永続的な、天地創造の初めから与えられた神の支配であるだけではない。それは終末の時にやって来る神の国である。

——ゼロータイの革命家が説く、暴力的に打ち立てるべき宗教的政治的な神権政治や民主政治のことではない。それは非暴力のまま期待すべき、神自身による直接的で無制約的な世界支配である。

——エッセネ派やクムランの人々が言うような、完全な者たちから成るエリート階級のためにもたらされる報復的審判のことではない。それはまさしく、失われた者たちや困窮する者たちのための、神の限りない慈しみと絶対的な恵みを伝える、喜ばしいメッセージである。

――ファリサイ派の精神のように、律法の厳格な遵守とより優れた道徳をもって、人間の手で作り上げるべき国のことではない。それは、神の自由な業を通して創られるべき国である。

では、それはどんな国になるのだろうか？　イエスの告知から以下のようなことがわかる。

――イエスの祈りによれば、この国では神の名が真に聖なるものとされ、神の意志が地上においてもなされ、人間がすべてのことにおいて満ち足りて、すべての罪が赦され、すべての悪が克服されるであろう。

――イエスの約束によれば、この国では貧しい者、飢えている者、泣いている者、踏みにじられた者の出番がついにやって来る。そこでは痛みと苦しみと死が終わりを迎えるであろう。

――この国を言い表すことはできないが、比喩で告げ知らせることはできる。例えば芽を出した種、豊かな収穫、大きな宴、王の祝祭などの比喩である。

――したがってこの国は――まったく預言者の約束通りに――正義に満ちていて、これ以上はない自由、不屈の愛、普遍的な和解、永遠の平和の国である。

――このような意味で、この国は、神がもたらす救い、成就、完成、そして神が現臨する時である。それは絶対的な未来である。

この未来は神のものである。神の約束に対する預言者の信仰は、イエスによって決定的に具体化され徹底化された。神のテーマは世界の中において貫徹される！　このような希望が神の国のメッセージを支えている。それは、神が彼岸にいて世界史の進行を変えることができないという諦めの反対である。この希望は、現在の苦境や絶望とは完全に異なる世界像を、バラ色の未来の中に投影するルサンチマンから生じるのではない。そうではなくて、神がすでにこの矛盾に満ちた世界の創造者であり隠れた主であるという確信、そして神が未来に自らの言葉を実行するだろうという確信から、希望が生じるのである。

黙示録的な地平

神の国を来たらせたまえ。黙示録的な世代全体がそうであったように、イエスは神の国、すなわち正義と自由と喜びと平和の国が、すぐ間近に迫っていることを期待していた。私たちが最初から見てきたことは、神の国についてのイエスの理解が、神殿祭司やその他の人々の静止的な理解といかに異なっているかである。現在あるシステムは最終妥当的なものではなく、歴史は終わりへと向かっている――しかも今の世代のうちに。この世代は最後の世代であり、世界が突然恐るべき終末を迎えて刷新されるのを経験することになるだろう。ただし、それは異なった仕方で、非常に異なった仕方で、やって来るはずだ。

イエスは自らの死に際して、あるいは自らの死の直後に、神の国が始まることを期待していたかどうか。そのようなことについて資料に基づいて長々と空想しても、確かなことは何も言えない。明らかなことは、イエスが直に差し迫った将来、神の国がやって来るのを期待していたということである。私たちがやってはならない方法は、まさに最も難解で最も不愉快なテキストをイエスの告知から排除して、無造作に後世の影響のせいに帰してしまうことである。

イエスが用いる「神の国」という言葉（ギリシャ語の「バシレイア」）が、イスラエルおよび世界に対する持続的支配を意味している箇所はどこにもない。この言葉はむしろ至るところで、世界を完成する未来の支配を意味している。（未来の）神の国が近づいていることをはっきりと予告する言葉、あるいはそれを前提とする言葉は数多く見られる［特にマルコ1・15並行を参照］。なるほどイエスは厳密な時を告げることを拒否する［マルコ13・4―6、32並行。ルカ17・20―21］。だが終末の出来事をさらに遠くへと押しやるイエスの言葉は一つもない。むしろ共観福音書の伝承の最古の層が示すことは、イエスがきわめて間近に迫った未来において神の国が来るのを期待していたということである。そのような「来臨への期待」を語る古典的なテキスト［マルコ9・1並行。同13・30並行。マタイ10・23］は――次世代にとって不快であったからこそ、疑いもなく元のテキストである――それを無害化するどんな解釈に対しても抵抗する。つまりイエス、そしてここですでに部分的には一緒に語っている原始教会、さらに使徒パウロも明らかに――指導的な聖書釈義家たちはこの点でほとんど一致していると言って差し支えないだろう――生存中に神の支配が到来すると予想していたのである。

イエスが黙示録的な観念の枠内で、また彼の時代の観念の様式の中で語ったということは自明のことである。また彼は終末論的完成を厳密に算定することを明らかに拒否して、初期ユダヤ教の黙示録と比べれば、神の国を目に見えるように描写することを極端に制限した。だがたとえそうだとしても、彼は根本的に、今日の私たちには疎遠な来臨期待の理解の枠内で、黙示録の地平の中にとどまっていた。この理解の枠組みは、歴史の発展によって追い越され、黙示録的な地平は沈んでいった――このことをはっきり見なければならない。今日の地平から見て、私たちはこう言わねばならない。来臨への期待は間違いであったというよりも、イエスが同時代人と共有していた、時代に制限され時代と結びついた世界観であったのだと。それをわざと甦《よみがえ》らせることはできない。いわゆる「黙示録的な時代」の中でたとえどれほど誘惑が繰り返しやって来ようと、私たちの経験の地平が大きく異なっている以上、そのような世界観を決して甦らせるべきではない。私たちには疎遠なものとなったかつての黙示録的な観念と理解の枠組みを今日甦らせたりすれば、それが言わんとしていたテーマを単に隠して変えてしまうだけだろう。

今日すべてを決するのは、イエスの根本思想、つまり到来する神の国を告げ知らせたイエスにとって重要だったテーマが、まだ意味を持っているかどうか、つまりすっかり変わってしまった人類の経験の地平においてまだ意味を持っているかどうかということである。人類は根本的に、世界史の進行が少なくとも当面は続くであろうと納得している。あるいは積極的に以下のように問うこともまったく正当である。一体どのようにして、イエスのメッセージは彼の死を超えて、実現しなかった終末を超えて、これほど影響力を持ち続けたのか？　また一体どのようにして、死後になってからようやく影響力を持つようになったのか？　このことは実際、きわめて決定的な終末であった彼の死と関係しているが、同時に彼の生涯と教えとも何がしか関係している。新たな差異化がここでもたらされたのである。

現在と未来の間で

まさに来臨への待望を背景として、「まだない」と「だがすでに」という両極性が生じる。待望されているのは明らかに未来における神の国なのだが、それはイエスを通してすでに現在に対して力を持ち、影響をもたらす国でもある。イエスが語る未来についての言葉は、黙示録的な教えではなく、終末論的な約束として理解されなければならない。未来の神の国について、それが現在の社会にもたらす帰結を抜きにして語ることはできない。だが逆に、決定的で絶対的な未来への展望を抜きにして、現代とその問題について語ることもできない。イエスに従って未来について語ろうとする者は、現代について語らなければならないし、その逆もまた真である。その理由は以下の通りだ。

——神の絶対的未来は人間の目を現在へと向けさせる。つまり現在を犠牲にすることによって未来を孤立させたりしないのである！　神の国は、フォイエルバッハ、マルクス、フロイトが言ったような、未来を約束する気休め、敬虔な人間の未来への好奇心を満たすこと、満たされない願望や不安の投影であってはならない。人間はまさに未来の方から、現在へと導かれなければならない。まさに希望から出発して、現在の世界と社会を単に解釈するだけでなく、変えなければならない。イエスは終末について教えようとしたのではなく、終末に直面する現在のための呼びかけを行おうとしたのである。――現在は人間を神の絶対的な未来へと向かわせる。つまり未来を犠牲にすることによって私たちの現在を絶対化したりはしない！　神の国の全未来を現在へと解消してはならない。現在の窮乏と罪にもかかわらず、それを神の国と言うには、あまりにも悲しく、分裂し続けている。この世界と社会は、それがすでに完全であり最終的なものだと言うには、あまりにも不完全で非人間的である。神の国は始まりの状態にとどまらず、最終的に現れ出なければならない。イエスとともに始められたものは、イエスとともに完成されねばならない。来臨への期待は満たされなかった。だがそれゆえに、期待は完全には消されない。

新約聖書全体は、イエスにおいてすでに始まっている神の支配へと完全に集中しつつ、まだ滞っている未来の完成を固持している。イエスのテーマは神のテーマであり、それゆえに決して失われることがない。天地創造という根源的な出来事を根源的な神話から区別しなければならないのと同様に、完成という終末の出来事を終末の神話から区別しなければならない。そして、旧約聖書が根源的な神話を歴史化し、歴史へと結びつけたように、新約聖書も根源的な神話に対して同じことをしたのである。たとえ歴史が時間に結びつけられた来臨期待を追い越したとしても、それによって未来への期待が追い越されたわけではまったくない。神の絶対的未来の光の下では、現在は決断の時である。「まだない」と「しかしすでに」という両極は、人生と人類史における緊張の本質をなすものである。

神という前提

イエスが告げ知らせた神の国についてのメッセージは魅力を保ち続けた。世界の滅亡は起きなかった。だが彼のメッセージは意味を保ち続けたのである。メッセージの黙示録的な地平は沈んでいった。だが終末論的なメッセージそのもの、つまりイエスにとって重要であったテーマは、新たな理解と観念の枠組みにおいても現実的なものであり続けた。終末は明日来ようが、長い時が経ってから来ようが、前もって光と影を投げかける。私たちはそれを隠すことができるだろうか？　この世界は永遠には続かない！　人間の生涯にも人類の歴史にも終末がある！　だがイエスのメッセージはこう言う。この終末に待ち受けているのは無ではなく神である。神は始まりであり、終わりでもある。神のテーマはいかなる場合にも貫徹される。未来は神のものである。この神の未来を考えに入れなければならないが、その日時を計算すべきではない。この神の未来から見て、個人と社会の現在を形成すべきである。すでに、ここで、今日。

したがってこの未来は空っぽの未来ではなく、覆いを取り去られて実現されるべき未来である。それは、未来学者が過去あるいは現在の歴史を外挿することによって構成できるような、ただ単なる「未来」「将来的なもの」ではない。そんなことをすれば、未来がもたらす驚きは完全に消されてしまうだろう。この未来は「終末」、あの未来の「極み」である。それは本当に別のもの、質的に新しいものであり、もちろんすでに今、その到来を先取りして予告している。したがって未来学だけでなく終末論が肝心である。真実の未だやって来ない絶対的な未来を欠いた終末論は、真実のこれから満たすべき希望を欠いた終末論になってしまう。それはこういうことである。人間による暫定的な意味決定がケースバイケースで存在するだけではない。人間に対して自由にもたらされる、人間と世界の最終的な意味が存在するのである。あらゆる疎外を止揚することは可能である。人間と世界の歴史は、ニーチェが考えたような同じものの永劫回帰に尽きることも、最終的に何らかの不条理な空虚に終わることもない。そうではなく、未来は神のものであり、それゆえに終わりには成就がある。

その際、人は間違った同一化から身を守るであろう。神の国とは、中世や反宗教改革における巨大組織化したカトリック教会ではないし、カルヴィンが行ったジュネーブの神権政治ではないし、トーマス・ミュンツァーのような扇動的で黙示録的な熱狂主義者が目指した黙示録的な王国でもなかった。それは、神学的な理想主義や自由主義が考えたように、道徳的で非の打ちどころのない市民文化を持つ、現存する王国のことでもなかった。ましてや国家社会主義が宣伝したような、国民や民族のイデオロギーに基づく政治的な千年王国のことでもなかった。最後に、共産主義が実現をもくろんで失敗した、新しい人間による階級なき国でもなかった。イエスの側から見るならば、こうしたあらゆる早まった同一化に反対しなければならない。つまり神の国、完全なものは、社会的（精神的あるいは技術的）進化によっても、社会的（右派あるいは左派の）革命によってもやって来ない。完全なものはむしろ予見不可能で外挿不可能な神の行動によってもたらされる！　もちろん、今日ここで人間がなす個人的社会的領域における行動は、その神の行動から排除されることなく含まれている。ただし今日、神の国を誤って「世俗化」することを避けねばならない。それはかつて神の国を誤って「内面化」することを避けねばならなかったのとまったく同様である。

つまり重要なのは、真に異なる次元、神的な次元である。超越――だがそれは古代の物理学や形而上学のように、まず第一に空間的に思い描いた世界の上空や外側にいる神のことではもはやない。あるいはその後で正反対に、観念論的あるいは実存主義的に内面化された、私たちの内側にいる神ではない。そうではなく、イエスによって、まず第一に時間的に理解された、私たちの前方にいる神である。その神は単に、過去・現在・未来という単調な生々流転の川の流れの背後に控えている無時間的な永遠者などではない。神は未来の存在、到来する存在、希望をもたらす存在であり、イスラエルとイエス自身における未来への約束から認識することができる。神とは未来である。そのような神性は、新しい光によって私たちの現在を照らし出す未来の力として理解される。すなわち、個々の人間がどこに行き着こうと、生きる時も死ぬ時も、神はそこにいる。全人類がどこに向かって発展していこうと、上昇する時も没落する時も、神はそこにいる。神は最初にして最後の現実である。このことは人間にとって何を意味するのだろうか?

信頼をともなう信仰に基づく回心

この世界とこの社会における既存の事物を決定的なものと見なしてはならない。世界も人間自身も、最初にして最後のものではありえない。世界と人間自身はただでさえ、きわめて相対的で、疑わしく、不安定なものだ。人間はたとえごまかそうとしても、危機的な状況の中で生きている。人間にとっての試練は、最終的に決断すること、提供されたものを受け取ること、自らに先立つ神の現実に己を委ねることである。それはすべてに関わる決断、すなわち、あれか—これか、神の側に立つか、それとも逆らうかという決断である。

黙示録的な地平が沈んでしまったにもかかわらず、訴えかける緊迫性は何も変わらなかった。回心への圧力は執拗につきまとう。つまり新しい思考と行動が緊急に求められている。ここで重要なのは究極のものごとである。人生の見直し、新しい人生の態度、新しい人生そのものである。神なしで生きて、回心を先延ばしするために、まだどれくらい時間があるかと問う者は、神とともに自分自身をも取り逃してしまうがゆえに、現在と未来を取り逃してしまう。予測可能あるいは予測不可能な、人間あるいは人類の終わりの時を待たずとも、今ここが最終的な決断の時点なのである。しかも各人にとって、まったく個人的な意味で。個々人は、しばしば精神分析においてそうであるように、道徳的な要求なしには、自らの振る舞いの解明には満足できない。個々人は自らの決断と責任を社会の間違った構造や腐敗した組織へと委ねてしまうことはできない。自分自身がここで参与せよ、献身せよと挑まれている。つまり自身にとってまったく個人的に——比喩的に言えば——高価な真珠〔マタイ13・45〕、畑にある宝〔マタイ13・44〕が重要なのである。かくして今すでに、生死に関わる一切のものが危機に瀕している。今すでに、個々人は献身を通して自分自身を獲得することができる。今すでに「自らの命を得ようとする者はそれを失うが、それを失う者はそれを得るだろう」〔ルカ17・33。マタイ10・39〕ということが当てはまる。

この回心が可能となるのはただ、メッセージと神自身に信頼して自らを委ねることにおいて、「信仰」と呼ばれるあの揺るぎなき信頼においてである。それは山も動かすことができる信仰だが〔マタイ17・20。ルカ17・6を参照〕、最も貧弱な芥子種《からし》の形においても約束を秘めているので、人間はいつでもこう言ってよい。「私は信じます。私の不信仰を助けてください」と〔マルコ9・24〕。信仰は決して所有物とならず、贈り物であり続ける。信仰は未来に向かう希望の次元を持っている。希望において信仰は目標へと至るが、逆に希望は信仰の中に持続的な根拠を持っている。

神がもたらす未来に対するこのような希望から、世界だけでなくその歴史をも解釈することができるし、個々人の存在をも明らかにすることができる。そればかりか、既存のものを批判することによって、世界、社会、存在を変えることができる。したがってイエスの方から見れば、時を超えて永遠にわたって既存の状態を維持することを真に理由づけることはできない。にもかかわらず、あらゆる犠牲を払ってでも暴力的に完全に社会を転覆することを理由づけることもできない。以下において、信仰に基づく回心が何を含むかが明らかになるかもしれない。たとえ今は少ししか理解できなくても、最古の福音史家が自らの福音書の初めにイエスのメッセージを短く要約して、おそらくは自らの言葉で言い表した表現で、さしあたりは十分である。「時は満ちて、神の国は近づいた！　回心して、良きメッセージを信じよ」［マルコ1・15］。

2　奇　跡？

イエスは語っただけでなく行動した。彼の言葉だけでなく彼の行動も挑戦的なものだった。だがまさにこれらの行動の多くは、今日の人々にとって彼のあらゆる言葉以上に困難をもたらす。奇跡の伝承は言葉の伝承よりもはるかに激しく論争されている。奇跡——ゲーテによれば「信仰の最愛の子」——は、自然科学技術の時代には信仰にとって厄介な子となった。一体どうすれば私たちは、科学的な世界理解と奇跡に対する信仰の間の緊張を、さらに合理的技術的な世界形成と奇跡を経験することの間の緊張を克服できるのだろうか。

ただし、イエス時代の人々や福音史家たちは、まさに今日の合理的技術的な時代の人々が非常に関心を持つことに対して、関心を持たなかったのである。それはすなわち自然法則である。当時の人は自然法則的にものごとを考えなかったし、それゆえに奇跡が自然法則を突破するもの、完璧な因果連鎖を傷つけるものと理解することもなかった。すでに旧約聖書において、自然法則に適した奇跡と、それを超える奇跡とは区別されていない。そして、神ヤーヴェがその力を啓示する出来事はどれも、奇跡、しるし、ヤーヴェの力の大いなる業と見なされる。至るところに神、世界の根源、世界の創造者が働いている。至るところで人間は奇跡を経験することができる。つまり、世界の創造と守護から世界の完成に至るまで、大きなことも小さなことも、民族の歴史においても、個々人が深い苦難から救い出される時も……。

奇跡が存在し、至るところに存在しうるということそれ自体は、新約聖書の時代も、異教徒の中でも、単純に前提とされている。つまり奇跡は自然法則の秩序に矛盾する何かとしてではなく、驚きをもたらすもの、通常の人間の能力を超えており、人間には説明できないもの、その背後にある異なる力――神の力または悪の力――が隠れているものだと理解されているのである。イエスもまた奇跡を行ったということは、福音史家たちおよび彼らの時代にとって重要なことである。だが自然科学的な思想も歴史科学的な思想も当時は発達していなかった。それに生ける神を証しするために、叙事詩や賛歌や神話や説話のような叙述様式や表現手段が適切でないことがどうしてあろうか？　当時の誰も、奇跡を科学的に説明したり再点検しようとは考えなかった。福音書のどこにも奇跡的な出来事がいかにして生じたのかが書かれていない。病気の医学的な診断も、治療の内容に関する記述もない。そもそも何のために？　福音史家たちは報告された出来事の詳細に入り込もうとはしない。彼らはそれを高揚させる。彼らはそれを説明するのではなく美化する。記述することではなく、「これほど大きなことを神は人間を通して行った！」と驚かせることに奇跡物語は貢献するのである。奇跡が存在することを信ぜよとか、この出来事、あるいはあの出来事が真に奇跡だと信ぜよ、とは要求されない。むしろ、そのような奇跡を行う人物の中で働いている神への信仰が期待されている。彼が奇跡を行うことは神の活動のしるしだという信仰である。

本当に起きたこと

それゆえに福音書の奇跡報告を解釈するための出発点は、以下のことでなければならない。それらの報告は直接のルポルタージュではなく、科学的に点検された資料でもなく、歴史的、医学的、心理学的な記録でもない。それらはむしろ信仰と驚きを呼び覚ます、屈託のない大衆的な物語である。それによってキリストを告げ知らせることに完全に奉仕するのである。

個々の奇跡物語がどれほど疑われようと、今日最も批判的な聖書釈義家たちの間でも一致していることがある。それは、奇跡の報告を何もかも非歴史的なものとして片づけてしまうことはできないということである。報告を一つひとつ見ていけば、伝説に仕立て上げる、あるいは驚くような補筆修正が数多く行われているにもかかわらず、一般的には以下のことが認められている。

1　少なくとも当時の人々を驚かせるような、さまざまな病人に対する癒しが起きたに違いない。その一部分は心因性の苦しみであるが、古代において心因性の皮膚病はおそらく「重い皮膚病」に分類されただろう。イエスに対して何度も投げかけられた非難、それも、彼が不快な存在であったために投げかけられたのであって、福音書が自由に創作したのではない「彼は魔術を用いている（悪霊の頭ベルゼブルによって悪霊祓いをしている）」という非難［マルコ3・22並行］は、ただ彼が起こした実際の出来事に基づいているとしか考えられない。また史実として異論の余地のない安息日の争いも、癒しと結びついている［マルコ3・1－6並行］。治癒に関する要素を伝承から削除するのは根拠を欠いている。

さて今日でもなお、いくつかの癒しは医学的に説明できていない。また今日の医学は、病気の大きな部分を占める心身医学的な性質を以前にもまして認識しており、驚くべき癒しが尋常ならざる心理的影響によって、無限の信頼、つまり「信仰」によって起きるということを知っている。他方、福音書の最古の伝統によれば、イエスは故郷ナザレにおいては力ある業を何も行うことができなかった。そこでは信仰と信頼がなかったからである〔マルコ6・5a〕。信ずる者だけが受け取る。イエスが行う癒しは、人間の意志を圧倒して打ち負かすような奇術や魔術とは何の関係もない。彼の癒しはむしろ信仰への呼びかけである。それどころか、信仰は時として本来の奇跡として現れ、癒しはそれに対して二次的なものとなる〔マルコ9・14−29を参照〕。新約聖書の癒しの物語は、信仰の物語として理解しなければならない。

2

特に「憑りつかれた者」の癒しは先に起きたに違いない。この悪魔祓いの要素も根拠がなければ伝承から排除されるであろう。病気は幾重にも罪と結びつけられ、罪は悪魔と結びつけられていた。そしてまさに人格のひどい崩壊をもたらす病気、特別に目立つ症状（例えば癲癇の際に口から泡を吹くこと）をともなう精神病は、あの当時も、さらに何世紀も経ってからも、人間に巣食う悪魔の仕業だと見なされた。だが精神病院が存在しない状態では、世間においてもはるかに頻繁に、明らかに自制を失っている精神病患者に出くわした。そのような病気——礼拝中に暴れる狂人〔マルコ1・26並行〕あるいは癲癇患者〔マルコ9・18並行〕——の治癒は、病人を支配する悪魔に対する勝利だと見なされた。

イスラエルだけでなく古代世界の全体が、悪魔に対する信仰や恐れに満ちていた。神が遠ざかるほど、天と地、善と悪の間の中間にいる存在を求める欲求が大きくなった。人々はしばしばサタン、ベリアルあるいはベルゼブルに率いられた悪霊のヒエラルキー全体を空想した。さまざまな宗教の中の至るところで、魔術師、祭司、医者が悪霊を除去、追放することに苦労した。ヘブライ語聖書は悪魔信仰に対してかなり慎重であった。だが紀元前五三八―前三三一年にイスラエルが属していたペルシャ帝国の宗教は、あらゆる善の起原である善い神と、あらゆる悪の起原である悪い神が存在するという二元論を受け入れていた。その影響は看過できないものであり、明らかに悪魔信仰がヤーヴェ信仰の中に現れている。だがそれは後の二次的な局面であって、後世の、とりわけ今日のユダヤ教においては再び、何の役割も果たしていない。

イエス自身は、この強烈な悪魔信仰の時代の只中において、神と悪魔が同じ平面上において世界と人間をめぐって争う、変装したペルシャ的二元論を何ひとつ語ってはいない。彼が説教するのは神の支配についての喜ばしいメッセージであって、サタンの支配についての脅しのメッセージではない。サタンあるいは悪魔の姿かたちに対して、また天使の罪や堕落に関する空想に対して、彼は明らかに関心を持っていない。彼は悪魔に関する教えを詳しく語ったりしない。同時代のユダヤ人やヘレニズムの悪魔祓いに見られるような、センセーショナルな身振りや、特定の儀式や呪文や細工は、イエスのどこにも見当たらない。病気や狂乱は悪魔と結びつけられるが、ありとあらゆる災い、罪、政治的な世界権力とその支配者たちが悪魔と結びつけられるわけではない。イエスがもたらす癒しや悪魔追放はむしろ、神の支配が近づいていることのしるしである。つまり悪魔の支配にとどめが刺されるというしるしである。それゆえに、ルカが描くイエスはサタンが天からの雷のように墜落するのを見る［ルカ10・18］。そのように理解すると、悪魔の追放、つまり人間を悪魔の呪縛から解放することは、まさに何らかの神話的行為のことではない。それは人間と世界を脱悪魔化、非神話化して、真の被造性と人間性へと解放する道のりである。神の国は傷を治された被造世界である。イエスは狂乱状態の人々を心理的な強迫から解放し、精神的障害、悪魔信仰、社会的追放の悪循環を断ち切る。

3　最後に、他の奇跡物語にも少なくとも歴史的なきっかけがあった可能性がある。例えば嵐を鎮める物語は、祈りと助けを呼び求めることによって湖上の危機から救出されたことに端を発している可能性がある。魚の口の中の硬貨をめぐる物語［マタイ17・27］は、要求された神殿税を支払うために魚を捕るようにとイエスが促したことに由来する可能性がある。もちろんこれらは推測の域を出ない。あったかもしれないきっかけをこれ以上再構成することはできない。というのも、語り手の関心事はまさにそこにはないからである。語り手にとって重要なのは、キリストであるイエスのために、できる限り印象深い証言をすることであった。

こうした視点から見れば、実際に起きた出来事が四〇―七〇年の間の口頭伝承の過程で――これはオリエントにおいてのみならず、歴史が語り継がれる際には普通のことであった――拡大され、装飾され、強調されるようになったことは、果たして不思議なことであろうか。

証明ではなく示唆

これ以上のことを歴史研究は提供してくれない。たとえ歴史研究が、奇跡の不可能性に対するアプリオリな信仰を決して前提としないとしても。ここで重要なのは、奇跡が可能か不可能かではない。ただ、厳密な意味での奇跡を主張しようとする者には立証義務がある。そして、厳密に近代的な意味で自然法則を突破する奇跡は、歴史的に証明することができない。したがって今日ではたいてい「奇跡」という曖昧な表現は避けられるだろう。そうすると、新約聖書自身との不思議な一致が見つかる。つまり、ホメロスやヘシオドス以来普通に用いられているギリシャ語の「奇跡（thauma）」が一度として現れないのである。またラテン語訳聖書ヴルガータの新約聖書でも「奇跡（miraculum）」概念は用いられない。再び新約聖書、特にヨハネに倣って、「しるし」あるいは「しるしの行為」について語るほうがよいだろう。重要なのは、しるしの性質を持った、カリスマ的な（医師のようにではなく）治療によって悪魔祓いをする行為である。もっともそうした行為それ自体によっては、イエスを他の似たようなカリスマ的人物から区別できない。宗教史的に見れば、こうした行為は比類なきものとは証明されない。そうした行為を唯一無比の、比較を超越した、他に代えられない行為と見なして、他の誰でもないイエスだけに帰すということはできない。だがそうした行為は、少なくとも彼の時代の人間にとっては驚くべきものだった。それゆえに人々は、彼がさらに一層多くのこと、それどころかしまいには何もかもできると思うようになり、特に彼の死後になってからは、時が隔たるほど彼を美化し、賛美を惜しまなくなった。

それではイエスは癒しの教え、癒しの科学を実践した、癒しの実践者だったのだろうか？「クリスチャン・サイエンス」（一九世紀に米国で始まった新宗教）の運動は実際に、ナザレのイエスのことをキリスト教的科学の最初の教師であり実践者、つまり信仰の力による新種の治癒方法の模範と見なしている。つまりイエスは、あらゆる不完全なもの、あらゆる病的なものや苦しみ――それらは最終的には幻想と特徴づけられる――を、霊的精神的な途上で、いかなる外的介入もなく克服してみせたのだろうか？

それではイエスのカリスマ的行為を誤解してしまう。癒しや悪魔追放は決して規則的に起きたのではなかったし、ましてや計画的に起きたのでもなかった。イエスはしばしば民衆を離れ、癒された者に対して沈黙を命ずる〔マルコ1・35―38、44〕。イエスは、できる限り多くの病人を健康にしようとする奇跡の人、ヘレニズム的な「神の人」ではなかった。

もとあった簡素な物語は、イエスの神的な全能を中心に据えている。イエスは彼が受けた召命、満ち溢れるほど与えられた霊、そして自らのメッセージをカリスマ的行為を通して実証し、そのために自らの家族や神学者たちと争うことになった。否定的なことではなく肯定的なことが重要であった。つまり自然法則を突破することではなく、イエスの行為において神の力そのものが突出してくることに対して福音書は関心を持ったのである。イエスが行うカリスマ的な癒しや悪霊追放は、それ自体が目的ではなく、神の国を告げ知らせることに仕えるものだった。イエスの行為は彼の言葉を指し示すか強めるものである。イエスが中風の人を癒すのは、彼が自ら約束した罪の赦しの権限を持っていることを立証するためである［マルコ2・1―12並行］。それらの行為は規則的になされたものではなく、ましてや準備実行されたものでもない。世界の変革はあくまで神のテーマである。イエスの行為は例示的に、しるしとして行われるが、神はすでに人間存在の呪いを祝福に変え始めている。

　癒しや悪霊追放や奇跡的行為の回数や程度よりも、もっと大切なことがある。それは、イエスが共感と共苦をもって、誰もかえりみないようなあらゆる人々を慈しむということである。それは弱者、病人、蔑ろにされた人々、社会から排除された人々である。そういう人々はもうずっと素通りされ続けてきたのである。弱者や病人は厄介である。誰でもハンセン病患者や「取り憑かれた人々」からは遠ざかる。敬虔なクムランの人々は（一部のラビたちも同様に）、自分たちの規則に忠実に従って、一定の人間集団を共同体からあらかじめ排除した。

「愚かな者、狂った者、無知な者、外れ者、目の見えない者、麻痺している者、びっこをひく者、耳の聞こえない者、未成年――このような者は誰一人として会衆に受け入れられてはならない。なぜなら聖なる天使が会衆の中におられるのだから」

イエスはこうしたすべての人々を避けたり押しやったりしない。彼は病人を罪人として扱うのではなく、癒しながら招き寄せる。「有能な者、健康な者、若者を登用せよ」はイエスのモットーではない。彼は健康や若さや業績に対するいかなる崇拝も知らない。彼は人々をあるがままに愛し、助けることができる。すなわち病人には肉体と魂の健康を与える。弱者や老人には力を与える。能力のない者には能力を与える。貧しく希望がない者には希望、新しい人生、未来への信頼を与える。これらすべてのことは——たとえそれらが自然法則に何一つ反していなくても——稀有で異常な、驚きを呼び起こす、奇異であり奇跡的な行為ではないだろうか？　牢獄にいる洗礼者ヨハネはイエスをどう理解したらよいかわからない。伝承によれば、イエスはヨハネに対して神の国の比喩を用いて答える。それは詩的な様式を用いた奇跡の厳密なリストであり（その中のいくつかは使者たちがいるところで起きたかもしれない）、クムランとは驚くほど対照的な、メシアの歌である。

「目の見えない人は見えるようになり、足の不自由な人は歩けるようになり、重い皮膚病をわずらっている人は清くなり、耳の聞こえない人は聞こえるようになり、死者は甦り、貧しい人々は喜びのメッセージを受け取る」［マタイ11・5］

これが言わんとするのは、以下のようなことである。来たる神の国の素晴らしい効果はすでに今感じることができる。神の未来はすでに現在の中へと働きかけてくる。世界が変えられたあとになってからようやく神の国がやって来るのではない。イエスにおいて、彼の言葉と行為において、神の力がすでに解き放たれて、始まっているのである。イエスが病人を癒す時、そして神の霊によって悪魔を追放する時、彼において、彼とともに、神の国はすでにやって来ている［マタイ12・28を参照］。イエスは行為によって神の国をすでに建てたということではない。むしろ、来たる王国がすでに光り輝いていることのしるしをもたらしたのである。それは、あの最終的で全面的な心身の幸せが、しるしとして、身体的に、典型的に、先立って現れるということである！　私たちはそれを人間の「救い」と呼ぶ。その点で彼は「神の国はすでにあなた方の只中にある」と言うことができたのである［ルカ17・21を参照］。

超自然的な奇跡理解（奇跡とは神が自然法則に介入することだという理解）や、一般的宗教的な解釈（世界内のすべてのものごとは、自然法則と一致しつつ、奇跡であるといった解釈）がもたらす本当の災いは、奇跡の表現をイエスと彼の言葉から切り離してしまうことである。自然法則を突破すること（それは歴史的に証明できない）や、神が世界を遍《あまね》く統治していること（それには異論を唱えられない）ではなく、イエス自身こそ新約聖書の奇跡報告を理解するための鍵である。つまり、ただ彼の言葉から、彼のカリスマ的な行為は明確な意味を得るのである。それゆえに、ヨハネに対するあの答えにおいて、福音説教において到来する神の国のしるしを数え上げることは頂点に達し［マタイ11・5］、彼の人格に躓《つまず》かない人を祝福することによって締めくくられる［マタイ11・6］。カリスマ的な行為はイエスの言葉を明確に示し、逆にそれらの行為はイエスの言葉による意味づけを必要とする。ただイエスの言葉からのみ、それらの行為は信憑性を得る。

このように、イエスは語るだけではなく病気や不正の領域の中へと介入した。彼は説教の全権だけでなく、癒しのカリスマ的能力を持っている。彼は告知者や助言者であるだけでなく、同時に治療者であり援助者でもある。

そしてその点で、彼はまたしても祭司や神学者やゲリラ戦士や修道士とは異なっていた。つまり彼は力ある者のように教えたのである［マルコ1・22］。「力に満ちたこの新しい教えは何だろうか？」。最初の奇跡が行われた後で、人々はそのように問うたとマルコ福音書に書かれている［マルコ1・27］。イエスの中で始まった何かは、ある人々からはきわめて激しく拒絶され、さらに魔術だと断罪されたが、他の人々に対しては、神の力と出会ったという印象を与えた。神の国は赦しや回心の中だけでなく、肉体の救済と解放の中にも、また世界が変容し完成される中にも存在する。こうしてイエスは告知者としてのみならず、言葉と行いにおいて、来たる神の国の保証人として現れる。だが今や問わねばならないのは、彼の規範は何なのかということである。

3　最上位の規範

これまでになされたあらゆる限定から、次のような問いが差し迫ってくる。人間は一体何を拠りどころとすべきか？　人がエスタブリッシュメントに結びつかず、かといって革命にも身を委ねず、外的あるいは内的な亡命も決意せず、道徳的な妥協も拒否するならば、その時人は一体何を欲するのか？　第五番目の可能性はこの座標軸の中にはまったく存在しないように見える。人はいかなる律法を拠りどころとするのか？　そもそもここで規範は何か？　最上位の規範は何か？　これは当時も今日も根本的に重要な問いである。何がイエスに当てはまるのか？

自然法則でもなく、啓示された律法でもなく

最上位の規範は自然な道徳的律法ではない。つまり道徳的な自然法則ではない。このことを少なくとも手短に強調しておくのは決して些細なことではあるまい。折しも教皇のある重要な回勅が、イエス・キリストの権威を盾に取って、そのような自然法則の中に「人工的」出産制限が非道徳的であることの

根拠を見出したと言い立てるような時代である。そのことを神学的熟慮が欠けているせいだけにしてはならないであろう。イエスは自らの要求を根拠づけるために、確実に認識可能ですべての人間を拘束する不変の本性的自然などと称するものを前提にしてはいない。イエスにとって重要なのは、さまざまに解釈された抽象的で不動の人間本性などではなく、他ならぬ具体的な個々の人間なのである。

最上位の規範は実定的な啓示律法でもない。つまり啓示された神の律法ではない。イエスは、モーセやツァラトゥストラやムハンマドのように典型的な律法宗教の体現者とは異なっている。これらの人物にとっては（中国やストア派の思想に見られるような）永遠の世界法則ではなく、あらゆる生活領域を整える啓示律法こそ日常生活において決定的なものである。それはイスラムにおいては、神のもとですでに先立って存在していた書物（コーラン）の形をとっている。その書物はムハンマドよりも前から、他の預言者たちを通して、歪曲されつつ諸民族へと伝えられていた。そしてイエスのあとに現れる最後の預言者ムハンマドが、「預言者たちの印」として、根源的啓示を回復するに至った。

教会史の中ではもちろん、イエスは「新しい律法制定者」だ、福音は「新しい律法」だと繰り返し喧伝されてきた。それはさておき、イエスがファリサイ派の（初期ユダヤ教の）律法主義と闘った時、モーセの律法それ自体を拒否したのでは決してないことは確かである。また彼の時代に関しても、律法遵守を広く行き渡っていた律法主義と同一視してはならない。律法それ自体は、秩序をもたらす神の意志を明示する。また神の慈しみと誠実を明示する。律法それ自体は、民に対する神の恵みと愛の記録および証明であり、個別的な行動だけでなく心も要求する。イエスはそれを彼自身のメッセージに取り替えようとはしなかった。すでに見たように、彼は律法を廃棄するためでなく成就するためにやって来たのである。彼はアナーキズム的な無律法の体現者ではなかった。

だがそれにもかかわらず、彼にとって律法は最上位の規範ではなかった。さもなければ彼はそれを重んじたであろう。

だがはっきりしていることは、私たちがすでに見てきた通り、イエスが律法を問題にしなかったということである。それも伝統、つまり父祖の言い伝えである「ハラーハー」だけではなく、聖書そのもの、「モーセ五書」の中に書き記されている神の聖なる律法である「トーラー」をも問題にしなかったのである。彼は言い伝えの拘束力を完全に否定した。つまり彼は言葉と行いをもって、祭祀的な清浄規定と断食規定に対して、とりわけ安息日の規定に抵抗したのである。聖書で説明されている通り、それはファリサイ派との激しい敵対関係を引き起こすのに十分であった。だがそれは当然のことでもあった。なぜならば、言い伝えの拒否とともに、トーラーそのもの、父祖たちのあの伝承がただ解釈するだけと称するところのモーセの律法も、事実上一緒に打撃を受けたからである。食物の清浄あるいは不浄についてのトーラーの規定〔例えばレビ11。申命記14・3―21。マタイ15・11―20を参照〕、あるいは安息日の戒め〔申命記5・12―14。マルコ2・27並行を参照〕を考えてみよう。イエスは離縁を禁止し〔マルコ10・2―9、11以下。申命記24・1―4を参照〕、誓いを禁止し〔マタイ5・33―37〕、復讐を禁止し〔ルカ6・28〕、敵を愛せと戒めることによって〔マタイ5・44並行〕、直接モーセの律法に反対したのである。

イエスの律法批判は彼の祭祀批判によってさらに強められた。イエスにとって神殿は、彼の民族同胞の大半とは違って、永遠なものではない。彼は神殿の崩壊を予想している〔マルコ13・2並行〕。神の新しい神殿がすでに存在しており、救いの時が来れば古い神殿にとって代わるだろうと予想している〔マルコ14・58並行を参照〕。中間時において、イエスは生け贄の祭祀の意義が低下することを一般論として強調するだけではない。生け贄よりも前に、和解を要求するのである〔マルコ12・33〕。

ファリサイ派の律法理解に対するイエスの批判を軽視することはできない。つまり彼は律法を特定の点で異なった仕方で解釈しただけではない。律法を特定の点で先鋭化あるいは徹底化しただけでもない(怒りはすでに殺人であり、姦淫の欲望はすでに姦淫である)。それならクムラン修道院の「義の教師」でもやったことである。彼はそうではなかった。彼は異質な独立性と自由さをもって、いつどこで律法が彼にとって正しいかなどということを問題にしなかった。たとえイエスが式文をまだ必要としなかったとしても、あまりにも懐疑的な批判でない限り、以下のことは疑いえない。つまり、山上の説教のアンチテーゼにおける「しかし私はあなたがたに言っておく」も、他では誰も文頭で用いない「アーメン」も、イエスによる律法の徹底批判、止揚、再活性化に対して、厳密な表現を与えるのである。

それと同時に権威についての問いが引き起こされる。その権威はここで要求されており、律法神学者はおろか預言者の権威をはるかに超えるように見える権威である。律法全体を神からのものとして受け入れたが、神ではなくモーセに由来するこの節やあの節を例外と見なして受け入れなかった人物。そのような人物は、当時の人々の判断によれば、ヤーヴェの言葉を軽蔑する者だった。一体律法の義よりも「勝った義」などというものが存在しうるのだろうか? すでに最初の福音書(マルコ)の初めに報告されていることは、イエスが律法学者とは異なった教えを説いたために、聴衆が取り乱したということである[マルコ1・22]。

律法ではなく神の意志

つまりイエスは何を欲したのだろうか? すでに明らかになったように、それは神のテーマを主張することである。それこそが、来たる神の国についての彼のメッセージの意図である。だが「神の名が崇

「御心が成るように！」という一文によって拡張される。神が天で欲することは、地上でも行われねばならない。これを今ここで生きている人間に対する要求と理解するならば、それはすなわち神の国の到来についてのメッセージを意味する。神が欲することが起きるように。イエスにとって、これは自らの受難に至るまで当てはまる。御心が成るように〔マタイ26・42。ルカ22・42を参照〕。神の意志が基準である。これはイエスのあとに従う行為に対しても当てはまる。神の意志を行う者は、彼の兄弟、姉妹、母である〔マルコ3・35並行〕。「主よ、主よ」と言う者でなく、父の意志を行うことによって、天の国へと導かれる〔マタイ7・21。同21・28—32も参照〕。それゆえに、見誤りようがないこと、そして新約聖書全体が確証することは、最上位の規範とは神が欲すること、神の意志だということである。

神の意志を行うことは、多くの敬虔な者たちにとって、敬虔な式文となってしまった。彼らは神の意志を律法と同一視した。神の意志が非常にラディカルなスローガンであることは、以下のことを見て初めてわかる。神の意志は書かれた律法と単に同一のものではないし、ましてや律法を解釈する伝統と同一のものでもない。たとえどれほど律法が神の意志を告げることができても、律法は神の意志に逆らって身を隠す手段にもなりうる。律法は実にたやすく律法主義〔律法に適っているだけでよいという態度。適法性とも訳せる〕になってしまう。ラビたちが律法とは神の恵みや意志の表現だと言っているにもかかわらず、律法主義の態度はかなり蔓延していた！

律法は自信を与えてくれる。というのも、何に頼るべきかがわかるからである。厳密にこれに頼ること。それ以下でもなく（これは面倒な時もあるかもしれない）、それ以上でもなく（これは時として実に快適である）。私は命ぜられていることだけを行わなければならない。また禁じられていないことはやってもよい。律法に抵触する以前に、どれほどたくさんの個々の事例において、行動できたり行動できなかったりすることだろう！　いかなる律法も、あらゆる可能性を考慮し、あらゆる事例をあらかじめ考慮して、あらゆる穴を埋めることなどできない。なるほど人は繰り返し、かつては意味があったがそのうちに意味を失ってしまった昔の（道徳あるいは教説のための）律法規定を新しい生活条件に合わせて故意に歪曲しようとする。あるいは、変化した状況に相応しい何かを昔の律法から故意に導き出そうとする。律法の文字を神の意志と同一視するならば、そうするしか道がないように見える。つまり律法の解釈と律法の解説によって律法を蓄積するのである。

モーセの律法においては六一三の規則があった（改訂されたローマの教会法典には一七五二の法規があった）。だが網がきめ細かく結び合わされるほど、穴の数も多くなる。また戒めや禁止を多く定めるほど、何が決定的に重要なのかが見えなくなる。とりわけ起こりうるのは、律法の全体あるいは個々の律法を、単にそれが指示されているためだけに、場合によっては否定的な結果を恐れるために、守るということである。人は指示されないことをやらないだろう。また逆のことも起こりうる。つまり、本来であればしなければならない多くのことがあっても、それが指示されておらず、誰からも実行を迫られないので、実行しないということである。たとえ話の中で、祭司とレビ人が、見て見ぬふりをしたように［ルカ10・31－32］。そのようにして権威は現れ、服従は形式化する。つまり、人は律法が命じるからそれを行うようになる。その点では基本的にどの戒めも禁止も等しく重要である。重要なものとそうでないものを区別しなくてもよい。

律法主義の短所は昔も今も見逃せない。なぜかくも多くの人々が他の人々と向かい合って、個人的な決断を行うよりも律法を守ろうとするのかが簡単に理解できる。さもなければ、私は指示されていないことをどれだけたくさんしなければならないことだろう？　またまったく禁止されていないことをどれだけたくさんせずにおかねばならないことだろう？　そうするくらいならば、明確な制限があったほうがましだ。個々の場合においてはさらに繰り返し議論される。つまり、実際に律法に違反したかどうか、実際に姦淫がなされたかどうか、直接に偽証があったかどうか、まさに殺人が行われたかどうか、という具合に……！　たとえ姦淫が律法では禁止されていても、そこに至るまでのすべてのことが禁止されているわけではない。偽証が律法であらかじめ禁止されていても、あらゆる無害な形式の不誠実が禁止されているわけではない。殺人があらかじめ禁止されていても、ご承知の通り、課税対象とはならない悪意ある思考がすべて禁止されているわけではない。私が自分ひとりで心の中だけで考えて、渇望し、欲していることは、私事である。

これと同様に、なぜかくも多くの人々が神そのものに関しても一つの律法に依存するのかを簡単に理解することができる。つまりそうすれば、いつ私が義務を果たしたかが厳密にわかる。相応の業績に対してはそれ相応の報酬を当てにしてよい。さらに義務以上のことをした場合には、特別手当てもつく。そうすれば、私の功績と負債は正しく差引勘定され、道徳的なマイナス点は余剰の特殊業績によって補われ、ことによると罰は最終的に報酬によって廃棄される。これは明確な計算であり、神とともにありつつ、何に拠っているかがわかる。

だが、まさにこの律法主義的な態度に対して、イエスはとどめを刺すのである。

律法それ自体ではなく、律法がそこから解放されるべき律法主義を彼は標的にする。それも、この律法主義的な敬虔を特徴づける妥協を標的にするのである。人間を覆う壁の一面は神の律法であり、他面は人間の律法主義的な業績であるが、彼はその壁を突破するのである。彼は人間が律法の後ろに隠れて律法主義に立てこもることを許さず、その手から業績を叩き落とす。彼は律法の文字を神自身の意志と比べて判定することによって、解放と幸福をもたらす仕方で、人間を直接神の前に立たせる。自分自身が関わらずにすむような成文化された法体系においては、人間は神の前に立っていない。律法ではなく神自身に向き合わねばならない。つまり神が人間一人ひとりから欲することに対して向き合わねばならないのである。

それゆえにイエスは神について小難しく語ること、一般的で包括的な道徳原則を布告すること、人間に新しい体系を教えることをやめる。彼はすべての生活分野を指導したりしない。イエスは律法制定者ではないし、そうなろうともしない。彼は古い律法秩序を遵守することを新たに誓わせたりしないし、あらゆる生活領域を包括する新たな律法も与えない。彼は道徳神学も行動の法典も作成しない。人間がどのように祈って、断食し、聖なる時や場所を尊重すべきかといった風習や儀式に関する指図を公布したりしない。主の祈りでさえ、最古の福音史家はまったく伝えていない。それは唯一の義務的な文言ではなく、ルカにおいて（おそらく最初に表現され）、そしてマタイにおいて、異なった表現で繰り返されている。言葉通りになぞって祈ることは、イエスにとって重要ではない。そしてまさに、愛の戒めは新しい律法であってはならない。

むしろこういうことだ。イエスは個々人に対してまったく具体的に関わりながら、あらゆる決疑論や律法主義から離れて、形式にとらわれず、的確に、神への服従を呼びかけるのである。彼は権威や伝統を論拠とせずに、単純でわかりやすく解放的なアピールを行い、人生の変化の例、しるし、兆候を知らせる。大いなる助けをもたらす、しばしば誇張して表現される指示には、「いつ」と「だが」がまったく欠けている。目があなたに罪を犯させるなら、えぐり出してしまえ！［マタイ5・29］　あなたが語る時は「はい、はい」「いいえ、いいえ」と語れ！［マタイ5・37］　まずあなたの兄弟と和解せよ！［マタイ5・23－24］　各人各様にそれらを人生に応用しなければならない。

山上の説教の意味

山上の説教は神の意志を徹底的に真剣に受けとめることを目指している。この説教の中で、マタイとルカはイエスの倫理的な要求――主にQ資料に由来する短い箴言および箴言集――を集めた。山上の説教はキリスト者と非キリスト者を――フランス革命のジャコバン派、社会主義者カウツキー、それとまったく同様にトルストイやアルバート・シュヴァイツァーを――繰り返し挑発し続けてきた。山上の説教の公分母は「神の意志が成るように！」である。これは、以下のような点で挑発的なメッセージだ。

神の意志を相対化する時はもう過ぎ去った。敬虔な熱狂ではなく、純粋な内面性でもなく、信念と行動をともなう服従。人間自身が、近づいて来る神の前において責任を負っている。決然として完全に神の意志を行うことによってのみ、人間は神の国の約束に与るであろう。だが解放をもたらす神の要求はラディカルである。それは決疑論的な妥協を拒否する。世俗的な制限や法的な秩序を乗り越えて突破してしまう。山上の説教の挑戦的な例［マタイ5・39－41］はまさに、律法による限界を定めない。左の頰だけでなく、二マイルだけでなく、外套だけでなく――そこで居心地のよさは終わってしまう。神の要求は人間の寛大さに訴えかけ、より多くのものを求める。それはまさしく無条件のもの、無制限のもの、すべてのものに向かうのである。制限された条件つきの形だけの服従――単に何かが命ぜられているか禁じられているためだけに服従すること――に対して神が満足できるだろうか？　そこでは究極のものが回避されてしまうであろう。それは、どれほど事細かな法律や律法の規定も把握することができない、人間の態度を決定する究極のものである。神はより多くのものを欲する。つまり意志の半分だけではなく全体を要求するのである。神は管理可能な外面的なものごとだけではなく、管理できない内面——人間の心——を要求する。神は善い果実だけではなく善い木を欲する〔ルカ6・43―44。マタイ7・16、18〕。行為だけでなく存在を欲する。何かではなく、私自身、それも全き私自身を欲するのである。

驚くべきアンチテーゼが言わんとするのは、そのことである。そこでは神の意志が法正義に対峙する。姦淫や偽証や殺人を待たずとも、律法がまったく把握できないこと、つまり心の中の姦淫や、不誠実な思考や言葉、敵対的な態度が、すでに神の意志に逆らうものである。山上の説教に「のみ」を持ち込む解釈はいずれも、神の絶対的な意志を小さくして弱めてしまう。律法をより良く実現すること「のみ」、新しい信念「のみ」、義人イエスの光の下での罪の鏡「のみ」、完全さを実現すべく召命された者にとって「のみ」、当時「のみ」、少しの間「のみ」……。

のちの教会にとってイエスのラディカルな要求に耐えることがどれほど困難であったかは、すでにマタイの（パレスチナ・シリアの？）教団が行った緩和が示している。イエスによれば、いかなる怒りも抱いてはならないが〔マタイ5・22a〕、マタイによれば、少なくとも「馬鹿」や「神なき者」といった特定の罵り言葉を語ってはならない〔マタイ5・22b〕。イエスによれば、人は一切誓ってはならず、ただ「はい」あるいは「いいえ」と言って人生を生き抜かねばならないが〔マタイ5・34a、37〕、マタイによれば、少なくとも特定の誓いの表現を避けなければならない〔マタイ5・34b―36〕。イエスによれば、隣人の過ちを非難してはならず、その人が過ちを離れたならば赦さなければならない〔ルカ17・3〕。だがマタイによれば、規定上の手続きを守らなければならない〔マタイ18・15―17〕。イエスによれば、男性に対して——法的に弱くて不利な立場に置かれた女性を保護するために——離縁は無条件に禁じられる［ルカ16・18。マルコ10・11］。だがマタイによれば、少なくとも女性の極端な姦淫の場合は例外とされる［マタイ5・32。19・9］。

すべては単に柔軟化の傾向を示しているのだろうか？　それならば少なくとも、イエスの絶対的な要求が持つ永続的な妥当性を守ろうとする、日常の中における誠実な努力を見なければならない。その日常はもはや、神の国の到来が近いという差し迫った期待によって規定されてはいない。例えば離縁について考えてみるとよい。イエスはまったく非ユダヤ的に、モーセの家父長的な律法［申命記24・1－4。マルコ10・9を参照］に逆らって、離縁を厳格に禁じた。その根拠は、神が夫婦を結び合わせるということ、そして自らが結び合わせたものを人間が解消することを欲しないという断定であった。ラビのシャンマイとヒルレルの学派の間で激しく争われた問題、つまり性的な過ち（シャンマイ）だけが、あるいは、食べ物を焦がすといった個々の実践的な問題（ヒルレル、フィロンとヨセフスによれば普段の実践）からして、妻を離縁する根拠となりうるかどうか、イエスにとってまったく重要ではなかった。イエスにとっては、決定的なことこそ重要であった。もちろん、終末が遅延したことによって差し迫ってきた問い、つまり神の絶対的要求にもかかわらず婚姻が破られ、人生がさらに続くならば、何をなすべきかという問いに対して、イエスは答えを与えておらず、それは今こそ答えなければならない問いであった。婚姻の一体性を守るべしというイエスの絶対的な呼びかけは、今や律法的にますます厳密に定めねばならない法規と理解されるようになった。つまり、妻の離縁と再婚の禁止に加えて、ヘレニズム的な法律に鑑みて、妻の側からの離縁の禁止、混宗婚の例外的規則、さらに妻と夫の双方の再婚の禁止が付け加えられた。だが姦淫を離縁の例外的理由として認めることもしなければならなかった。個々の事例を律法的に規定することによって再び決疑論的に解決する以外の答えは、果たして可能であったかどうか。

　イエス自身はいずれにせよ法律家ではなく、その都度の状況において具体化すべき絶対的な呼びかけをするにとどまった。このことは財産の例に示されている。イエスは――これから見ていくが――万人に対して断念も財産共有も指示しなかった。つまり、貧しい人びとにすべてを捧げる人もいれば、半分を与える人もいるし、貸付金によって援助する人もいる。また、ある女性は神のために最後のものを与え、別の女性は奉仕や世話を身につけ、中には一見無意味な浪費をする女性もいる。ここでは律法的な規則化はまったく行われない。だから律法に基づくいかなる例外も弁明も特権も免除も、必要ない！

　山上の説教はもちろん、律法が単純に状況を支配してよいというような浅薄な状況倫理を目指しているのでは決してない。状況がすべてを規定することがあってはならない。むしろ、該当する状況において、人間を完全に独占せんとする神自身の絶対的な要求こそが、すべてを規定する。究極的かつ最終妥当的なものである神の国に鑑みて、人間の根本的な変化が期待されるのである。

第4章　人間のテーマ

根本的な変革が期待されている。それは人間そのものの新生といった何ごとかであり、自らそれを経験する者だけが理解することができる。その変革とはすなわち、ソクラテスのように単に正しい思考の進歩によるだけではなく、あるいは孔子のように根本的に善き人間を形成することによるだけでもない。禁欲家ゴータマ・シッダルタが、沈思を通して仏陀すなわち覚者となったような悟りによるものでもない。仏陀はこの方法で原因を洞察し、苦難を廃棄し、最後にニルヴァーナにおける寂静に達するために、悟りを開いた。イエスによれば、人間は神の意志に献身することによって根本的な変革に至る。

1　人間を人間らしくする

イエスは異なる新しい人間、すなわち根底から変えられた意識、根本的に異なる態度、思考と行動におけるまったく新しい態度を期待する。

変革された意識

イエスが待ち望むことは、人間の生が根本的に、全体的に神と調和すること以上でも以下でもない。

究極的に二人の主人にではなく一人の主に対して仕える、分割されない心である。世界の只中において、また人間の中において、人は神の支配を待ち望みつつ、究極的にはただひたすら神に心を寄せるべきである。金や財産ではなく［マタイ6・19―21、24―34。マルコ10・17―27］、正義や名誉ではなく［マタイ5・38―42。マルコ10・42―44］、自分の両親や家族ですらなく［ルカ14・26。マタイ10・34―39］。イエスによれば、ここで単に平和について語るだけではいけない。ここでは剣が支配するのである。それどころか、この根本的決断においては、最も緊密な絆さえ重要でないものと見なして退けねばならない。この道を歩んであとに従うことは、家族の絆にも勝る。つまりイエスの弟子たらんとする者は、父、母、兄弟姉妹、妻、子、それどころか自分自身を「憎む」ことをしなければならない！　そのような変革にとっての本来の敵は、経験的には私自身、自己である。

　それゆえに直ちに次のような要求を突きつけられる。自らのいのちを得ようとする者はそれを失うが、自らのいのちを失う者はそれを得る［ルカ17・33。マタイ10・39］。厳しい言葉だろうか？　これは豊かな約束である。これによって今や明らかになったのは、私たちがすでに知っている「メタノイア（回心）」［マルコ1・15並行］という中心的な概念、あるいは、かつて誤解を生みやすい仕方で「悔い改め」と言われていたことが何を意味するのかということである。それは、粗布をまとって灰をかぶるような、外面的な悔い改めの行為ではない。知的に規定された、あるいは感情的に強調された、宗教的経験のことでもない！　そうではなくて、意志の決定的な変化、根底から変えられた意識、つまり新しい根本的態度、異なる価値の目盛りである。したがって全人的でラディカルな思考転換と方向転換、新しい人生の態度である。

　いずれにせよイエスは、自らを変えようとする人間が罪の告白や懺悔をすることを期待しているのではない。その人間が離れ去るべき厄介な過去に対して、イエスはほとんど関心がない。そのような過去があるにもかかわらず、その人間が撤回も留保もせず――鋤《すき》に手をかけてから振り返ることなく〔ルカ9・62〕――向かうべき、より良い未来、それも神から約束されて贈り与えられる未来だけに、イエスは関心がある。人間は赦されて生きてよい。これは、神とその言葉に対する、あのしっかりとした揺るぎなき信頼によってもたらされる回心（方向転換）であり、すでに旧約聖書において信仰と呼ばれているものである。信仰をともなう信頼、信頼をともなう信仰は、インド哲学では仏陀にとっての悟り、あるいはギリシャ的理解ではソクラテスにとっての思考の弁証法、あるいは中国の伝統では孔子にとっての孝とは、非常に異なった何かである。

神自身は福音と赦しをもたらすことによって、信仰に由来する回心（方向転換）、新たな始まりを可能にする。人間にヒロイズムは求められない。畑の宝を見つけ、高価な真珠を得た者が抱く、信頼をともなう感謝に基づいて、生きてよいのである〔マタイ13・44―46〕。ましてや新しい律法と業績の強迫の下に身を置いてはならない。なるほど人は自らの務めを果たしたくらいでは、何も誇らないだろう。だが忠実な僕《しもべ》以上に、子どもが手本となるだろう。それは、子どもは無垢な存在だという思い込みをロマンチックに理想化すべきだからではない。子どもは無力で小さな存在であり、自分が助けてもらうこと、プレゼントをもらうこと、完全な信頼に満ちて身を委ねることをまったく当然のことと見なして喜んでいるからである〔マルコ10・15並行〕。それは報酬を――恵みの報酬さえも――欲しがらない子どもらしい感謝である。家にいたが最後に失われた息子は、長年そうしてきた〔ルカ15・29〕。人間は賞罰のゆえに行為してはならない。賞罰を道徳的行為の動機にしてはならない。原始的な幸福主義に対するカントの反応は正当なものだった。人間は自らの責任を意識して行為しなければならない。つまり人間はあらゆる思考、言葉、業をもって、神の未来、神の最後の決断へと向かい合う。そして人間がしたことは何であれ――喉が渇いている者に一杯の水を与えることも〔マタイ10・42〕、無益な言葉を与えることも〔マタイ12・36〕――、たとえそれが人間にとってとっくの昔のことであろうと、現在のことであろうと、神にとっては残り続ける。

　このような責任を引き受けることは、敬虔な者が律法の下で喜びを失っていることとは何の関係もない。イエスの回心への呼びかけは、喜びへの呼びかけである。山上の説教が一連の新しい義務とともに始まることを想像してみよ。そうではない。山上の説教は祝福で始まるのである〔マタイ5・3―12〕。悲しんでいる聖者はイエスにとって悲しんでいる聖者である。神は慈しみ深いのだから、人を嫉《そね》んではならないと、ブドウ畑の賃金受領者は言われる〔マタイ20・15〕。失われた息子の申し分のない兄は、喜び祝えと言われる〔ルカ15・32〕。全人的に罪の過去から離れ去って神の下へと帰郷することは、神にとっても人間にとっても喜びの出来事である。それはまた、不幸に見舞われた者にとっても真の解放である。なぜならば、その人にはいかなる律法も課せられないからである。重荷は軽く、労苦は少ない〔マタイ11・30〕。神の意志の下にある人間は、それを喜んで担ってよいのである。

　だがそれとともに、一つの問いが新たに前面へと押し出されてくる。この問いはこれまでも絶えず存在していた。だが、人間の行為について、また人生の最上位の規範である神の意志について、これほどたくさん語ってきた今、この問いをはっきりと立てて、それに答えねばならない。神の意志とはそもそも何であるのか？　神は本来何を欲するのか？

神が欲すること

神の意志は不確かなものではない。それを操ることもできない。これまでに語ってきたすべてのことから、そしてイエス自身の具体的な要求から、すでに以下のことが明らかになったはずである。神は自らのため、自分の利益のため、自分のより大きな栄誉のために、何も欲しない。神は人間の利益、人間の真の偉大さ、人間の究極の尊厳以外の何ものも欲しない。つまり神が意志するものとは人間の幸せなのである。

神の意志は、聖書の最初のページから最後のページに至るまで、あらゆる次元における人間の幸福を目指している。それは、決定的であらゆる面にわたる幸福、聖書的に言えば、人間個人および全人間の「救い」である。神の意志とは、援助し、解放し、治癒する意志、救いの意志である。神は個々の人間に対してもすべての人間に対しても、いのち、喜び、自由、平和、救い、究極の大いなる幸福を欲する。イエスの告知によれば、これこそが神の絶対的未来、勝利、国の意味するところである。それはすなわち、人間をあらゆる面で解放し、救済し、充足し、幸福にすることである。イエスが近づく神を見つつ決心したように、神の意志と人間の幸福を徹底的に同一視することで、まさに以下のことが明らかになる。ここでは単に新しい布切れを旧い服に縫いつけるだけではない。ここでは新しいワインを古い革袋に注ぐのではない。ここで本当に重要なのは、古いものにとって危険な、新しい何ものかである！

イエスの自由さの中において、なお自己を美化する恣意に見えるかもしれないものも、今やはっきりと、大いなる強い一貫性として見えるようになるだろう。つまり人間がいなければ神は見えないし、神がいなければ人間は見えないのである。神に味方しながら人間に敵対することはできない。敬虔であろうと欲しながら非人間的に振る舞うことはできない。これはあまりにも自明なことだろうか――当時も今も？

もちろん、神はイエスによって人間の同胞性を通して解釈されないし、人間の同胞性に還元されはしない。人間が神格化されれば、奴隷化されるのと同じくらい非人間化されてしまう。だが人間の同胞性は、神が人間の友であることに根拠を持つ。だからあらゆるところに最後の基準が存在するはずだ。それは、神が人間の幸せを欲するという基準である。

こうしていくつかの事柄が異なった光の下で現れる。人間が危機に瀕しているがゆえに。

――それゆえにイエスは、総じて律法に対してまったく忠実に生きていても、律法に反する振る舞いを恐れたりしない。

――それゆえに彼は、儀式ばった正確さやタブー化を退け、外面的に律法に従う純粋さの代わりに、心の純粋さを要求する。

――それゆえに彼は、断食による禁欲を拒絶し、人間として、人間に混じって、あえて大食いや大酒飲みとして罵られる。

――それゆえに彼は、安息日をめぐる心配性を患うことなく、人間そのものが律法の基準であることを宣言する。

相対化される伝統、組織、聖職者階級

だがそれによって、どんな敬虔なユダヤ人も恐れる躓きが目に見えるようになったのではないか？

それはすなわち恐るべき相対化である。ここで民族の最も神聖な伝統や組織が瑣末なことにされてしま

うのだ。またこれによって、とりわけ祭司と神学者が抱く、頑なな猜疑と憎悪の原因も、すでに視野に入ったのではないだろうか？　ここで律法の秩序と祭祀の秩序を相対化する者は、「聖職者階層」の基盤をなす「聖なる支配」を揺さぶる。それは以下のような重大な帰結をともなう。

1　イエスは律法を相対化する：それはすなわち宗教的・政治的・経済的な秩序の全体、社会システムの全体を相対化するということである。つまり、律法といえども神のあらゆる道の始まりと終わりではない。律法といえども自己目的ではなく、最後の審級ではない。

――要するに、古いスタイルの律法的敬虔はお終いである。律法を所有してそれを具体的に実行しても、救いは保証されない。律法は究極的には救いの基準とならない。たとえ律法が神からの良き賜物であるということを否定しなくても、そのような自己保全的な律法宗教は廃棄される。だがそこで当てはまるのが、以下の命題である。この命題それ自体は自明であるが、伝統的見解に対して革命的に働きかける。すなわち、安息日そのものが人間のためにあるのであって、人間が安息日のためにあるのではない！［マルコ2・27を参照］

――これが意味するのは、人間への奉仕は律法の実行よりも優先されるということである。いかなる規範も組織も絶対化されてはならない。人間は絶対的と称する規範や組織の犠牲にされては決してならない。規範や組織は容易に廃止されたり止揚されたりしないだろう。だが、あらゆる規範と組織、あらゆる律法と戒め、慣行と規約、規則と秩序、教義と教令、法典と条項は、それらが人間のためにあるか否かという規範の下で存在している。人間こそが律法の基準なのである。このことから、何が正しいことであり何が正しくないことか、何が本質的であり何がどうでもよいことか、何が建設的で何が破壊的か、何が良い秩序あるいは悪い秩序であるかを批判的に区別できるのではないだろうか。

る。つまり律法主義、制度主義、法治主義、教条主義に対して、人間性がとって代わる。なるほど人間の意志は神の意志にとって代わることはできない。だが神の意志は、人間とその同胞の具体的な状況を通して具現化される。

2　イエスは神殿を相対化する：それは祭祀秩序の全体、言葉の厳密な意味での神奉仕（Gottesdienst）〔この語はしばしば「礼拝」と訳されるが、文字通りに訳せば「神奉仕」である〕のことである。つまり神殿といえども神のあらゆる道の始まりと終わりではない。神殿にも終わりがあり、永遠ではない。――つまり、古いスタイルの神殿的敬虔はお終いである。神殿の所有や祭祀の具体的実行は救いを保証しない。究極的には神殿は救いの基準とはならない。たとえ神殿が神の善き賜物であることを否定されなくとも、そのような自己満足している神殿宗教は揚棄される。だがそこで当てはまるのは、それ自体は再び自明であるが、伝統的見解に相対して同じように革命的に働きかける、以下の命題である。まず兄弟と和解し、それから捧げものを備えに来なさい！〔マタイ5・23―24〕

――これが意味するのは、和解および同胞への日々の奉仕は、神奉仕や祭祀日の遵守よりも優越するということである。祭祀、典礼、礼拝を絶対化してはならない。祭祀や儀式は簡単に廃止されたり揚棄されたりしない。儀式や敬虔な習慣の犠牲にされてはならない。人間は決して、絶対的義務と言われるだがすべての祭祀、典礼、儀式、習慣、修行、礼式、祝祭、祝典は、それらが人間のためにあるのかどうかという基準の下に存在する。人間は礼拝の基準でもある。それによって再び、祭祀と典礼において、何が正しくて何が正しくないか、何が重要で何が重要でないか、何が良い礼拝で何が悪い礼拝かが批判的に区別されるのではないだろうか。

神のテーマは祭祀ではなく人間である！　それゆえに人間そのものが、絶対化された典礼にとって代わる。つまり人間性が形式主義、典礼主義、秘跡主義にとって代わる。なるほど人間奉仕は神奉仕（礼拝）にとって代わることはできない。だが神奉仕（礼拝）は決して人間奉仕を免除しない。つまり前者は後者において実証されるのである。

神とともに神奉仕もまた人間にとって決定的なテーマだと言うならば、そこで直ちに思い出すべきことは、世界とともに人間もまた神自身にとって決定的なテーマだということである。神は人間を助けて人間に奉仕することを教示する。したがって、人間とその幸福を同時に真剣に受けとめることなしに、神とその意志を真剣に受けとめることはできない。人間の人間性は、神自身の人間性によって要請される。人間の人間性を傷つけることは、真の神奉仕への道を遮断してしまう。人間を人間らしくすることは真の神奉仕の前提である。それゆえに神奉仕を単に人間奉仕に還元することはできず、また人間奉仕を単に神奉仕に還元することもできない。だが次のように言ってよいし、また言わねばならない。真の神奉仕はすでに人間奉仕でもあり、真の人間奉仕はすでに神奉仕でもある。

3　変革された意識、神の意志、最も神聖な伝統や組織の革命的相対化についてここまで言わねばならなかったことをすべて熟考してみよう。そうすれば、イエスにとって――旧約の預言者たちとまったく同様に――闘争的であることがどれほど本質的なことかを理解することができる。イエスのことをただ単に優しく穏やかで、無抵抗で柔和な、謙遜に耐え忍ぶ人物であるかのように誤解しては決してならない。アッシジのフランチェスコによるイエス像にも限界がある。一九世紀と二〇世紀の敬虔主義的な、また部分的には階層主義的なイエス像に至っては、なお一層限界がある。牧師の息子であったニーチェが、青年時代にこのような軟弱なイエス像に対して反逆したことは正しかった。だが彼はイエスを聖職者階級や神学者に対する攻撃的批判者と見なす福音主義的な命題へと結びつけることができなかった。ニーチェは実際『アンチ・キリスト』においても、資料にまったく基づくことなく恣意的に、闘争的なイエスを闘争的な模範を必要とした闘争的な原始教会の所産にしてしまった。

だが資料そのものが明らかにすることは、イエスにおいて無私と自信、謙遜と厳しさ、柔和さと積極性がどれほど結びついているかということである。これはよく勧められる「事においては毅然と、態度においては物柔らかに」(fortier in re - suaviter in modo)〔イエズス会六代目総長クラウディオ・アクアヴィヴァの言葉〕という意味ではない。イエスの口調もまたしばしばきわめて厳しいものだった。甘美な語りは彼の口からほとんど聞かれないが、辛辣な語りはよく聞かれる。イエスは権力を有するもの――人物、制度、伝統、聖職者階級――に抵抗して、神の意志を支持するためならば、それがどこであろうと決然として闘い抜いた。それは、人間に対していかなる不必要な重荷も負わせてはならないからである。それゆえにいかなる真正な制度や伝統も、そしてその代表者たちも、相対化される。それは、神が人間の全面的な幸福と救済を欲するからである。「聖職者階級」や「聖なる支配者」、大祭司に直面した時でも、彼は恐れを知らぬ言葉を語る。

イエスのメッセージは、ニーチェがあれほど忌み嫌った、あの退廃的な弱点とどれほど無関係であるか。それが明らかになるのは、私たちがニーチェにとっても非常に疑わしかった、あの言葉を用いる時である。私たちはここまで意識的に――そして一貫して歴史のイエスと一致して――その言葉とはきわめて控え目に関わるようにしてきた。なぜならば、その言葉は、キリスト教的にも非キリスト教的にも大いに濫用され、敬虔な人々によっても敬虔でない人々によっても安価なものにされてしまったからである。それは「愛」という言葉である。

2　行為

隣人愛を意味する「愛」や「愛する」という言葉は、「隣人」という言葉と同様に、共観福音書のイエスにおいては——旧約聖書から取ってこられた主要な戒めの表現を別とすれば——きわめてわずかしか登場しない。それにもかかわらず、同胞愛はイエスの告知の中に常に存在する。まさに愛においては単なる言葉以上に行動が重要であることは明らかだ。語ることではなく行為こそが愛の何たるかを明らかにする。基準は実践である。それでは、イエスによれば愛とは何であろうか？

神と人を同時に

最初の答えはこうである。イエスによれば、愛とはその本質において、同時に神への愛と人間への愛である。イエスがやって来たのは、人間の幸せを目指す神の意志を生かして、律法を成就するためである。だからイエスは、あらゆる戒めが愛の二重の戒めにおいて締めくくられると言うことができる。ユダヤ教もすでに、二重の意味を持つ愛について時おり語ってきた。だがイエスは簡潔かつ具体的に、これまでになかった仕方で、あらゆる戒めをこの二重の戒めへと還元し集中させ、それと同時に、神への愛と人間への愛を切り離すことなく結びつけて一体化する。それ以来、神と人間を相争わせることは不可能になった。それによって愛は人間の全生活を無制限に包みこむと同時に、いかなる個々の事例に対しても完全に当てはまる要求となる。イエスに特有なことは、このような仕方で愛が敬虔および全行動の基準になるということである。

だがそれにもかかわらず、神への愛と人間への愛はイエスにとって同一のものではない。なぜならば、彼にとって神と人間が同一ではないことはまったく自明のことだからである。神を人間化することも人間を神格化することも、神ではなく人間を犠牲にしてしまう。神は神であり続ける。神は世界と人間の唯一の主であり続ける。神を人間の同胞と取り替えることはできない。一体どんな人間が私にとって、限界も過失もない神、完全で絶対的な愛の対象になれるだろうか？　愛のロマンチシズムや愛の神秘主義は、魔法のごとく理想化された他者像を作り上げ、対立をごまかして先延ばしすることはできても、排除することはできない。だがすべてを包摂する神の絶対的な愛によって、同胞もまったく徹底的に、あるがままに、あらゆる限界や欠点もろとも愛される。神がイエスにとって、まさに人間のためにこそ絶対的な優位性を持っているということは、疑う余地がない。それゆえにイエスは人間の全体をまるごと要求するのである。それはすなわち意志の全体、心、最も奥深くにある核、人間自身のことである。それゆえにまた、信頼と信仰をもってイエスへと向かって回心し回帰した人間から、全き純粋な愛以上のものを期待しないし、それ以下のものも期待しない。「あなたは主なる神を心ごと、魂ごと、思考ごと愛さねばならない」［マタイ22・37－38］。これが最大にして最初の戒めである。

だがこの愛は、人間が世界から抜け出ようとして、世間では孤独になりつつ神とは一つになるというような、神との神秘的合一を意味するのではない。人間への愛を欠いた神への愛には、結局のところ愛が存在しない。また神が何にも代えがたく優越していて、神に対する愛が決して人間に対する愛のための手段や記号となってはならないのであれば、逆のことも言える。つまり人間への愛は決して神への愛のための手段や記号となってはならない。私が同胞に向かい合う時、神を横目で見てはならない。助けるべき時、敬虔に語ってはならない。サマリア人はいかなる宗教的根拠も持ちださずに助ける。盗人に襲われた人の窮状は彼にとって十分であり、彼の全思考はこの瞬間この人のことをめぐっている［ルカ10・30―35］。最後の審判で祝福される者たちは、自分たちが食事を与え、水を飲ませ、宿を提供し、服を着せてやり、訪問した人々の中において、実は主ご自身に出会っていたということをまったく知らなかった。だが逆に、裁かれた者たちは、彼らはせめて主のためならば同胞に愛を提供したであろうと示唆する［マタイ25・31―46］。これは間違った神への愛であるだけでなく、間違った人間への愛でもある。

だが人間への愛と言っても、それだけではあまりにも一般的すぎる。普遍的な人間性とは言っても、それをさらに厳密に語らねばならない。シラーやベートーヴェンの偉大な喜びの歌にある「抱き合え、無数の人々よ、この接吻を全世界に」は、イエスにおいては示唆的に語られることさえない。そのような接吻は――この病人、囚人、権利を奪われた人、飢えた人に対する接吻とは異なって――何の犠牲も払わない。ヒューマニズムは、それが人類全体に向かえば向かうほど、また個々の人間とその困窮そのものを寄せつけなければ寄せつけないほど、いっそう安価に生きられるものとなる。極東の平和を語ることは、自らの家族または自らの影響範囲の中での平和を語ることよりもたやすい。人道的なヨーロッパ人にとって、ラテンアメリカやアフリカの「貧しい人々」と「連帯する」ことは、自国の中の移民と「連帯する」ことよりもたやすい。同胞が遠くにいればいるほど、言葉で愛を告白することはたやすくなる。

私をまさに必要とする者

だがイエスは、一般的、理論的あるいは詩的な愛には関心を持たない。彼にとって愛は根本的に言葉や感覚や感情ではない。愛は彼にとって根本的に強くて勇敢な行為を意味する。彼は実践的であるがゆえに具体的な愛を欲する。愛についての疑問に対する私たちの二番目の答えは、厳密には以下のようなものでなければならない。イエスによれば、愛は単に人間愛であるだけではなく本質的に隣人愛である。遠く隔たった人間一般を愛するのではなく、まったく具体的に近くにいる者、隣にいる者を愛することである。隣人愛において神への愛は実証される。まさに隣人愛は神への愛の厳密な指標である。私が自らの隣人を愛するのと同じ分だけ、私は神を愛しているのである。

では私はどれだけ多く自らの隣人を愛さねばならないのだろうか？　イエスは、旧約聖書からの引用に続けてまったく簡潔に、まったく留保なしに「あなた自身を愛するように」と答える［レビ19・18］。イエスの見解によれば、この答えは直ちに全体へと関わり、いかなる弁明や言い逃れの余地も残さず、愛に対する方向と尺度を指し示す、自明の答えである。そして、まさにこの自明な、人間の自分自身に対する態度こそ——実践において並ぶものなき——隣人愛の基準でなければならない。私は自らに対して果たすべき義務をあまりにもよく知りすぎている。だが私は他者に対して果たすべき義務をそれほど知ってはいない。私たちはごく当たり前のこととして、思考、言葉、感情、行動、苦悩のすべてにおいて、自分を守って擁護し引き立てる傾向、自我を保護し気遣う傾向を持っている。そして今や私たちに期待されているのは、私たちがまったく同じ気遣いと世話を隣人に与えるということだ。これによって限界が取り除かれる！　私たちのような本性的エゴイストにとって、このことが意味するのはラディカルな回心である。つまり他者の立場に立って、他者に対して、まさに私たちが自らに対して果たすべき義務だと思っているものを与えること、私たち自身が扱ってほしいと願うように同胞を扱うことである。なるほど確かに、イエス自身が示すように、それは虚弱さ、軟弱さ、自負心の断念、仏教的あるいは「キリスト教的」な意味での敬虔な沈潜、あるいは厳格な禁欲における自我の消去といったことではない。だがそれは、自己を他者へと向けること、すなわち仲間のために目覚めていること、開かれていること、備えていること、無制限に助ける備えをしていることである。自分自身のためではなく他者のために生きることである。そのことに基づいて、愛する人間から見れば、神への分かたれない愛と無制限の隣人愛とは切り離せない一体のものである。

それゆえに、神への愛と隣人への愛の共通点は、エゴイズムからの離脱と献身する意志である。私が自分のために生きない時だけ、私は神に対して完全に開かれることが可能になる。また、神が私自身を肯定するのと同じように肯定している同胞に対しても、無制限に開かれることが可能となる。つまり神は、愛においてもまた、同胞へと解消されることはない。私は神に対して直接責任を負い続けているが、この責任は私から同胞を取り去ることはできない。神が私に出会うのは――排他的にではないが、私自身が人間であるがゆえに、まず第一に――同胞においてであり、そこで神は私の献身を期待している。神は雲の中から私に呼びかけるのではなく、私の良心に直接呼びかけるのでもなく、何よりも同胞を通して呼びかける。それは決して沈黙することなく、毎日新たに、この世の日々の只中において私が出会う呼びかけである。

だが私の隣人とは誰のことか？　イエスは定義や詳細な限定を用いて答えず、ましてや律法を用いて答えたりしない。彼は非常にしばしば、物語や例を用いて答える。それによると、隣人とは、私の家族や友人グループや階級や党派や民族のメンバーといった、単に初めから私の近くにいる者のことではない。隣人とは、疎遠な者、最も疎遠な者、まさにやって来るどんな人でもありうる。隣人が誰であるかを予測することはできない。そのことを語るのは、強盗に襲われた人についての物語である。私をまさに必要とする人は誰でも隣人なのである［ルカ10・29―37］。寓話の初めには「誰が私の隣人か？」と問われるが、終わりには視線の方向の独特な転換が起きて「誰にとって私は隣人であるか?」と問われる。この寓話において重要なのは隣人の定義ではない。一般的な愛の規則は実現できない。寓話が示しているのはむしろ、他ならぬ私に対して、具体的な場面、つまり因習的な道徳規則の彼方にある具体的な困窮の中で、愛が緊急に期待されているということである。また困窮がなくなることはない。マタイの審判の語りの中では四回、最も重要な、当時も今日も現実的な、六つの愛の業が繰り返し語られる［マタイ25・31–46］。それは新しい律法秩序を意図するものではない。むしろサマリア人の場合のように、行動的で創造的な振る舞い、生産的な想像力と決定的な行動が、どんな場合にも、状況に応じて期待されるのである。

こうして、愛において神が本来欲することが明らかになる。戒めにおいても重要なことは、いずれにせよ、イスラム教のように、律法において啓示された神の意志に対する服従的「献身（イスラム）」だけではない。愛によって戒めは統一的な意味を得ると同時に限界づけられ、それどころか状況によっては廃棄される！　戒めを律法的に理解しても、それを愛から理解しない者は、義務同士の衝突に繰り返し陥る。だが愛は決疑論を終わらせる。つまり人間は個々の戒めや禁止へと機械的に従うのではもはやなく、現実そのものが要求し可能にするものへと従うのである。こうしてそれぞれの戒めあるいは禁止は、隣人への愛を内的な基準とする。大胆でアウグスティヌス的な「愛して、あなたが欲することを行え」がここで土台となる。隣人愛はこれほどの広がりを持っている。

敵もまた

ひょっとすると隣人愛は広すぎないだろうか?　私をまさしく必要とする人が誰でも隣人であるな

らば、私は立ち止まることができるだろうか？　イエスによれば私はまったく立ち止まってはならないのである。また愛についての疑問に対する私たちの最初の二つの答えの後で、今や第三の答えをもって、最後の先鋭化を大胆に行わなければならない。つまりイエスによれば、愛は隣人愛であるだけでなく、決定的に敵に対する愛である。人間への愛ではなく、隣人愛でもなく、敵への愛こそがイエスに特徴的なものである。

イエスにおいてのみ、敵への愛の綱領的な要求が見られる。すでに孔子も、「隣人愛」についてではないが「人間愛」について語っている。だがそれが意味するのは単に敬意、寛大、誠実、勤勉、慈しみである。すでに論じたように、ヘブライ語聖書は時おり隣人への愛について語っている。たいていの大宗教と同じようにユダヤ教も、おそらくギリシャ・ローマの異教から、いわゆる「黄金律」を取り入れて知っていた。それは否定文の表現であった。またユダヤ人のディアスポラに見られるように「自分がして欲しいことを同胞にせよ」という肯定文の表現も存在した。とはいえ偉大なラビのヒレル（紀元前二〇年頃）は、この黄金律を否定文で表現し、それをまさしく書かれた律法の総体と呼んだ。だがこの黄金律は、利己主義的で怜悧な順応とも理解された。隣人のことも単に民族や党派の同胞と理解され、隣人愛はその他の膨大な宗教的、風習的、儀式的な戒めの中の一つの戒めであると理解された。すでに孔子は否定文の形で黄金律を知っていたが、敵への愛をはっきり不正なものと見なして否定した。つまり、慈しみに対しては慈しみをもって報いねばならないが、不正に対しては慈しみではなく正義をもって報いねばならないということである。またユダヤ教においては、敵を憎むことは相対的に許されており、個人的な敵は愛の義務から除外されていた。クムランの敬虔な者たちにおいてはさらに、部外者、闇の子らに対する憎しみがはっきりと命じられている。

このことは改めて以下のことを示していないだろうか。イエスが告げ知らせる命題と、ユダヤの知恵文学やラビたちの箴言との間に見られる多くの並行箇所は、律法と救済、人間と同胞についての理解の全体的連関の中において見られなければならない。イエスの唯一無比性は、十分に比較可能な多くの個別命題においてではなく、取り違えようのない全体においてこそ見ることができる。「あなたがたの敵を愛せ」という綱領はイエス自身のものであり、まさしくいかなる限界も知らない彼の隣人愛を特徴づけている。

イエスの独特な点は、同胞と非同胞の間の確定された境界や疎外を承認しないことである。確かに彼は自らの活動をユダヤ人相手に限定した［マタイ15・24を参照］。さもなければ、原始教団において異邦伝道をめぐってあのような激しい対立は起きなかっただろう。だがイエスは、民族と宗教の所属を定める不動の境界を事実上打ち破ってしまうような開かれた態度を示している。民族と宗教の同胞は彼にとってもはや決定的ではなく、何人《なにびと》であろうと私たちに出会う隣人こそが決定的である。それが何人であっても、たとえ政治的宗教的な対立者、ライバル、反対者、敵対者、敵であっても。これがイエスの具体的な事実上の普遍主義である。他者を排除した自らの社会集団、親族、民族、人種、階級、政党、教会に対してだけ開かれているのではなく、無制限に開かれていて、どんな境界設定をも克服してしまう。既存の境界――ユダヤ人と非ユダヤ人、隣人と疎遠な人、善人と悪人、ファリサイ派、収税人の間の境界――の事実上の克服が、あの物語の目指すところである。単に一定の特別な業績、愛の業、「サマリア人の行い」を目指しているのではない。あの物語では、祭司とレビ人とユダヤ人の上層が断った後、（イエスの聴衆が期待するように）ユダヤ人の一般信徒が模範にされるのでもない。否、民が憎んでいる敵、混血で異端者のサマリア人が模範とされるのである。ユダヤ人とサマリア人は公の礼拝において互いを呪い、互いに援助を受け入れなかった。

山上の説教の最後のアンチテーゼにおいて、イエスは旧約聖書の戒め「あなたは隣人を愛さねばならない」とクムランの規則「あなたは敵を憎まねばならない」に対して、はっきりと修正を行っている。「だが私はあなたがたに言っておく。敵を愛し、あなたがたを迫害する者のために祈りなさい」［マタイ5・43―44］という言葉によって修正を行うのである。ルカによれば、これは迫害されている者や呪われている者にも当てはまる。「あなた方を憎む者に善いことを行い、あなたがたを呪う者を祝福し、あなた方を侮辱する者のために祈りなさい」［ルカ6・27―28］。

これらは何もかも、平均的な人間にとって過剰な要求であり、大げさすぎないだろうか？　なぜこれらすべてのことを言うのだろうか？　もしかして万人に共通する人間本性のゆえに？　悲惨さの中にも神的なものを見出す博愛主義に基づいて？　この世の無限の苦しみに直面して、自らの弱い心を鎮めようとする、すべての苦しむ者に対する普遍的な同情に基づいて？　一般的で道徳的な完全性の理想に基づいて？

イエスの動機は異なっている。それは神を完全に模倣することである。神は友と敵を区別せず、善人にも悪人にも太陽を照らし、雨を降らせ、愛されるに値しない者――誰がそんなことはないと言えよう？――に対しても愛を向ける父としてのみ、正しく理解されるのだから！　人間はこのような父の息子や娘であることを愛によって表し［マタイ5・45を参照］、敵から兄弟姉妹へと変わらなければならない。だから神の万人に対する愛こそが、私にとって、神が私に派遣する人間に対する愛の根拠である。それはまさに隣にいる人に対する愛である。したがって、敵に対する神の愛そのものが敵に対する人間の愛の根拠である。

それゆえに何といっても逆のことを問うこともできる。敵対者に直面して初めて真の愛の本性が明らかになるのではないか？　真の愛は共鳴をあてにせず、給付と反対給付を差引勘定せず、報酬を期待しない。それは計算や隠された我欲から自由である。つまり利己的ではなく、他者に対して完全に開かれている！

真のラディカルさ

イエスは神のテーマと人間のテーマ、神の意志と人間の幸福、神奉仕と人間奉仕を同一視する。またその帰結として、律法と祭祀、神聖な伝統や組織、聖職者階級を相対化する。これによって、エスタブリッシュメント、革命、亡命、妥協という座標軸の中で、イエスが厳密にどこに立っているのかが示される。つまり、なぜ彼が支配者にも政治的反逆者にも道徳家にも地に暮らす穏やかな人々にも分類できないのかが示される。彼は右でも左でもなく、また単に双方を媒介しているのでもない。それはすなわち彼が、あらゆるオールタナティブを根底から廃棄して、真に超えているからである。これが彼のラディカルさである。それはすなわち、冷静かつ現実的に、イデオロギー化されたラディカリズムから袂を分かつ、愛のラディカルさである。

この愛ということから、単に偉大な行為や偉大な犠牲のことだけを考えるのはまったく間違いである！　それらは例えば、仲間との断絶を避けられない時、財産の断念を要求される時、殉教を要求されかねない時であるが……愛とはまずたいていは日常のことである。つまり誰が最初に挨拶をするか、祝宴でどの席を探すか、裁くのではなく憐み深く判断すること、無条件に誠実であろうと努めるといったことである。まさに日常の中で愛はどこまで到達するのかということが、以下の三つのキーワードによって示される。これらによって、このラディカルな愛を非常に具体的に――個人的な領域および、社会集団、国民、民族、階級、党派、教会といった社会的な領域において――描くことができる。

まず第一に、**愛は赦しを意味する**。兄弟との和解は礼拝の前になされる。兄弟との和解なしに神との和解はない。それゆえに「主の祈り」では「われらに罪を犯す者をわれらが赦すごとく、われらの罪をも赦し給え」と唱える〔マタイ6・12。ルカ11・4を参照〕。これは、神が人間に対して赦しのために特別に何かを成し遂げることを期待しているという意味ではない。人間が神に信頼して向き合うこと、信じて、そこから一貫して行動するだけで十分である。なぜならば、人間はすでに自らが赦しに依存しており、それを受けているのであれば、それをさらに手渡すことによって、赦しの証人とならねばならないからである。神から大いなる赦しを受けておきながら、同胞に対して小さな赦しを拒むことはできない。それは寛大な王と憐みなき僕の寓話がはっきりと説明している通りである〔マタイ18・21―35を参照〕。

――イエスに特徴的なのは、限りなく赦しを厭わないことである。つまり七回ではなく、七七回――つまり繰り返し、無限に赦すこと！〔マタイ18・22。ルカ17・4を参照〕しかも誰に対しても例外なく！

イエスに特徴的なのは――一般的なユダヤ人の理論や実践とまたもや矛盾するが――ここでまさに裁くことを禁じている点である〔マタイ7・1並行〕。つまり他者は私によって判断できない。すべての人は神の判断の下にいるのである。

――イエスが掲げる赦しの要求を法的に解釈してはならない。イエスが言わんとすることは、七七回赦さねばならないが、七八回目には赦してはならないという律法ではない。それは、初めから繰り返し新たに赦せという、人間の愛に対する呼びかけなのである。

第二に、**愛は奉仕を意味する**。謙遜、つまり奉仕する勇気は、真の偉大さへと向かう道である。祝宴のたとえ話が言わんとするのはこのことである。自己高挙のあとには卑下、格下げの屈辱が続く。自己卑下のあとには高挙、上昇の栄誉が続く［ルカ14・11並行］。だがこのことを以下のように、現実的に理解しなければならない。

――イエスに特有なのは、序列のない非利己的な奉仕である。イエスが奉仕について語った箴言が、さまざまな形で（弟子たちの論争、聖餐、洗足において）伝承されているのは特徴的である。最も高貴な者は万人の奉仕者（食卓の奉仕者）でなければならない［マルコ10・43―44並行］。それゆえにイエスの弟子においては、単に権利や権力だけで成り立っている、国家権力者のような役職は存在しえない。また、単に知識と尊厳によって成り立っている、聖書神学者のような役職も存在しえない。

――だがイエスが掲げる奉仕への要求を、彼の支持者の中に上位も下位も存在してはならないと命ずる律法と理解してはならない。むしろそれは、上位の者が下位の者に奉仕することへの、つまり万人の相互奉仕への決定的な呼びかけとして理解すべきである。

第三に、**愛は断念を意味する**。弱い者から略奪しないように警告される［マタイ23・25並行。マルコ12・40］。神と隣人のための備えを妨げるあらゆるものを決然と断念することが求められる。手が誘惑するならばそれを切り落とせとまで言われる［マルコ9・43並行］。だがイエスは欲望や罪といった単に否定的なものの断念を期待するだけでなく、権利や権力といった積極的なものの断念をも期待する。

他者のために権利を断念すること。一緒に行くことを私に強いた者とともに二マイル行くこと［マタイ5・41］。

自らの負担によって力を断念すること。私から上着を奪った者にさらに外套を与えること［マタイ5・40］。

暴力をもって対抗することの断念。右の頬を打つ者に左の頬も差し出すこと［マタイ5・39］。

だがまさにこれらの最後の事例が、以前のすべての事例以上にはっきりと示すことがある。それはイエスの要求を律法であるかのように誤解してはならないということである。左の頬を殴られたら復讐は赦されないが、胃を殴られたら復讐は許されるなどとイエスは言いたいのではない。確かに、これらの事例は単に象徴的な意味を持つだけではない。それらは非常に特徴的な（またしばしばオリエントに典型的な誇張表現の）、いつでも起こりうる極端な事例である。だがそれらは律法的な意味を持っていない。つまり、このことだけが繰り返し命ぜられるわけではない。暴力を用いた対抗を断念することは、初めからあらゆる抵抗を断念するということではない。この話の後で、イエス自身が頬を打たれた際、法廷で他の頬を差し出したのでは決してない。彼は次のように言って抗ったのである。「私が何か間違ったことを言ったのなら、何が間違っていたのかを示してみよ。だが正しかったのなら、なぜあなたは私を打つのか？」［ヨハネ18・23］。断念を弱さと取り違えてはならない。イエスの要求において重要なことは、それ自体が意味を持つ倫理的な功績ではないし、ましてや禁欲的な功績でもない。それは、いかなる場合にも同胞のために、神の意志を徹底的に満たすことを求める強烈なアピールである。いかなる断念も、新しい積極的な実践の消極的な一面であるにすぎない。

そのような観点では、旧約聖書の十戒でさえ、ヘーゲル的な言葉の三重の意味において「止揚され」、放棄され、守られる。なぜならば十戒は、イエスが山上の説教において告げ知らせる、徹底的で「より勝った義」［マタイ5・20］によって、さらに高次元へと高められるからである。つまり、

——神以外に他の神々を持ってはならないだけではなく、心を尽くし魂を尽くし思考を尽くして、神を愛し、隣人ばかりか敵をも自分自身と同じように愛すること。

——神の名をみだりに口にしないだけでなく、神の名にかけて誓わないこと。

――安息日を休息によって聖なるものとするだけでなく、安息日に積極的に善いことを行うこと。

――地上で長く生きるために父と母を敬うだけでなく、真実に生きるために必要な場合は、別れをもって父と母に敬意を表すること。

――殺さないだけでなく、怒りの思考や言葉をやめること。

――姦淫を犯さないだけでなく、姦淫する意図を避けること。

――盗まないだけでなく、こうむった不正に対して仕返しする権利を断念すること。

――偽りの証言をしないだけでなく、限りない誠実さをもって「然り」を然りとなし、「否」を否となすこと。

――隣人の家を欲しないだけでなく、悪を耐え忍ぶこと。

――隣人の妻を欲しないだけでなく、「合法的な」離縁もやめること。

使徒パウロが――ここでも歴史上のイエスとの一致が顕著であるが――愛する者は律法を満たすと確信していた時〔ローマ13・8―10を参照〕、それは正しかったのではないか？ またアウグスティヌスによれば、それはさらに先鋭化してこう繰り返された。「あなたが欲するように愛して行え！」。それは新しい律法ではなく、律法からの新しい自由である。だが、まさにそのゆえに、以下の問いが差し迫ってくる。イエス自身は言葉やアピールにとどまっていたのか？ それは快適で拘束されない、結果をともなわない、実践についての純粋な理論だったのか？ イエスは最終的に何をしたのか？ 彼自身の実践はどんなものだったのか？

3 連帯

すでにイエスの言葉は卓越した意味での行為だった。まさに彼の言葉こそ全面的な介入を要求するものだった。そして彼の言葉によって決定的なことが起きた。つまり状況が根本的に変えられたのである。これ以降、人間も組織も、聖職者階級も規範も、二度と以前と同じものにならなかった。イエスは解放をもたらす言葉によって、神のテーマと人間のテーマを同時に言語化した。それによって彼は、人間にとってのまったく新しい可能性、新しいいのちの可能性、新しい自由の可能性、人生における新しい意味の可能性を開示したのである。それはすなわち、神の意志に従って、人間の幸福のために、あらゆる律法主義から立ち去って、愛する自由の中で生きることである。体制化した聖なる秩序（法と秩序）の律法主義から立ち去り、さらに暴力的で革命的なラディカリズムの律法主義、あるいは禁欲的で遁世的なラディカリズムの律法主義、最後に決疑論的で巧みに困難を切り抜ける道徳的律法主義からも立ち去るのである。

それゆえに、イエスにとってそもそも理論は関心事ではなく、彼の言葉も純粋な「理論」ではなかった。彼の告知は完全に実践的であり、実践を基準としていた。彼の要求は、あらゆる自由の中で新しい義務を創り出し、彼自身にとって、また他の者たちにとって――これから見てゆくように――生死を決する結果をもたらした。もっともそれがすべてではない。

冷遇された者たちの側に立って

たとえどれほどイエスの言葉が卓越した意味において行為であったとしても、彼の行いを言葉の行為に、彼の実践を説教の実践に、彼の生涯を告知に、還元してはならない。理論と実践はイエスにおいてはるかに全面的な意味で一致している。つまり、彼の告知に彼の振る舞い全体が対応しているのである。また告知する言葉が彼の振る舞いを根拠づけて正当化する一方で、実践的な振る舞いが彼の告知を実践の側から明確で確固たるものにする。つまり彼は自らが語ることを生きており、それによって聴き手の理解と心をつかむのである。

このような生きた態度のほんの一部分を見るだけでも、すでに明らかである。イエスは言葉と行いにおいて、弱者、病人、大切にされない人に向き合った。それは弱さではなく強さのしるしである。彼は、社会的基準によれば弱く病んで卑しく軽蔑される者に分類された人々に対して、人間であることのチャンスを提供したのである。イエスはそのような人々の魂と肉体を助けた。そして肉体的精神的に病んだ人々に健康を、多くの弱い人々に力を、あらゆる有能でない人々に希望を贈り与えた――これらすべては到来する神の国のしるしであった。彼は人間全体のために存在した。つまり人間の精神性のためだけでなく、肉体性と現世性のために存在したのである。彼はすべての人間のために存在した。つまり強者、若者、健康な者のためだけでなく、弱い者、老いた者、病人、障がい者のために存在した。このようにして、イエスの行為は彼の言葉を明確にするが、また逆に彼の言葉が彼の行為を解釈するのである。

だが単にそれだけならば、実際にあれほど多くのスキャンダル（躓き）を引き起こすことはなかっただろう。イエスはそれ以上のことをしたのである。彼がこれほど際立った仕方で病人や「取り憑かれた者」の世話をしたことは尋常ではなかったとはいえ、人々はまだ彼を大目に見ることができた。どんな時代にも存在する奇跡への欲求は、結局そのような奇跡を行う人間を求める。もちろんそれも厄介なことだった。当時の判断では、病人は自らの不幸に責任があり、病気とは自らが犯した罪に対する罰だった。悪魔に取り憑かれた者は悪魔の言いなりになっている。皮膚病患者や初子を亡くした者は、人と接してはならない。それらの人々は皆——運命のせいであれ、罪のせいであれ、あるいは単に支配的な偏見のせいであれ、結局は同じことだ——社会的な烙印を押された者たちである。だがイエスは根本的に、そうした人々すべてに対して積極的に向かい合い、罪と病を因果関係的に結びつけること、社会的に追放することを拒否したのである。これに関してはヨハネ福音書を信頼することができる。

だがそこに付け加わったことがある——それはおそらくまだ決定的なことではなかったが、注意すべきことである——道徳や習慣に無頓着であった彼は、すでに周囲から嫌疑をかけられていたのである。

——**女性**は当時の社会では取るに足らない者とされ、世間では男性社会から避けられるべき者とされていた。同時代のユダヤ人の資料は女性に対する敵意に満ちている。ヨセフスによれば、女性はあらゆる点で男性よりも価値が劣っている。男性は自分の妻とさえほとんど語ってはならないと忠告されているが、ましてや他の女性とはなおさらである。女性はできる限り世間から退いて生活し、神殿においては女性用の前庭までしか入れなかった。祈りの義務に関しては奴隷と同等視されていた。だが福音書は、その伝記的なディテールのうち何が史実であろうと、いずれにしても女性に対するイエスの関係について語ることをまったく躊躇していない。それによれば、イエスは女性を排除する道徳を捨て去っていた。イエスは女性蔑視を示していないだけでなく、女性に対して驚くほどの偏見のなさを示している。つまり女性たちはイエスとその弟子たちにガリラヤからエルサレムまで付き添ったのである〔マルコ15・40−41並行。ルカ8・1−3。使徒1・14を参照〕。女性に対する打ち解けた友情は彼にとって疎遠なものではなかった〔ルカ10・38−42。ヨハネ11・3、5、28−29、36〕。また女性たちも彼の死と埋葬を見守った〔マルコ15・40−41並行。同15・47並行〕。当時の社会において法的にも人間的にも弱かった女性の地位は、唯一離縁状を出すことができる男性による離縁をイエスが禁止したことによって、著しく高められたのである〔ルカ16・18〕。

——**子ども**はいかなる権利も持っていなかった。だがイエスは子どもを優遇し、弟子たちに向かって子どもを擁護し、かわいがり、祝福した〔マルコ10・15〕。彼はまったく非ユダヤ的に、子どもを大人に対する模範として示す。なぜならば、子どもは打算も下心もなく、喜んで贈りものを受け取るからである〔マタイ11・25並行。同21・16〕。

——**宗教的に無知な民**。それは律法を気遣うことができない、あるいはそうすることを欲しない、多くの小さな人々である。イエスによって称賛されるのは「単純な人々」、無教養な人々、遅れている人々、未熟な人々、さらに賢くない人々、知恵のない人々〔マタイ11・25並行、同21・16を参照〕、「小さな人々」あるいは「とるに足らない人々」〔マルコ9・42並行、マタイ18・10、14、同10・42を参照〕、それも「最も小さな人びと」あるいは「最もとるに足らない人々」〔マタイ25・40、45、同11・11並行、ルカ9・48を参照〕である。

それは、孔子をして卑俗な人々から離れさせる「高貴な人々」のための貴族道徳ではない。仏陀的な意味での修道会が求める「思慮分別ある人々」、エリート修道士のための道徳でもない。ましてや、あらゆる差別に加えて社会の最下賤民を黙認している、ヒンドゥー教的な意味での上層「カースト」

のための道徳でもない。だがここで今日重要な問いがある。つまり――。

貧しい人々とは誰か?

貧しく小さな人々。イエスは挑発的な仕方で、自らのメッセージを貧しい人々のための喜ばしいメッセージとして告げ知らせた。貧しい人々は、彼の最初の呼びかけ、慰め、救いの呼びかけ、最初の祝福を受け取った。この貧しい人々とは誰のことだろうか?

この問いには簡単に答えることができない。なぜならば、すでに共観福音書の中で、最初の祝福はさまざまな仕方で理解されているからである。マタイ〔マタイ5・3〕は明らかに宗教的に理解している。つまり「心の」貧しい者、精神的に貧しい人々は、第三の祝福が与えられる謙遜な人々と同一である。それは、神の前に乞食として己の精神的な貧しさを意識している人々である。だがルカ〔ルカ6・20〕は――マタイによる追加表現なしに――その表現を社会学的な意味で理解する。つまり現実に貧しい人々として理解するのである。イエス自身もたぶんそのように――マタイの表現によって拡張された第一、第二、第四の祝福〔マタイ5・3、4、6〕は、それよりも短くてたぶん古いルカの表現〔ルカ6・20―23〕に遡る――理解したかもしれない。つまり実際に貧しい者、泣いている者、飢えている者、損をしている者、周辺にいる者、この地上で差別され、追放され、抑圧されている者のことである。

イエス自身が貧しかった。歴史家がベツレヘムの家畜小屋について何を言おうと、それは象徴として彼にまさに当てはまる。またマルクス主義の哲学者エルンスト・ブロッホの文章の中で、少なくとも次の言葉は正しい。「家畜小屋、大工の息子、小さな人々の中の夢想家、最後の処刑。こうしたことは歴史的な素材に由来するものであり、説話が愛でる輝かしい素材に由来するものではない」。もちろんイエスは広範な最下層を出自とするプロレタリアではなかった。手工業者は当時すでに、そのような社会層よりも良い小市民的な存在だった。だがイエスはその公的活動において、まったく無欲で自由な放浪生活を送ったことは疑いない。また彼の説教はあらゆる人々に語りかけ、他ならぬ最下層の人々に語りかけるものだった。彼の支持者たちは、ご存知のように「小さい人々」［例えばマルコ9・42、マタイ10・42］あるいは「単純な人々」［マタイ11・25並行］に属していた。それは無教養な人々、無知な人々、遅れた人々である。これらの人々には宗教的知識や道徳的振る舞いが欠けており、「賢くて知恵ある人々」と対立している。だがイエスの敵対者はとりわけ狭い小市民的中間層（ファリサイ派）とわずかな（とりわけサドカイ派の）上層に属していた。彼らはイエスのメッセージによって、宗教的のみならず社会的にも良心を脅かされたのである［ルカ12・4、ヨハネ15・13－15、同21・15－17を参照］。

以下のことを論じないわけにはいかない。イエスは貧しい者、泣いている者、飢えている者、成功していない者、権力なき者、無意味な者の側に党派的に与していた。富める者が宝を蓄えれば、錆びて虫に食われ、泥棒に盗まれかねないこと、そして彼らの心が富に執着していることを、イエスはきわめて簡潔に語って、その轍を踏まぬように脅す。成功や社会的上昇は彼にとって何の意味もない。つまり自分を高める者は低められる――そして逆のことも起きる［マタイ5・47］。イエスにとっては、安全に守られて、この世の過去の財産に縛られている人々は疎遠な存在である。二人の神に仕えることはできないと決心しなければならない。大きな節約であれ小さな節約であれ、財産が神と人の間に立ちふさがるところではいつも、そして人が金に仕えてそれを偶像にするところではいつも、「富める者は災いだ」という言葉が当てはまる［マタイ6・24］。これはまさにルカ自身が貧しい者への祝福に対置した言葉である［ルカ6・24を参照］。イエスの警告はきわめて明白である。曰く、らくだが針の穴を通るほうが、金持ちが神の国に入るよりもたやすい〔マルコ10・25並行〕。これをどんなに作為的に弱めようと試みても（「針の穴」の代わりに小さな門、「らくだ」の代わりに船の太綱と言ってみても）無駄である。つまり富は救いにとってきわめて危険なものなのである。貧しさは何も悪いことではない。イエスは原則的に貧しい者たちの側についている。

だがこうしたすべてのことにもかかわらず、イエスは富める者からの徴収、「プロレタリア独裁」を宣伝しているのではない。彼は略奪者への復讐や、没収者からの没収や、抑圧者に対する抑圧を要求しているのではなく、平和と権力放棄を要求しているのである。彼はまたクムラン共同体のように財産を共同体に差し出すことを求めているのでもない。所有を放棄する者はそれを共有財産に変えるのではなく、貧しい者に与えなければならない。だが彼は支持者全員に財産の断念を要求したのではなかった。すでに見たように、そこにも律法は存在しない！　彼のさまざまな支持者たち（ペトロ、レビ、マリアとマルタ）は家を自分のものだと言っていた。イエスはザアカイが財産の半分だけ分け与えることを認める〔ルカ19・8〕。イエスは、彼について行く条件として富める青年に対して要求したもの〔マルコ10・17−22並行〕を、いつも頑なにどんな状況でも誰に対しても要求したわけではなかった。確かに彼について行こうとする者は必然的に何もかも捨て去らねばならなかったが、それにもかかわらず、何にも頼らずに生きることはできなかった。そもそもイエスと彼の弟子たちは、放浪生活において何に頼って生きていたのか。福音書はそれを何ら秘密にしてはいない。つまり彼の支持者たちの中の財産所有者たちによって、特に女性の支持者たちの支えによって生きていたのである！〔ルカ8・1−3。マルコ15・40−41並行〕時々彼は招待された。それも豊かなファリサイ人や豊かな取税人から。ルカだけが事後的に原始教団の状態を理想化し、（マルコやマタイとの比較が示すように）ルカ自らが厳しく先鋭化した、あらゆる財産を批判するイエスの言葉によって、その状態を根拠づけている。実際には原始教団もまた、いかなる全面的で一般的な財産放棄も知らなかったのである。

つまりイエスは一面においては、困窮を徳と見なして貧困を宗教的に粉飾するような経済的にナイーヴな夢想家ではなかった。何しろ困窮は祈ることだけでなく呪うことも教える。イエスは貧困を病気と同じように変容したりしないし、阿片を与えたりしない。貧困、苦難、飢えは悲惨なものであって、祝福ではない。彼は、霊を用いて不正を跳び越えたり、償いをもたらす彼岸を用いて安価な慰めを与えたりする類の、いかなる熱狂主義的な霊性も告げ知らせない。他面においてイエスは、たいがい新しいものを創造しようとして力づくで一夜のうちに悲惨な状況を廃絶しようとする、いかなる狂信的な革命家でもなかった。当時のオリエントがそうであったように、富める者たちはなお残酷であったが、イエスは彼らに対する憎悪を表していない。彼は、暴力と報復のスパイラルを打ち破る代わりにそのスパイラルを単に一層回転させて、民を無理やり喜ばせるような者ではなかった。確かにイエスは社会の現状に決して同意しなかった。ただし、彼は異なった仕方で決定的な解決を見出している。彼は貧しい者、苦しむ者、飢えている者に対して、現在の悲惨さの只中へと向かって、「あなたがたに救いあれ！」「あなたがたは祝福され幸福だ！」と呼びかけるのである。

貧しい者の幸い、不幸な者の幸い？　至福の教え［マタイ5・1–12］は、誰に対してでも明白にいつでもどこでも当てはまるような一般的規則と理解してはならない。つまり、どんな貧困や苦難や悲惨であっても、それが自動的に天国を、それどころか地上の天国を保証してくれるかのように理解してはならない！　至福の教えは確約として理解すべきものである。つまり、それを単に中立的に聞くだけでなく、信頼に満ちてわがものとする人にとって実現するような約束である。そのような人にとっては、神の未来がすでに人生に突入し、すでに今、慰め、遺産、満足をもたらす。その人がどこに行こうとも、そこには神があらかじめ存在する。この先在する神に対する信頼の中で、すでに今、状況が変わる。つまりすでに今、彼は違った生き方をすることができて、新しい実践の能力を持ち、無制限に助けることを厭わない。名望へのこだわりもなく、より多く持っている人への嫉妬もない。愛とはただ単に消極的に手をこまねいていることではない。まさに信仰者は己の神を前もって知っているからこそ、能動的に参与することができる。そしてそれと同時に、あらゆる能動的参与の中において、驚くほど卓越した気軽さを保っていられる。その気軽さは――空の鳥や野の百合に似て――気遣ってくれる神への信頼と悦ばしい未来への展望の中にあって、食べ物や着る物について、また明日のことについて、まったく思い煩わない［マタイ6・25―34］。

もちろんそれは、イエスの土地と時代においては、何か違うことを意味する。そこでは農耕文化と風土のゆえに、服装の必要は少なく、住まいの問題は緊急ではなく、食べ物は緊急時には畑で手に入れることができた。そこでは文字通り「手から口の中へと」食べものを入れるその日暮らしの中で「私たちの日々のパンを今日私たちに与えたまえ！」と祈ったのである［マタイ6・11並行］。アッシジのフランチェスコとその最初の兄弟たちは、それを言葉通り模倣しようとした。

だがすでにマタイがしたように、それは拡張されて、各々の人間に対する要求が重視されるようになる。たとえ世の終わりが間もなく来ると予想していなくても。重視されるのは「心の」貧しさ、すなわち満ち足りて無欲であること、信頼して思い煩わないことである！　あらゆる貪欲に抗って、要求がましくて謙遜さを欠いたあらゆる傲慢に抗って、また心配事で一杯のあらゆる憂慮に抗って。こうした憂慮は経済的貧者にも見られる。つまり心の貧しさとは財産にとらわれない内的な自由であって、さまざまな状況において、さまざまな仕方で、実現しうるものである。だがいずれにせよ、経済的な価値はもはや最上位の事柄ではありえず、新しい価値基準が迫ってくる！

イエスは特定のグループや階層だけに語りかけようとはしなかった。また「貧しい者」〔預言者と詩編によれば「謙遜な者」〕という宗教的尊称を名乗る者だけに語りかけようとしなかったことも確かである。彼が掲げるラディカルな要求はどんな社会的階層をも乗り越えて、誰に対しても、強欲な富める者に対しても、嫉妬する貧しい者に対しても、突き刺さる。彼が民衆を憐んだのは、経済的な理由からだけではない。誰にとってもパンのみで生きること、つまりそれ以外の要求がまったくないかのごとく生きねばならないことは、試練である。ヨハネ福音書の観点では――イエスがパンを増やす物語のように――まさにパンに対する間違った要求から大きな対立が生じ、その後で大勢がイエスから離れていく。群衆はパンと満腹することだけを求めており、彼を求めているのではない。イエスは裕福な社会についても「グーラッシュ共産主義」〔グーラッシュはハンガリー料理。グーラッシュ共産主義とは、一九五六年のハンガリー動乱以後、同国で現れた自由主義的な国家社会主義に対する蔑称である。物質的要求と生活水準の上昇だけは目指すが、社会変革を目指さない共産主義を揶揄する表現〕についても説かなかった。「まず食うのが先で、モラルはその後だ」（B・ブレヒト）ではなく「まず神の国、その後に他のすべてのこと」と説いたのである〔マタイ6・33を参照〕。イエスがこの地上の呪われた者たちに対しても説くことは、もっと重要な別の何かがあるということ、そのような人々は経済的欲求を満たすこと以上に、遥かに深い意味で貧しく、悲惨で、収奪され、困窮しているということである。

要するに、どんな人間も「貧しい罪人」として神と人々の前に立つことを繰り返すのである。つまり、憐みと赦しを必要とする乞食として立っているのである。小さな僕も大きな王のように冷酷になることがある［マタイ18・23―35］。イエスが洗礼者に対する答えの中で引用する預言者イザヤにおいてもすでに、「貧しい者」とは広い意味で抑えつけられた者たちである。つまり苦境に置かれた者、打ち砕かれた者、弱気になっている者、絶望している者、惨めな者である。極限の困窮（ルカ）あるいは内的な苦境（マタイ）の中にいるすべての惨めな者と失われた者、労苦し重荷を負っているすべての者、さらに罪を負っている者をイエスは呼び寄せる。彼はこれらすべての人々の擁護者である。だがそれにもかかわらず、ここで今や特有のスキャンダルが起きる。

道徳的な落伍者たち

まったく許しがたく見えたこと。それはイエスが病人、障がい者、皮膚病患者、悪霊に憑かれた者の世話をしたことではない。彼が身のまわりに女性や子どもがいるのを黙認していたことではない。彼が貧しい者たち、小さな者たちに党派的に与していたことでもない。否、彼が道徳的な落伍者たち、明らかに敬虔ならざる者たちや非道徳的な者たちと付き合っていたことである。それは道徳的政治的な問題を抱えた人々、少なからぬ、疑わしく怪しげな、失われた、希望のない人々である。そのような人々はどんな社会の周辺にも、根絶できない必然的な災いとして存在している。これこそが本当のスキャンダルであった。そんなところまで付き合わなければならなかったのだろうか？　実際、そのような実践的振る舞いは一般的宗教的な振る舞いとはきわめて異なっている。とりわけエリート的な（修道士的、貴族的またはカースト的な）東方の諸宗教の倫理、また本来の律法宗教（ユダヤ教、ゾロアスター教、イスラム教）の厳格な道徳とは著しく異なったものである。

ことによると、教団は過去を振り返って、以下のように、一般的綱領的に表現したのかもしれない。

イエスがやって来たのは失われた者たちを探して救うためであり［ルカ19・10］、義人ではなく罪人を召命するためである［マルコ2・17並行］と。だが批判的な聖書釈義家たちでも否定しないことがある。それは、たとえ個々の言葉の史実性がどうであろうと、イエスは挑発的な仕方で道徳的な落伍者、敬虔ならざる者、非道徳的な者と交流したということである。それは悪口を言われ、特別扱いされ、忌み嫌われ、「罪人」呼ばわりされる人々だった。敵対者がイエスを「大食いで酒飲み」と罵ったという報告は、教団の捏造によるものではないことは確かである。さらにイエスは続けて――もっと酷く――「取税人と罪人の友」［マタイ11・19］と罵られた！

取税人は罪人そのものだと言われていた。つまり悲しき罪人の典型である。それは非道な生業を営む者、憎まれ者、詐欺師、こそ泥、占領軍に仕えて金持ちになり、永遠の穢れにつきまとわれた協力者、民族に対する裏切り者である。もはや誰に対してどれほどの詐欺を働いたかわからないので、悔い改めることができない。まさにそのような職業的こそ泥とイエスは関わりを持ったのである！　ここでもまた、取税人の頭ザアカイが催したスキャンダラスで贅沢きわまりない祝宴の物語［ルカ19・1－10］、あるいは取税人レビをイエスの弟子グループに受け入れる物語［マルコ2・13－17並行］が、どれほど歴史的な記憶を再現しているかを見出そうと、それは重要なことではない。そのような物語を初めから受け入れてはならないし――すでにマルコが伝承している、アルファイの子レビの召命のようなことに関してはまさに――初めから排除してもならない。福音書が、イエスの支持者に属する三人もの取税人を名前とともに知っているということは、十分に際立っている。いずれにせよ史実として確実だと一般的に認められるのは、敵対者の非難が何であったのかである。つまり、この男は罪人を受け入れて一緒に食事しているということだ［ルカ15・2。マルコ2・16並行を参照］。

彼は罪人、律法を知らない者、律法を破る者との交流を拒まなかった。もっとも義人たちも彼のところに当然やって来た。彼は取税人や悪名高い罪人を訪ねた。「仮にこの男が預言者ならば、それが誰なのか、自分に触れる女がどんな女なのか知っているだろうに」。巷で知られていた罪人の女が、きわめて型破りな敬愛を示した物語がある。彼女はおそらく娼婦であり、黙って彼の足を香油で洗った〔ルカ7・36―50〕。またヨハネの伝承においては、姦淫の際に現行犯で取り押さえられた女をめぐる、心を打つ物語が登場する。イエスは彼女を律法監視人たちの干渉から救い出した〔ヨハネ7・53―8・11〕。これらの物語はすべて伝説か、あるいは記憶か、それとも類型化された物語における伝説と記憶の両方であるのか、もはや調べることができない。いずれにせよ伝承の最も確実な要素は、イエスが挑発ともとれるほどの罪人への愛情を示し、敬虔ならざる者たちや非道徳的な者たちと連帯したことである。堕落した者たちや存在を抹消された者たちは、イエスのおかげで未来を取り戻すことができた。性的に搾取され、それゆえに一層蔑まれたあの女性たち、「義人」の社会が生み出すあらゆる犠牲者たちも同様であった。そこでは、あの場面で語られた言葉が当てはまった。「彼女の多くの罪は許される。なぜなら彼女は多く愛したから！　あなたがたの中で罪のない者が、最初の石を投げよ！」〔ルカ7・47。ヨハネ8・7〕。

それゆえに否定できないのは、イエスが「悪い仲間と」（A・ホル）付き合っていたということである。福音書に繰り返し現れるのは疑わしい人物、罪を負った人々である。そのような者たちからまっとうな人々は距離を置いていた。イエスは同時代の人々が神の国の説教者に対して抱いたあらゆる期待に反して、祝宴や特定の人々に近づかない敬虔な禁欲家の役割を演じることを拒んだ。なるほどイエスにおいて明白な「下へと向かうこと」をロマンチックに考えるのは正しくないだろう。「似た者同士は魅かれ合う」ということではない！　イエスには禁じられた「甘い生活（dolce vita）」の楽しみや、半社交界やヒッピーへの志向は見当たらない。彼は境遇を正当化しなかった。彼は罪を免罪しなかった。だが福音書の報告によれば、次のことは否定できない。イエスはあらゆる社会的な偏見や制限に抗って、特定の集団に対するいかなる社会的な資格はく奪をも拒否したのである。

ギュンター・ヘルブルガーが小説の中で大阪の出稼ぎ労働者の中にイエスを見出しているのは、ことによると正しかっただろうか？　背後のいかなるおしゃべりを気にすることもなく、いかなる公の批判を気にすることもなく、イエスは社会の周辺者、追放された者、宗教的に排除された者、差別されている者、下層の者と付き合い、彼らと親しくなった。イエスは彼らを単純に受け入れた。彼はあらゆる人間に向かって愛が開かれていることを説教するだけではなく、それを実践する。なるほど彼は馴れ馴れしく近づくことはしないし、悪評高い集団と一緒に活動することもない。イエスは彼らの水準へと下っていくのではなく、彼らを自分のところに引き上げる。だが彼はこうした悪名高い悪者たちと対決するだけではなく、彼らと――まったく文字通りに――一緒に座る。「ありえないことだ」と人々は腹を立てた。

彼は自らが行ったことに気づかなかったかどうか？　彼は、共同の食事が――今日と同様に当時も――信用を落としかねないことに気づかなかったかどうか？　人は誰を招くか、誰に招かれるかをよく考える。いずれにしても誰を排除するかをよく考えるものだ！　中近東の人々にとっては、それどころか食卓の交わりが単なる礼儀や友情以上の意味を持つことは明らかなはずだ。食卓の交わりが意味するのは平和、信頼、和解、友愛である。しかもこれは――信仰の深いユダヤ人ならこう付け加えるだろう――人間の眼前においてだけでなく、神の眼前においてである。今日でもなおユダヤ人の家族においては家父が食事の初めに祝禱とともにパンを裂き、その裂かれた一切れを通して下される祝福に各自が与る。神の眼前における食卓の交わり——罪人とともに？ まさにその通りだ。あたかも律法が、誰と交流すべきか、誰が敬虔な者たちの教団に属しているかを確定する最も厳密な基準ではないかのごとく。

敬虔な者たちから消し去られた者たちとのこうした食卓の交わりは、イエスにとって単にリベラルな寛容さや人道的な信念の表現ではなかった。それは彼のミッションとメッセージの表現であった。そのメッセージとは平和であり、例外なく万人にもたらされる和解であり、さらに道徳的落伍者にもたらされる和解であった。道徳的な人々は、それによってあらゆる因習的道徳的な規範が傷つけられてしまう、それどころか道徳が破壊されてしまうと感じた。それは間違っていたか？

恵みの正義

ユダヤ教もまた、赦しをもたらす神を知っていた。だが誰を赦すのか？ それは自らを変えて、すべてを償って、悔い改めて、罪を功徳（律法の実行、誓願、捧げ物、施し）によって返済し、より良い素行を白日の下にさらした者である。要するに、赦されるのは罪人から義人となった者である。だが罪人は赦されない。罪人には裁き、罰が与えられる。これが正義である！

「まず功績、悔い改め、それから恵み」ということはもはや通用しないのだろうか？ このシステム全体が無効にされねばならないのか？ 律法への忠実さが神によって報いられ、律法の喪失が罰せられるということ——これは旧約聖書の申命記や歴代誌において完全に明確にされている——がなくてもよいのだろうか？ この取税人と罪人の友によれば、神、それも聖なる神は、まさに罪人を、聖ならざる者を赦さねばならないのだろうか？ そんな神がいるとすれば、それは罪人の神ではないか！ 義人よりも罪人を愛する神ではないか！

ここで宗教の土台が動揺させられると多くの人は思うだろう。というのも、敬虔な者や義人よりも背信者、詐欺師、姦淫を犯す者のほうに正当性が与えられてしまうからだ［ルカ18・10―14］。家で一生懸命働いている者よりも、堕落してぶらぶらと過ごしている弟のほうが優遇される［ルカ15・11―32］。地元の人々に対して、憎まれている外国人、それどころか異端者が模範として示される［ルカ10・30―37］。それで最後には全員が同じ報酬を得るのだろうか⁉［マタイ20・1―16］　失われた者に与する大いなる語りの一切合切は一体何なのか？［ルカ15］　まさか罪を負った者が義を保っている者よりも神の近くにいるとでもいうのだろうか？　悔い改める必要のない九九人の義人よりも、一人の罪人が悔い改めることで、天にはより大きな喜びがあるだなんて、言語道断ではないか！［ルカ15・4―7、8―10］　まるで正義がひっくり返されてしまったようだ。

それならば、そんなアウトローや律法喪失者に同調する彼自身も律法を破ることを予想できないだろうか？　彼が神の戒めや父祖の伝統が定めている儀式や規律を忠実に守らないことを予想できないだろうか？　心の美しい清らかさ。断食（Fasten）の代わりに祝祭（Festen）！　人間が神の戒めの基準となる！　罰する代わりに祝う！　そんな状況では、娼婦や詐欺師が敬虔な者よりも先に神の国に入ること［マタイ21・31］、あらゆる方角からやって来る不信仰者たちが神の国の子らよりも先に神の国に入ること［マタイ8・11―12］に、誰が驚くだろうか？　あらゆる聖なる基準を事実上廃棄し、あらゆる位階を転倒して、最初の者を最後の者にして、最後の者を最初の者にしてしまう［マタイ20・16］とは、何という狂った正義であろうか！　境界を知らない、何とナイーヴで危険な愛であろうか！　つまり、民族の同胞とそうでない者の境界、党派の同胞とそうでない者の境界、隣人と疎遠な者の境界、立派な職業とそうでない職業の境界、道徳と非道徳の境界、善と悪の境界である。まるで距離を置くことが必ずしも要求されないかのように。まるで裁かなくてもよいかのように。まるで赦してもよいかのように。

その通り、イエスはそこまでやってしまったのである。赦してもよい。無限に赦す。七七回赦す［マタイ18・21―22］。しかもあらゆる罪を。ただし聖霊に抗う罪、つまり神の現実そのものに抗う罪を犯して、赦しを欲しないということ以外［マタイ12・31］。そこでは誰に対しても明らかに、社会的、民族的、政治的宗教的な境界に関わりなく、チャンスが提供されている。しかも人は回心するよりも前にすでに受け入れられている。最初に恵みがあるのであって、功績はその後である！　どんな罰を受けても当然な罪人に対しても恵みが与えられる。つまり罪人は恵みの業をただ承認するだけでよいのであって、赦しはすでに贈られているのである。罪人はただ贈りものを認めて回心するだけでよい。本来の大赦（アムネスティ）――それは無償である。人はただ完全に信頼して、それによって生きるだけでよい。それゆえに正義よりも前に恵みが来るのである。より良く言えば、恵みの正義である！　ただこのようにしてのみ、新しくてより優れた義は可能である。留保抜きの赦しから。つまり唯一の前提条件は、信仰する信頼、あるいは信頼する信仰である。その唯一の帰結は、赦しを寛大に受け渡していくことである。大きな赦しによって生きてよい者は、小さな赦しを与えることを拒んではならない［マタイ18・21―35を参照］。

もちろん、自らの危機的状況を把握した者は、決断は一刻の猶予も許さないことも知っている。道徳的な退廃が生存を脅かすところ、すべてが危機に瀕しているところでは、大胆に、決然として、賢く行動しなければならない。幻想を抱くことなく最後の時を利用する、あの平然とした管理人の例に倣って［ルカ16・1―9］。

それは何らかのチャンスではなく、生きるチャンスである。自らのいのちを得ようとする者はそれを失うが、自らのいのちを失う者はそれを得るであろう〔マタイ10・39並行、16・25。ヨハネ12・25を参照〕。門は狭い〔マタイ7・13－14。ルカ13・24〕。多くの者が呼ばれるが、選ばれるのはわずかだ〔マタイ22・14〕。人間の救いはあくまで恵みがもたらす奇跡であって、それはただ神によってのみ可能である。その神においてはもちろんすべてのことが可能である〔マタイ19・26〕。

こうして大いなる祝宴が備えられている。万人のために、それも路地裏だけでなく街道にもいる乞食や障がい者のためにも備えられている〔ルカ14・15－24。マタイ22・1－10〕。あのイエスの食事に勝って、万人に提供される赦しをはっきりと支持するしるしが存在したであろうか。イエスはそこで、上品な食卓の輪から排除され続けている人々を含め、参加したいすべての人とともに過ごした。それゆえに、いつもは排除されているこれらの人々は、大きな喜びを抱いてそのしるしを感じ取ったのである。ここでは通常の断罪の代わりに、いたわりが経験される。直ちに下される有罪判決の代わりに、憐みに満ちた無罪放免が経験される。世間一般の無慈悲さではなく、驚くべき恵みが経験される。真の解放！　真の救済！　ここでは恵みがまったく実践的に具体的に示される。それゆえに、このイエスの食事は教団の記憶に残り続け、彼の死後にまったく異なった深さで理解されるようになった。すなわち、寓話において告げ知らされた、終末の救いをもたらす宴の驚くべきイメージ、いわばその宴の前祝い、先取りとして理解されるようになったのである〔マルコ2・15－17、19。マタイ8・11、22・1－14。ルカ14・16－24〕。

だが残されたのは、次のような問いである。罪人に対するそうした恵み、赦し、解放、救済をいかにして正当化することができるのか？〔神学的には「義認」と訳されるRechtfertigungは一般的には「正当化」と訳しうる〕

罪人の正当化？

イエスの寓話は明確に情報を与えている。彼の擁護はまず反撃から始まる。悔い改めを必要としない義人は一体正しいのか？　また悔い改めを必要としない敬虔な者はそれほど敬虔なのか？　彼らは自らの道徳や敬虔の上に何かを築いており、まさにそのことのゆえに罪を負っているのではないだろうか？［ルカ18・9－14］　そもそも赦しが何であるか知っているのだろうか？［ルカ7・47］　彼らはだめな兄弟たちに対して無慈悲なのではないか？［ルカ15・22－32］　彼らは服従すると言っておきながら、実際にはそうしていないのではないか？［マタイ21・28－31］　彼らは神の呼びかけを拒んでいるのではないか？［ルカ14・16－24］　罪なき者の罪ということがある。それは、彼らが自分は神に何も負っていないと思っている時である。片や罪人の無罪ということもある。それは失われた彼らが自らを神にまったく委ねている時である。これが意味することは、罪人は敬虔な者より誠実だということである。なぜならば彼らは自らの罪を隠さないからである。イエスは彼らを義とする。自らの罪を認めようとしない人々とは対照的に。

だがイエスに固有な義認（正当化）と彼の答えは異なったものである。なぜ人は断罪する代わりに赦してもよいのか、なぜ恵みが正義に先立つのか？　なぜならば神自身が断罪せず赦すからである！　神自身が自由に、恵みを正義に先行させ、恵みの正義を行使するからである！　このように、神はあらゆる寓話を通して、繰り返し新たなヴァリエーションで、度量の大きな存在として現れる。つまり、寛大に憐む王として［マタイ18・23－27］、気前よく断念する金貸しとして［ルカ7・41－43］、探し求める羊飼いとして［ルカ15・1－7］、探し求める女として［ルカ15・8－10］、走り寄る父として［ルカ15・11－32］、取税人の願いに応じる裁判官として［ルカ18・9―14］。繰り返し新たに、限界なき憐みを持つ神、すべてを乗り越える慈しみが現れる。人間はいわば神の贈与と赦しを自らの贈与と赦しをもって模倣すべきなのである。ただそうすることによってのみ、主の祈りの「私たちが私たちに罪を犯す者を赦すように、私たちの罪を赦し給え」［マタイ6・12並行］という祈願を理解することができる。

イエスはこれらすべてのことを相変わらず非神学的に、恵みについての偉大な神学を用いることなく、告げ知らせる。「恵み」という言葉は共観福音書においては――それをほとんど元の文脈の中で用いていないルカを除く――ヨハネ福音書（プロローグを除く）と同様にまったく現れない。「赦し」という語はたいてい、洗礼との関係で決まり文句として現れる。「憐み」という名詞は福音書にはまったく見当たらない。「赦す」「免除する」「贈る」といった行動を意味する言葉はそうではない。決定的な示唆を与えるのは、イエスが恵みや赦しについて語るのは何よりもそれを実行する時だということである。父は堕落した息子を何も罰することなく、彼の罪の告白を遮って首を抱き、祝祭用の服、指輪、履物を持って来て、肥えた子牛を殺し、祝いを催す。これは恵みの実行である。それとまったく同様に、家来、金貸し、取税人、失われた羊も、寛大な扱い、赦し、憐み深さ、恵みを経験する。過去を取り調べられることなく、特別な条件も課せられず、無条件に受け入れられることによって、人間は解放され、再び生きて、自分自身を――これは取税人にとってだけきわめて困難なのではない――受け入れることができる。つまり恵みとは新しい人生のチャンスなのである。

したがってイエスの寓話は、愛する父なる神という無時間的観念のただ単なるたとえ話より以上のものであった。これらの寓話においては、イエスの行為、イエスによる罪人受容において起きたことが、言葉を通じて与えられた。赦しと解放をもたらす神の罪人に対する愛が、イエスの行いと言葉において、出来事となった。悪に対する処罰ではなく、罪人の義認。ここで神の国、来たる神の義がすでに始まっているのである。

イエスは教えと実践のすべてを通して、たとえ敬虔ではあっても彼ほど寛大ではなく憐み深くなく良からぬ者を、不正な者とした。このように寛大ではなく敬虔なる者たちを大いに躓かせたのは、イエスが、このように罪人を愛して義人より優先する神を引き合いに出して、神がもたらす恵みの正義をあえて先取りしてみせたこと、さらにこの神の恵み、憐み、赦しを、一般論にとどまらず告げ知らせたことである。つまり彼が敢行したことは、罪を負った個々の人々に対して直接に赦しを与えたということである。これは批判的な聖書釈義家たちも史実と認めていることである。

最初の福音書によれば、イエスが敵対者との間に引き起こした最初の典型的な衝突は、そのような罪の赦しを与えたために起きたものである。「わが子よ、あなたの罪は赦された！」［マルコ2・1—12並行］。神が罪を赦すということは、敬虔なユダヤ人でも信じることだ。だがこの人物は大それたことに、まったく特定の人間に対して、まったく特定の今ここにおいて、罪の赦しを語っている。彼はまったく個人的に罪の赦しを提供し保証している。いかなる権利をもってして？　いかなる全能をもってして？　直ちに反応が起きる。「この男はなぜこう語るのか？　彼は神を冒瀆している。神ただおひとりの他に誰が罪を赦すことができようか？」［マルコ2・7］。

今イエスにとって疑いもなく前提となっているのは、神が赦しをもたらす存在だということである。まさにこのことが、伝承されている「赦された」という言葉に見られる受動態への書き換えの意図である。だが同時代人にとって明白なことは、これまでに誰も、モーセや預言者ですら行わなかったことがあえて行われているということだ。彼は大胆にも大祭司のように振る舞っているだけではない。大祭司は贖罪日に、神殿で神から定められたきわめて綿密な贖いの秩序に基づいて、神の赦しを民全体に語りかける。イエスはそれどころかあえて、何らかの道徳的落伍者たちに対してまで、そのまったく具体的な状況の中で赦しを「地上で」、いわば路上で、まったく個人的に与え、それによって恵みを説教するだけでなく、今ここで自らが権威をもって恵みをもたらすのである。

つまり、今や、独断的なリンチに反対して、独断的な恵みによる裁きが行われているということだろうか。だがここでは一人の人間が神の審判を先取りしている。ここでは一人の人間がイスラエルの全伝統に抗って、神のみに権限があることを行っている。すなわち神に最も固有な権利に介入して、それを侵害しているのである！ それは、たとえ神の名を呪わないとしても、事実上の神に対する冒瀆、しかも傲慢な神冒瀆である！ この若い男は何をわがものにしているのか？ ただでさえ前代未聞の彼の要求が頂点に達する時、それは、憤慨や激しい抵抗を呼び覚まさずにはおかない。それは罪を赦すことができるという主張である。彼が過ちを暴いて不正に定めたすべての者たちとの衝突——生と死を賭けた衝突——は不可避となった。すでに早くから——罪の赦し、取税人との宴、断食の無視、安息日の休息を破ったことの報告の直後に——マルコ福音書は彼の敵対者たち、つまり律法と法と道徳の代表者たちが、どうやって彼を抹殺することができるかを相談したことを記している「マルコ３・６」。

第5章　衝突

スキャンダル（躓き）――一つの小さな石ころで人は転ぶこともありうる。イエスの人格は躓きの石となった――あらゆる言動によって、繰り返しスキャンダルとなった。彼は異様なまでに徹底して、神のテーマと人間のテーマとを同一視した。それは彼を理論的実践的にどれほど恐ろしい結果へと導くことになっただろうか！　彼はあらゆる方面に対して争ったために、今やあらゆる方面からの議論を引き起こすことになった。期待される役割を彼は何一つ演じなかった。法と秩序を遵守する人々にとって、彼は組織を危険にさらす挑発者だった。活動的な革命家たちは、彼の非暴力的な平和への愛によって失望させられた。これとは逆に、消極的に世界から逃避する禁欲家たちは、彼のこだわりのない世俗的態度によって失望させられた。最後に、現世に順応する敬虔な者たちにとって、彼は妥協がなさすぎた。この地の穏やかな人々にとってはあまりにも騒がしく、騒がしい人々にとってはあまりにも声が小さく、強者にとってはあまりにも柔和で、柔和な者にとってはあまりにも強かった。彼は明白なアウトサイダーとして、いのちを脅かす社会的な衝突の中にいた。それは支配階級に対する反対、そして彼に反対する人々に対する反対であった。

1 決断

途方もない要求を掲げながら、ほとんど何の後ろ盾もない。つまり低い身分の出身であり、家族から支持されず、特別な教養もない。金も官職も尊厳もない。家柄の権威は何一つなく、どんな党派によっても守られず、どんな伝統からも正当と認められない――そんな無力な人間がこれほどの全能を要求するだろうか？　彼の立場は初めから絶望的だったのではないか？　しかしである。教えと振る舞い全体によって致命的な攻撃をわが身にもたらした彼はまた、自然に信頼と愛を見出したのである！　要するに、彼は精神の分岐点となったのである。

官職も尊厳もなく

このようなメッセージ、このような振る舞い、このような要求、そして究極的にはこのような人物に対して、どのように対応すべきであろうか？　この問いを回避することはできなかった。それはすでにイースター〔復活信仰の成立〕以前に存在した問いだが、イースター後の福音書をも貫いており、今日に至るまで沈静化していない。それは「あなたたちは彼のことをどう思うか？　彼は何者なのか？　預言者の一人か？　それともそれ以上の存在か？」という問いかけである。

彼は自らのメッセージをもって一体いかなる「役割」を演じているのか？　彼は自らの「テーマ」に対してどのように振る舞っているのか？　彼はいずれにしても一時的に人間を装った天的な存在ではなく、まったく人間的であり、傷つきやすく、歴史的に理解可能な人間存在である。また弟子たちのグループの頭として「ラビ」「先生」と話しかけられることは当然である。そういう彼は何者であるのか？　近づく神の国の説教者であったイエスは、人によってはむしろ「預言者」として、それどころか終末時に現れる待望の預言者にも思われた。彼をめぐって同時代の人々の意見は明らかに一致していなかった［マルコ8・27並行］。モーセや預言者たち、ツァラトゥストラやムハンマドが体験したような、イエスの真の預言者的召命体験については何一つ、また仏陀のような悟りについても何一つ、福音書で報告されていないということは目を引く。

少なからぬキリスト者にとって「イエスは神の子である」という表現はキリスト教信仰の中心となっている。また少なからぬ大小の異端審問官が同時代人に向かって好んで投げかけた誘導尋問は「彼は本当に神の子か？」という問いである。だがここでは資料に基づいてもっと厳密に見なければならない。イエス自身はいずれにせよ神の国を告知の中心に置いたのであって、彼自身の役割、人格、尊厳を中心に置いたのではなかった。イースター後の教団がナザレのイエスの完全な人間性を情熱的に主張し続けながら、この人物に「キリスト」「メシア」「ダヴィデの子」「神の子」といった称号を与えたということに異論の余地はない。また彼らが自らのユダヤ的環境から、後にはヘレニズム的環境から、最も重要で充実した称号を探し出して、それをイエスに当てはめることによって、イエスが信仰にとっていかなる意義を持つかを表現しようとしたことも理解できる。それについては後で説明することにしよう。だが私たちの資料の性質に基づけば、イエス自身がこれらの称号をすでに名乗ったということを単純に前提としてはならないのである。それはおそらく疑わしいことであり、先入見を交えることなく調べなければならない。

まさにここにこそ――キリストとしてのイエスに――キリスト教信仰の中心があるならば、二重に慎重にならなければいけない。それは、希望的観測が批判的で責任ある思考を打ち負かしてしまわないためである。まさにここで考慮すべきことは、福音書が純粋な史実のドキュメントではなく、実践的に信仰を告知する書物だということである。福音書はキリストとしてのイエスに対する信仰を要求し確立しようとする。まさにここでは、すでに起きた歴史と歴史解釈、史実の報告と神学的な省察、イースター以前の言葉とイースター以後の認識の間に境界線を引くことが格別に困難である。

キリスト者の若い教団、その教団の礼拝と告知、戒律と伝道、さらに三〇年、四〇年、七〇年も後の福音書編集者たちが、復活して高挙された者の言葉に対してのみならず、すでに地上のイエスの言葉、特にキリスト論的な自己表現に対しても影響を及ぼした可能性がある。だがこのことは今日の解釈者にとって次のことを意味する。福音書伝承のできる限り多くのイエスの言葉を真正と見なす者が、最も正統的な信仰を有する神学者なのではない。にもかかわらず、次のことをも意味する。福音書の伝承のできる限り少ないイエスの言葉を真正と見なす者が、最も批判的な神学者なのではない。この中心的問題において、無批判的な信仰は、信仰なき批判とまったく同様に、テーマを素通りして語ってしまう。真の批判は信仰を破壊しない。また真の信仰は批判を妨げない。

理性的に予想するならば、信仰告白と教団神学はとりわけいくつかのメシア物語に現れているはずではないだろうか。

例えばすでに言及した二つの系図は、イエスをダヴィデの子および約束の子として告げ知らせようとする。だがそれらの系統樹は最古の福音書には欠けており、マタイとルカの系図はダヴィデで重なる以外はほとんど一致していない。

あるいは伝説的に練り上げられたイエスの幼児物語は、彼の出自の秘義を記述しているが、同じくマタイとルカにしか見られず、ほとんど史実とは証明できない。

あるいは洗礼と誘惑の物語は、同じく特別に文学的な性格を持っており、教えの物語としてイエスの派遣を際立たせることを意図している。

あるいは変容の物語は、すでにマルコにおいてさまざまな伝統層を含んでおり、さまざまな顕現のモチーフとともに、イエスの終末におけるメシア的な役割と尊厳を明らかにしようとしているだろうか。

もちろんこれらすべての物語が単に伝説あるいは神話にすぎないと主張してはならない。それらは何重にも——例えばイエスの洗礼を考えてみよう——史実の出来事に関連している。だが史実をほとんど確認できないことがしばしばあり、いずれにせよ史実と結びついたメシア的表現を単純に前提してはならないだろう。こうしたメシア物語は意味を持っているが、文という文を史実の報告として理解しようとすれば、その意味をつかみ損ねて、何重にも矛盾に陥ってしまう。

原始キリスト教の信仰と神学が特に諸々のメシア的な称号をもたらしたということを真剣な聖書解釈者であれば誰でも強調する。さらに厳密な研究によれば、イエス自身がいかなるメシア的な尊称——メシア、ダヴィデの子、子、神の子——も名乗らなかったことが示される。むしろ人々はイースターのあとになってから振り返り、イエス伝承全体をメシア的な光の下で見て、そこからメシア告白をイエス物語の叙述の中に書き込んだのである。それが不正でないことはのちほど明らかにしよう。福音書の編集者たちも回顧して、復活信仰の立場から語っている。その信仰にとって、メシア性は——今やまったく異なって理解されており——問題視されていない。だがそれは以前には問題、それも本当の問題であった。

否定的な判断だろうか？　その通り、もしかするとその通りなのは、イエス自身による称号に関してである。違う、いずれにせよ違うのは、イエスの要求に関してである。なぜならば、彼の要求は彼の称号と共倒れしないことは明らかであるからだ。逆に、彼が何なのか、誰であるのかという大きな問いは、この判断によって片づけられるどころか、一層厳しく問われる。彼は特別な出自、家族、教養、家の権威、党派を何一つ引き合いに出さず、もしかすると特別な称号や尊厳にも何ら価値を認めない。それなのに、すでに明らかにしたように、とてつもない要求を掲げるこの男は、一体何であり、誰であるのか？

忘れてはならない。ここで問われている諸々の称号は――それぞれが各々の仕方で――さまざまな伝統および、彼の同時代人からの多少なりとも政治的な期待を背負わされていた。このイエスという人物は結局のところ、人々が一般的に期待するような「メシア」「ダヴィデの子」「人の子」ではなかった。彼はどうやらそれをまったく欲してさえいなかった。よく知られた概念、通常の観念、伝統的な職務、ありふれた称号は、彼の要求を表現し、彼の人格、彼が神から遣わされていることを明確に規定し、彼の本質の秘義を開示するには相応しくなかったことは明らかである。まさにメシア的な尊称が、祭司や神学者、革命家や禁欲家、敬虔あるいは敬虔でない小さな人々による人間的・あまりに人間的な役割期待よりも一層はっきりとさせるのは、このイエスという人物は違うということだ！

だからこそ、誰も彼に対して無関心ではいられなかった。彼は有名人となり、周囲の人々と衝突を引き起こした。その衝突によって、人々とりわけ聖職者階級は最後の決断を否応なく迫られた。彼は最後の決断を引き起こした。だがそれは、特定の称号、特定の権威、特定の職務や教義、儀式や律法に対する「イエス」か「ノー」を決断するということではない。彼のメッセージと彼の集団が投げかけた問いは、人生を究極的には何に合わせ、何に従わせようとするかであった。イエスは神と人間のテーマへの最終決断を要求した。イエス自身がこの「テーマ」に完全に没頭していたが、自分自身のために何かを要求することはせず、また彼自身の「役割」あるいは権威を自らのメッセージの主題とすることもなかった。彼の人格についての大きな問いはただ間接的にのみ立てられ、あらゆる称号の回避は謎を深めるばかりであった。

訴え

数年前、エルサレムでヘロデが建設し、イエスもそこを歩いた、神殿の昇り口へと向かう通りが発掘された。イエスを訴えた裁判の証拠は発見されていない。繰り返し不審がられたのは、福音書の裁判報告もなぜナザレのイエスが死刑判決を受けたのかという理由をほとんど説明していないことである。というのも、この男の人生において史実として確かなことが何かあるとすれば、それは彼の非業の死だからである。けれども、たとえ大祭司が投げかけたイエスのメシア性に関する問いをイースター後の解釈と見なさなくても、受難物語だけを読むならば、イエスに対する死刑判決は相変わらず理解できないものである。メシアの候補者は何人も存在した。だがメシアであることを要求したために死刑判決を受けた者はいなかった。それはひょっとすると単なる悲劇的な誤審にすぎず、善意あるキリスト者やユダヤ人が今日要求しているように、上告して取り消すべきものだったのだろうか？　それとも、それは頑なな民族が意図的にしでかした悪事であり、その道徳的な罪のゆえに、二〇世紀に及ぶキリスト教史の中で無数のユダヤ人のいのちが犠牲にされたのだろうか？　それともそれは、結局最終責任を有するローマ帝国の権威が行った——ユダヤ人たちを免責した場合と同様の——例のよく知られた気まぐれの一つにすぎなかったのか？　それとも、罪なき民を扇動して——すでに福音書記者がローマの代理人の免責をほのめかしているように――イエスの無実を確信しているローマ人を優柔不断な道具として利用した、ユダヤ人指導者の計画的行動だったのか？　ピラトが投げかけた「彼は何か悪いことをしたのか？」という問いに対して、マルコによればただ「彼を十字架につけろ！」という「やかましい」叫びだけが応答した〔マルコ15・13―14〕。

けれども逆から見て、次のように問うこともできる。イエスが有罪判決を受けるのに十分な根拠を提供するためには、一体どんな悪いことをしなければならなかったのだろうか？　受難物語の中で有罪判決の根拠づけがこれほど短いわけは、福音書の全体が幅広く十全な有罪判決の根拠づけを提供しているからではないだろうか？　それに拠るならば、告発をすることは難しくないように見える。

あるいは今一度、以下のことを繰り返さねばならないだろうか？　この人物は、この民族とこの社会とその代表者たちにとっての神聖なるものをほとんどすべて汚してしまった。つまり彼は聖職者階級を気にかけることなく、言葉と行いにおいて、祭祀のタブー、断食の習慣、とりわけ安息日の戒めを無視した。彼は特定の律法解釈（「昔の人々の言い伝え」）に立ち向かっただけでなく、律法そのものに対しても（離縁の禁止、復讐の禁止、愛敵の戒めによって明らかに）立ち向かった。彼は律法に対して異なる解釈を行っただけでなく、また特定の点に関して律法を厳格化しただけでもなく、異常なほど独立して自由に律法に立ち向かった。人々のために正しいと思われる時と場所で、彼はそのような行動をとった。彼は異なった、律法の義に「優る義」を宣言した。あたかもそのようなものが存在し、神の律法が最終的審級ではないかのように。以上のことを今一度繰り返さねばならないだろうか？

それゆえに彼は、たとえ計画を告知しなかったにせよ、事実上ユダヤ人の律法の既成秩序を疑問視し、それとともに社会システムの全体を疑問視したのではないだろうか？　なるほど彼は、既存の規範や組織、通用している戒め、教義、秩序、慣行を廃止しようと欲したわけではない。けれども彼は、安息日が人間のためにあるのであって人間が安息日のためにあるのではないとまで主張したことによって、それらの絶対的妥当性を疑問視し、事実上完全に掘り崩してしまったのではないだろうか？「この男はもしかして律法を与えたモーセ以上の者なのだろうか？」〔マタイ5・21－48とマルコ10・5並行を参照〕という疑問が起きるのは当然であった。

だがそれだけではない。彼は、またもや計画的にではなかったが、事実上、祭祀、礼拝の全体を疑問視したのではないだろうか？　彼はあらゆる儀式、習慣、祝祭、儀礼を廃止しようと欲したわけでは決してなかった。とはいえ、彼は人間奉仕を神奉仕（Gottesdienst）〔通常「礼拝」と訳される〕よりも優先させた以上、それらを実践的に無効化してしまったのではないだろうか？　神殿経営に対するイエスの抗議行動はおそらく、彼に対する反対行動を引き起こす決定的な挑発となった。疑問は深まっていった。「この男はもしかして神殿を建設したソロモン以上の者なのだろうか？」〔マタイ12・42、12・6を参照〕。

そして最後に。彼は神のテーマと人間のテーマを同一化し、神の意志と人間の幸せを同一化したことによって、人間を神の戒めの基準にしたのではないだろうか？　それゆえに彼は、家族とそうでない者、民族同胞とそうでない者、党員とそうでない者、友と敵、隣人と疎遠な者、善と悪、こういった事柄の間に存在する自然な境界線を事実として認めないような、人間愛、隣人愛、敵への愛を一層促進するのではないだろうか？　彼は家族、民族、党、さらに律法や道徳の意義を相対化するのではないだろうか？　そのために彼は支配者と反逆者、この地の穏やかな者と騒がしい者〔詩編三五・二〇の「この地の穏やかな者（die Stillen im Lande）」をふまえた表現〕の怒りを自分に向けざるをえないのではないか？終わりなき赦し、位階秩序なき奉仕、償いなき断念を説くならば、承認されているありとあらゆる区別、有益な因習や社会的制約が捨てられてしまうのではないだろうか？　その結果は以下のようになるのではないだろうか？　人はあらゆる理性に抗って、弱い者、病める者、貧しい者、特権なき者の側に立たねばならない。つまり強者、健康な者、富める者、特権階級に抗わねばならない。善き道徳に逆らって、女性や子どもや小さな人々をちやほやする。それどころか、道徳のあらゆる律法に逆らって、本当は敬虔でない者、非道徳的な者、律法を知らない者、律法に違反する者、根本的において神なき者とともに信用を落とし、そのような者たちを敬虔な者、道徳的な者、律法に忠実な者、神を信ずる人間よりも優遇する。このような結果をともなうのではないだろうか？　公然たる男女罪人の友となったこの人物は、このように思い上がって、悪を罰する代わりに恩赦を説いて回り、それどころか今ここで、とてつもない不遜さで、個々人に対して直接に過ちの赦しを語っているのではないだろうか？　しかも神の国がすでにここにあり、まるで彼自身が裁判官、人間にとっての最終的な裁判官であるかのように。最後にこう問わねばならない。「この男はもしかして悔い改めを説教したヨナ以上の者［マタイ12・41並行］、預言者以上の者であろうか？」。

こうしてイエスは聖職者階級の神学全体、イデオロギー全体を掘り崩してしまったのである。また何というコントラストが生じたかをもう一度思い出そう。つまり「そこから良いことは何も来ない」［ヨハネ1・46］と言われるナザレからやって来た平凡な一人の男は、出身は卑しく、家柄もなく、若い男たちと何人かの女性からなるグループを引き連れて、教養も金も官職も尊厳もなく、いかなる権威づけもなく、いかなる伝統からも正当と認められず、いかなる党派によっても守られていない――それなのに、何という途方もない要求を掲げていることだろうか。彼は事実上、自分を律法と神殿よりも上に置き、さらにモーセ、王、預言者よりも上に置き、「私」といううさん臭い言葉をとりわけたくさん――

それはヨハネ福音書だけでなく、すでに共観福音書伝承においても、文献批評的に抹消することはできない――口にする新参者である。彼にまったくふさわしいのは――あら探しをすればイエスではなく教団に遡るとしても――あの「しかし私はあなたがたに言っておく」という山上の説教の言葉であり、また多くの文頭に用いられている奇妙な「アーメン」という言葉である。これらの言葉は、ラビや預言者の権威を超えるほどの権威を要求している。この要求――福音書においては、彼の言葉および行為に関する問い――を彼が根拠づけている箇所はどこにもない。それどころか彼は、全能をめぐる議論において根拠づけを拒否している。彼は全能をただ要求するだけである。彼は全能を持ち、それを主張し、それによって語って行為するが、より高次の審級を主張しない。彼はまったくどこにも由来しない、きわめて個人的な権威を主張する。つまり祭司や神学者のように単にテーマに通じている者、テーマの専門家なのではない。彼は何にも由来せず、何にも根拠づけられず、独断で、言葉と行為によって神の意志（人間の幸せ）を告げ知らせ、神のテーマ（人間のテーマ）と同一化し、完全にこのテーマに没頭し、称号や尊厳を何一つ要求せず、きわめて個人的でありつつ公共的な、神と人間の「テーマを―司る者（Sach-walter）」となるのである！〔Sachwalter は「代理人」「代弁者」「弁護者」等を意味する〕

神と人間の「テーマを―司る者」

「私に躓かない者は幸いである！」〔マタイ11・6並行〕。そうは言っても、むしろ躓く可能性があるし、躓かざるをえないのではないだろうか？　なぜならば、

――モーセに対立する律法の教師は、偽教師ではないだろうか？

――モーセのあとに従わない預言者は、嘘つきの預言者ではないだろうか？

──モーセと預言者を超越し、さらに罪に関して究極の審判者の地位をわが物にし、神に属するもの、ただ神だけに属するものに触れる人物は──はっきり言わねばならないが──神を冒瀆する者ではないだろうか？

──彼は頑なな民によって犠牲にされた無実の者などではまったくなくて、むしろ狂信者、異端者、それゆえに危険きわまりない者、聖職者階級の地位をきわめて現実的に脅かす秩序破壊者、アジテーター、民を誘惑する者ではないだろうか？

こうした背景からようやくはっきりしてくるのは、イエスが特殊な称号を名乗ったか否かはまったく副次的な問題だということである。それらの称号が少なくとも後になってから彼に付け加えられたことは、彼の活動全体にすでに備わっていたことである。たとえそのことが、彼の死と挫折のあとには決して自明ではなかったとしても。彼の行為と無為の全体は、ラビや預言者の要求を越えて、まったくメシアの要求に匹敵するような要求を掲げた。正当か不当か──彼は言葉と行いをもって事実上、この世で生きる人間にとっての神の代理人を演じる。それによって同時に明らかになるのは、イエスの物語を単純に非メシア的な物語と名づけ、それが後になってからメシア的な物語に変えられたと見なすことがどれほど間違っているかということだ。イエスの要求と影響は以下のようなものだった。彼の告知と活動全体によって、メシア待望が呼び覚まされ、それは信仰も生み出した。このことはエマオの弟子たちの「だが私たちは彼がイスラエルを救済する人だと望みをかけたのです」〔ルカ24・21〕という言葉の伝承においてはっきりと表現されている。ただこのようにして、イエスのあとに従うことへの絶対的な呼びかけ、弟子たちの召命と一二人の選出、民の運動の全体を理解することができる。彼の敵対者の激しい反応と頑なさも、ただそのようにして理解することができる。

神と人間のテーマを公に司る者として、イエスの人格は大いなる時のしるしとなった。彼はその全存在において、人々を決断の前に立たせた。つまり彼のメッセージ、彼の行い、さらに彼の人格を受け入れる決断をするか、それとも反対するかということである。腹を立てるか、それとも変わるか。信ずるか、それとも信じないか。そのままでいるか、それとも回心するか。人はイエスと言うかノーと言うかによって、近づく神の国と最終判決のためにしるしをつけられた。これを強調しているのが、「人の子」がもたらす世界審判をめぐる、黙示録的に彩られた語りと比喩である。神の未来は、あらかじめ人の子の人格において、人間に光と影を投げかける。

彼が神と人間のテーマを司る者として正しかったのであれば、実際に古い時代が終わって、新しい時代が始まったであろう。そうすれば新しくてより良い世界が到来したであろう。だが彼が正しいなどと一体誰が言うだろうか。彼は権力を持たず、貧しくて取るに足らない人間でありながら、かくのごとき要求、全能、重大性をまとって登場し、モーセや預言者の権威を事実上無効化し、己のために神の権威を要求する。「こんなものは邪説、嘘の預言どころか、神への冒瀆であり、民衆の扇動だ」という非難は当たっているのではないか?

確かに彼は行動し語るたびに神を引き合いに出す。だが繰り返すが、仮に彼が正しいとするならば、神はどのようなお方なのか? イエスの告知と行動の全体が、神について次のような問いを立てることはついに避けられない。神はどのようなお方であり、どのようなお方ではないのか? 神は何を行って、何を行わないのか? 争いの全体は、最終的には神自身をめぐるものとなる。

2　神をめぐる争い

イスラエルの歴史においてよく知られている唯一の神は、人間の諸経験の中において語る。人間はその神に対して、答えと問い、祈りと呪いをもって語りかける。つまり、この神が近くに存在して生きている神であり、人間的な顔を持っているということについて、争う必要はなかった（今日キリスト教徒とユダヤ教徒の間でもその点を争う必要はない）。それどころか、イエスはただ単に、イスラエルの神理解を特別な純粋さと首尾一貫さをもって理解したのだと言ってよい。ただ単に？

神理解における革命

実際イエスのオリジナリティを誇張してはならない。これは今日ユダヤ人との対話にとって重要なことである。人はしばしば、あたかもイエスが最初に神を父と呼び、人間を神の子らと呼んだかのように見なしてきたし、今でもそうしている。あたかも神がさまざまな宗教において父と呼ばれたことがなかったかのように。ギリシャ人までそう見なされてしまう。けれども系譜をたどれば、すでにホメロスの叙事詩において、ゼウスすなわちクロノスの子が神々の家族の父として登場する。その後、洗練された宇宙論を持つストア哲学は、神的存在を理性が司る宇宙の父と見なす。その神的存在は、それと関係してそれによって世話される、理性に恵まれた人間にとって、父である。

けれども宗教史的な調査結果に直面するとまさに、父という名を神に適用することの問題性も見えてくることは確かだ。このことが女性解放の時代に新たに注視されるのは正当なことである。性的区別を神に転用することは果たしてそれほど自明のことだろうか？　神はひとりの男、男性形で、男らしいのだろうか？　まさにここで神が人間の似姿として、それどころか厳密には男の似姿として作られてしまっているのではないか？　宗教史において一般的に、神々は性別を備えて登場する。もっとも、おそらくすでに初めから両性具有的あるいは中性的な存在があり、後になっても繰り返し二重の性的特徴が見受けられる。だが考えなければならないことは、母権的文化においては「グレートマザー」の胎からあらゆる事物や生き物が生まれ、そこに帰っていくのであって、それは父なる神に代わる存在だということである。母権制が父権制よりも古いとすれば――この問いは歴史家の間で依然として議論され続けている――、母神への崇拝は父神への崇拝よりも時間的にも先立つであろう。例えば小アジアでは、この母神崇拝が後世のマリア崇拝への重要な刺激となった。

　だが、この歴史的な問いがどれほど決定的なものであるにせよ、神を父と呼ぶことは、ヤーヴェの唯一性によってのみ定められることではない。それは社会的に限定されたもの、男性主導の社会によって形成されたものに思われる。神はいずれにせよ直ちに男ではない。

　すでにヘブライ語聖書の預言者において、神は女性的、母性的な特徴も示している。だが今日の視点からはこのことをさらにはっきりと見なければならない。父という呼び名を誤解しないのは、それを「母」に対立するものではなく、象徴的（類比的）に理解する時だけである。つまり「父」は家父長的な象徴だが――母性的な特徴もともに合わせて――トランス－ヒューマン（人間を超越する）、トランス－セクシュアルな究極的現実のために存在するのである。今日では以前にもまして、唯一の神を男性的父性的な思考パターンだけで見ることがあってはならない。それはあまりにも男性的な神学がやってきたことだった。唯一の神が持つ女性的－母性的な側面も認識しなければならない。「父」という語りかけをそのように理解すれば、女性を犠牲にして家父長制社会を宗教的に根拠づけ、特に教会とその職務において女性的なものを永久に抑圧するために「父」という語りかけを利用することは、もはや不可能となるのである。

だが、他の宗教とは異なって、ヘブライ語聖書の神は、神々や半神あるいは英雄たちの肉体的な父として現れるのではない。にもかかわらず、ただ単にすべての人間の父として現れるのでも決してない。ヤーヴェはイスラエル民族の父であり、この民族は神の最初の息子と呼ばれる［出エジプト4・22－23。エレミヤ31・9。イザヤ63・16］。それから神はとりわけ、卓越した意味で神の息子である王にとっての父である。「あなたはわが息子。私は今日あなたを産んだ」［詩編2・7］――これは戴冠における「ヤーヴェの決定」であり、地上における奇跡的な出産ではなく、王を正式に息子と認めることを意味する。のちのユダヤ教においては、神が終末において敬虔な個々人や選ばれた民にとっても父であるということが約束される［シラ4・10。知恵の書2・16－18］。「彼らは私の戒めに従って行動するだろう。そして私は彼らの父となり、彼らは私の子となるだろう」。父という象徴はこのように至るところで、いかなる性的な特徴や宗教的パターナリズムをも超えて、欠くべからざる積極的な観点を示している。つまりこの象徴は、力を表現すると同時に、近さ、保護、世話を表現しているのだ。

だがこれに関してイエスには重要な違いがあることが感じられる。伝承されているイエスの言葉のいくつかは、それだけを取り出せば、並行箇所が見られる知恵文学に由来する可能性がある。それらの言葉がイエス自身に由来するかどうか証明することが難しいのは、よくあることだ。だがそれらは、たとえ直接彼自身に由来しようがしまいが、文脈全体によって特別ないろどりを与えられたものである。まず目につくことは、イエスが神の父性を決して民族そのものに関係づけていないことである。洗礼者ヨハネにとって、またイエスにとって、選ばれた民に属することは救いの保証とはならない。さらにもっと目につくことは、イエスがヨハネとも異なって、父性を悪人たちや不正な者たちにも関係づけていること、そしてこのような神の完全な父性の側から、イエスを強く特徴づける、敵に対する愛を根拠づけていることである［マタイ5・44―48］。ここで何が起きているのだろうか？

失われた人々の父

この「父」という言葉が用いられているところではどこでも、万物における神の日々の摂理と保護が示されていることはまず確かである。どんなスズメ一羽も髪の毛一本も気にかけられている［マタイ10・29―31］。私たちが神に願うよりも前に、私たちの欲求は知られているので［マタイ6・8］、私たちの気遣いは余分なものに思われる［マタイ6・32］。父はこの傷ついた世界のすべてのことを知っており、父なしにはいかなる出来事も起きない。これこそが、この世界に存在する人生の謎、苦難、不正、死といった事柄をめぐる神義論の問いに対しての事実上の答えである！　この神は、人間が絶対的に信頼し、苦難、不正、罪、死の中においても身を委ねることができる存在である。それは不気味に超越する彼方の神ではもはやなく、理解できないほどの慈しみをもって近くにいます神である。気休めに彼岸を約束して、現在の暗闇、空しさ、無意味さを軽視するような神ではなく、神自身が暗闇、空しさ、無意味さの中にとどまりつつ、あえて希望へと招くのである。

だが大事なことがもっとある。ここで突如として現れるのは、あの寓話が比類なく強調しつつ眼前に描いてみせる事柄である。そこでは息子あるいは息子たちではなく、父が主人公となる。かの父親は息子を自由にさせておくが、そのあとを急いで追って走ることをしない。父は息子が困窮して帰ってくる姿を見て、息子が父を見るよりも前に、息子に走り寄って、彼が罪の告白をするのを遮り、何の差し引きも試験期間も前提条件もなしに彼を受け入れて、大きな祝宴を催す――これに対して、正しく家にとどまっていた者は不快感を覚えた［ルカ15・11―32］。

それではここで「父」という言葉は何を表現しているのだろうか？　人間が神に対して己の自由を守らねばならないと思う時には神を誤解している、ということだけでないのは明らかである。神の統治と人間の活動、神律と自律が相反するものではない、ということだけではない。神学者をさんざん悩ませてきた神の事前決定と人間の自由、神の意志と人間の意志の「協働（concursus）」は真の問題ではない、ということだけではない……そうではなくて、まさしくこの、失われて堕落したものを意味する「取税人と罪人の友」――探して救わねばならないものが――がすでに、他の寓話においても表現されているものである。つまり、イエスは神のことを――すでに見たように――失われていたものを見つけ出して喜ぶ女性（！）や羊飼い、寛大な王、気前のよい金貸し、恵み深い裁判官に見立てて語った。それゆえに自らも道徳的落伍者、不敬虔な者、背徳者と付き合い、それらの人物を優遇し、それどころかその場で彼らに罪の赦しを与えた。これが意味しているのは次のことでなくして何であろう？　イエスは神のことをまったくはっきりと「失われた息子」の父、失われた者たちの父と見なしているのである。

要するにこれがイエスにとって唯一の真の神であり、それと並んで他に信仰すべき神々があってはならない。この神をより良く理解するならば、契約の神である！　この神は、律法を――人は律法をたとえ巧みに扱わねばならないことがあっても、疑いなく受け入れねばならない――保証する最上位の存在以上の存在であることは明らかである。この神は、上からすべてを指示し、中枢から導き、大小の「聖戦」によってであれ、敵対者に永劫の罰を下すことによってであれ、己の計画目標を容赦なく達成することを求める、あの全知全能者より以上の存在である。この父なる神は、マルクス、ニーチェ、フロイトが恐れたような、人間に対して子どもの時から不安や罪悪感を吹き込む神、道徳を説いて人間を絶えず迫害するが、実はただ単に習慣化した不安、人間の支配、権力欲、独善、復讐心といったものの単なる投影でしかない神であろうとは欲しない。この父なる神は、全体主義システムの代表者たちを正当化するために、ただ間接的に役立つだけの神権政治的な神であろうとは欲しない。こうしたシステムの代表者たちは、敬虔で教会的であろうと、不敬虔で無神論的であろうと、その神の座を占めて、神の崇高な権利を行使しようと試みる。つまり、正統的な教えと絶対的な規律、律法、秩序、人間を軽蔑する独裁や計画を司る、敬虔もしくは不敬虔な神々になろうとするのである。

否、この父なる神は、救いをもたらす愛の神として人間に出会おうと欲する。この神は、あまりにも人間的な恣意の神ではないし、律法の神でもない。王、暴君、聖職者、講釈師に似せて造られた神ではない。この神は——残念なことに軽んじられているけれども大いなる言葉を用いるならば——「親愛なる神」、苦しみながら希望を抱く人間と連帯する神である。この神は求めずに与え、抑えつけずに立ち上がらせ、病気ではなく治癒をもたらす。この神は、自らが与えた聖なる律法を侵害することによって神自身を侵害してくる者を、寛大に取り扱う。断罪する代わりに赦し、罰する代わりに解放し、法の代わりに恵みを無条件にもたらす。したがってこの神は、正しい者にではなく正しくない者に向き合う神である。罪人を優遇する神、つまり失われた息子を家にとどまっていた息子よりも愛し、取税人をファリサイ人よりも愛し、異端者を正統派よりも愛し、娼婦や姦淫罪を犯した者を、彼女らを裁く者よりも愛し、律法違反者や律法を知らない者を律法監視者よりも愛する神である！

ここでまだ、父という名は単に世間的な父の経験の反響にすぎないと言えるだろうか？　地上の父や支配関係を美化することに役立つ投影にすぎないのだろうか？　否、この父なる神は違う！　この世を犠牲にして人間を犠牲にする、あの世の神（フォイエルバッハ）ではない。支配者たちの神、一時的気休めの神、歪められた意識が作り出す神（マルクス）ではない。ルサンチマンから生じた神、みじめななまけ者たちの善悪道徳の守護者（ニーチェ）ではない。専制君主的な超自我、幻想的で幼児的な欲求の理想像、罪コンプレックス、父親コンプレックスに由来する強制的儀式の神（フロイト）ではない。

イエスは自らのスキャンダラスな語りと振る舞いを弁明するために、まったく異なる神と父に訴えかける。それは奇妙な、それどころか危険な、根本的にありえないような神である。それとも、そんな神を本当に受け入れることができるのだろうか？　神自身が律法違反を正当化することを受け入れられるだろうか？　神自身が律法の義を省みずに無視して、「より優った義」を宣言せしめることを受け入れられるだろうか？　つまり神自身が、既存の律法秩序および社会システム全体を、さらにまた神殿と礼拝全体を疑わしめるということを受け入れられるだろうか？　神自身が人間を戒めの基準とし、同胞と非同胞、疎遠な者と隣人、友と敵、善と悪の間の自然な境界を、赦し、奉仕、断念、愛によって廃棄し、それによって弱者、病者、貧者、特権なき者、抑圧された者、さらに不敬虔な者、非道徳的な者、神なき者の側に立つことを受け入れられるだろうか？　そんな神がいるとすれば、それは新しい神であろう。それは、自分が与えた律法から自分を切り離した神であり、律法を遵守する者たちにとっての神ではなく、律法に違反する者たちにとっての神であり、それどころか——矛盾と不快をはっきりさせるために、突き詰めて言わねばならない——神を畏れる者たちの神ではなく、神なき者たちの神ではないだろうか!?　神理解におけるまったく前代未聞の革命ではないだろうか？

なるほどこれは、新旧の無神論、無道徳主義、無律法主義という意味での「神に対する反乱」でこそないが、「敬虔な者たちの神に対する反乱」である。神ご自身、真の神が、そのような前代未聞の新しい者の背後にいること、この新しい者は革命家よりも革命的に、律法と神殿を凌駕し、それどころか罪と赦しについての審判者に成り上がっていることを、現実に受け入れることなどできるのだろうか？　またそんなことを本当に信じてよいのだろうか？　神がそのような「テーマを―司る者」を持ってしまえば、自己矛盾に陥るのではないだろうか？　そんな人物が、神の権威と意志を神の律法と神殿に抗って要求することが正しくて、そのような語りと行為を全能と認めることが正しいのであれば、神は自己矛盾に陥ってしまうのではないだろうか？　神なき者にとっての神、おまけにその預言者であるところの神冒瀆者だなんて？

尋常ならざる語りかけ

イエスが倦むことなくあらゆる手段を用いて明らかにしようとするのは、神が失われた者の父、道徳的堕落者や神なき者の父であることは真実だということである。このことが、労苦と罪を負わされたすべての人々にとって、とてつもない解放でないはずがあろうか？　喜びと希望の全面的な始まりでないはずがあろうか？　彼が告げ知らせるのは新しい神ではなく、以前と変わらぬ契約の神である。だが、この古い契約の神は、決定的に新しい光によって照らし出される。神は別の神ではないが、異なった神である！　それは律法の神ではなく、恵みの神である！　また振り返ってみれば、律法の神についても、恵みの神のほうから見れば、より良く、より深く、まさに一層恵み深く理解される。つまり律法はすでに恵みの表現なのである。

もちろん、これらすべてのことは人間にとって自明なことではない。そこでは、信仰と呼ばれる揺るぎない信頼に根ざしながら、思考の徹底的な変革、本当に新しい意識、真の内的な方向転換が要求される。イエスのメッセージ全体が、自らを怒らせるのではなく自らを変えよという、ただ一つの呼びかけである。すなわち彼の言葉に身を委ね、恵みの神に信頼せよという呼びかけである。彼の言葉は人間に対して与えられる、神が本当にそのような存在だということの唯一の保証である。この言葉を信じない者は、彼の行動が悪霊に取り憑かれているのではないかと疑うだろう。彼の言葉がなければ、彼の行動は曖昧なままである。彼の言葉だけがそれを明確にする。

だがイエスのメッセージと共同体にコミットする者は誰であろうと、イエスが「私の父」と呼ぶ存在をはっきり理解する。「父」――（母の反対という意味ではなく）イエスが理解した父――という言葉によって、あらゆる争いの核心が捉えられている。言語的な調査結果はそのことに不思議な確証を与えてくれる。古代ユダヤ教に見られる、神に対する語りかけの豊富な資料において、驚くべきことは、イエスがまさに「私の父」という語りかけを選んだということである。父なる神を表現する命題は、ヘブライ語聖書に時おり見出される。だが今まで古代パレスチナのユダヤ教においては、「私の父よ」という個人的なヘブライ語の神への語りかけはどこにも示されていない。ヘレニズムの領域においてのみ、おそらくギリシャから影響を受けて、「父よ（patēr）」というギリシャ語の神への語りかけの事例が散見されるだけである。

だがさらに尋常でないのは、父を意味するアラム語の「アッバ」に関する調査結果である。現存する証言によれば、イエスは神に向かって常に「アッバ」と語りかけたらしい。ただそのことに基づいて、このような異例のアラム語による神への語りかけが、ギリシャ語を話す教団においても継続して用いられたということの説明がつく。というのも、それとは逆に、広範囲にわたる古代ユダヤ教の典礼や私的な祈りのあらゆる文献の中で、中世に至るまで、「アッバ」という神への語りかけの事例が一つも存在しないからである。どうすればこのことの説明がつくだろうか。これまでには一つしか説明が見つからなかった。つまり「アッバ」という言葉は――ドイツ語の「パパ」とよく似て――その起源は幼児語であり、イエスの時代にももちろん、成人した息子や娘から父へ語りかける時に用いられたし、年長の尊敬すべき人々に対する敬語表現としても用いられていた。だが、このようにおよそ男性的ではない表現、しかも幼児語で、深い愛情と日常的な敬意を表す表現を神に対する語りかけに用いることは、当時の人々にとっては無礼なことであり、不愉快なほど馴れ馴れしいと思われても仕方がなかった。仮に私たちが神を「パパ」あるいは「父ちゃん」と呼べばそうなるように。

だがイエスにとってこの表現は、子どもが父親に語りかける慣れ親しんだ語りかけと同じく、敬意を欠いた表現ではない。そもそも慣れ親しんでいるからといって、それは敬意を排除するものではない。畏敬はイエスにおける神理解の土台であり続けている。ただし彼の神理解の中心ではない。イエスによれば、子どもが自らの地上の父親に向かって語りかけるように、人間も天の父に向かって語りかけるべきである――尊敬の念をもって、従順を厭わず――だが何よりも安心して、信頼に満ちて。イエスは弟子たちに対しても同様に、畏敬を含むこの信頼を抱いて神に語りかけることを教える。「天にましますわれらの父よ」。神に向かって「父よ」と語りかけることは、きわめて大胆で単純な、あの絶対的な信頼の表現である。それはすべての善きことを親愛なる神に帰して、信頼して身を委ねることである。

主の祈り。それは文字面《づら》だけの敬虔もどんな格式もない、二種類の表現――短い表現（マタイ）［マタイ6・9―13］と長い表現（ルカ）［ルカ11・2―4］――で伝承されていて、まったく神聖ならざる日常の習慣から語られた祈願である。神秘的な沈思や純化はなく、かといって功績への要求もまったくない。赦すことを厭うなかれという条件がつくだけである［マルコ11・25。マタイ6・14―15、18・35］。個々の願いに関しては、「一八の祈願」のようなユダヤ人の祈りの中に並行箇所が簡単に見つかる。だが全体において、主の祈りは一貫して、短さ、厳密さ、簡潔さにおいて、取り違えようがない。それは新しい非儀式的な祈りであり、ヘブライ語の儀式的言語ではなく母語のアラム語であり、神に対して通常用いられる仰々しい儀式的な語りかけや忠誠の誓いを欠いている。非常に個人的な祈りではあるが、それは「われらの父よ」という語りかけによって祈る者たちを緊密に結びつける。非常に単純な祈願ではあるが、本質的な事柄、すなわち神のテーマ（神の名が聖なるものとされるように、神の国がやって来るように、神の意志が成るように）へと完全に集中している。そしてこのテーマは人間のテーマ（肉体的な心配、罪、悪の誘惑と力）と分かち難く結びついているように思われる。

すべては、イエスが以前に言葉豊富な祈りに対して言ったことを模範的に実現するものである。つまり、あたかも父があらかじめ私たちの欲求を知ってはいないかのごとく、多くの言葉を費やして神に聞き遂げられようとするな、ということだ［マタイ6・7―8］。この要求は、ストア派が神の全知と全能から導き出したように、祈願をやめて賛美だけを行えということではない。それはむしろ、神の近さを意識しながら、しっかりと信頼して、まったく人間らしく、倦むことなく迫る要求である。ちょうど夜に訪ねてきた厚かましい友人［ルカ11・5―8］や、裁判官の前に立つ恐れなき寡婦［ルカ18・1―5］がそうしたように。祈りが聞き遂げられないのではないかという疑問はどこにも現れず、聞き遂げられることが保証されている［マタイ7・7―10。ルカ11・9―3］。聞き遂げられない経験は、沈黙をもたらすのではなく、新たな願いへと導くものである。だがそこでは常に、私たちの意志ではなく神の意志が成るようにという前提がある［マタイ6・10。マルコ14・36を参照］。ここにこそ祈りが聞き遂げられることの秘義がある。

イエスは世間の目から遠く離れたところで、それどころか世俗的な倉の中で孤独に祈ることを勧めた［マタイ6・6］。イエス自らがそのように祈った。たとえ共観福音書のたいていの箇所が、ルカが編集してマルコ福音書に書き加えたものであっても［ルカ5・16、6・12、9・18、28－29］、すでにマルコ福音書は儀式的な祈りの時間以外にイエスが孤独の中で長く祈ったことを報告している［マルコ1・35、6・46並行、14・32－39］。イエスは自ら感謝を捧げた。たとえヨハネ的な父子の相互認識の継続が、その信頼性をめぐって議論されていても、それに直接先立つ感謝の祈りに関しては議論の余地がほとんどない。その祈りは、どれほど妨げられても父を賛美する。イエスはその祈りの中で、父が「そのようなこと」を知恵ある者や賢い者に隠し、未熟な者、無教養な者、取るに足らない者、無欲な者には啓示したことを褒め讃える［マタイ11・25］。

彼の父と私たちの父

だがここで今や驚くべきことを述べよう。数多くの箇所でイエスは「(天にいます) 私の父」、また「あなたの父」あるいは「あなたがたの父」と言う。けれどもすべての福音書において、イエスが弟子たちとともに「私たちの父」の下へと結集する箇所は一つもない。このように「私の」父と「あなたがたの」父を原則として区別することは、教団のキリスト論的なやり方なのだろうか。こうしたきわめて固有な言語使用が新約聖書全体を通して終始変わらないのは――福音書が明らかにしているように――それがすでにイエス自身の特徴だったからだという意見は、少なくとも同じように正しい可能性がある。つまりそれはイエスが弟子たちを派遣する表現だったということである。

「アッバ」という神への語りかけは、日常的な響きを持つ言葉なので、過剰な解釈を避けるべきである。イエス自身はおそらく自らを決して単に「息子」とは呼ばなかった。つまり神との直接的な同一化、神格化をきわめて明確に拒否したのである。「なぜ私を善いお方と呼ぶのか？　ただ神以外に善いお方はおられない」〔マルコ10・18並行〕。だがその一方で、彼は旧約聖書の預言者たちのように「そのように主は語る」とか「ヤーヴェの言葉」とは決して語らなかった。彼はむしろ「私」を強調して語ったり、それどころか「だが私はあなた方に言っておく」と語ったりする。これはユダヤの周辺世界に類例がなく、またイースター以前のイエスに遡ることは当然である。資料に基づくならば、父なる神を告げるこの人物が、神との異常な結びつきによって生きて活動したという認識を無視することができるだろうか？ある特別な神経験が、神の国と神の意志についての彼のメッセージを支えていたという認識を無視できるだろうか？　彼のとてつもない要求、満ちあふれる確信、自明なまでの率直さが、神すなわち彼および私たちの父に対する独特の直接性なしには考えられないという認識を無視できるだろうか？

イエスが公に神のテーマを司る者であることは明らかだ。それは外面的・法的な意味においてだけではない。つまり彼は神の代理人、全権を与えられた者、弁護者であるだけではない。きわめて深く内的・実存的な意味において、神のテーマを司る者、すなわち神の個人的なメッセンジャー、受託者、親密な者、友なのである。イエスに出会う人間は、一切強いられることなく、けれども不可避的かつ直接的に、最終的に「何に従って」「どこへ向かうか」という決断を要求する、あの究極の現実へと直面させられることになった。イエスはこの究極の現実によって、彼の生活と行動のすべてを駆り立てられているように思われる。その際彼は、宗教的政治的なシステムとその支配層に向かい合う。また律法、祭祀、聖職者階級に向かい合う。さらに組織や伝統、家族の絆や党派の拘束に向かい合う。だがこのシステムの犠牲者、苦しんで、脇に押しやられ、踏みにじられ、罪を負わされ、挫折した、あらゆる種類の人間にも向かい合う。彼は憐みをもってそのような人々の味方となる。この究極の現実によって、イエスの生はくまなく照らされているように見える。それはイエスが神を父として告げ知らせる時、同時代の宗教的な不安や偏見を共有しない時、宗教的に無知な民と連帯する時である。また、彼が病人を罪人として扱わず、父なる神を生の敵とみなして疑ったりせず、心理的強迫に憑かれた者を解放し、精神的障がいと悪魔信仰と社会的追放の悪循環を打ち破る時である。彼はまったくこの究極の現実によって生きているように思われる。それは、彼がこの神の支配を告げ知らせ、人間の支配関係をただ単に甘受しない時、既婚女性を男性の恣意に委ねようとしない時、大人に対して子どもを、豊かな者に対して貧しい者を、総じて大きなものに対して小さなものを守ろうとする時である。それどころか宗教的に異なった信仰を持つ者、政治的に信用を落とされた者、道徳的な落伍者、性的に搾取された者、社会の周辺に押しやられた者のために力を尽くし、それらの人々に罪の赦しを告げる時である。彼がそのようにすべての集団に対して己を開き、公式の宗教の代表者やその専門家たちが、誤りなく真あるいは偽、善あるいは悪と宣言することを単純に認めない時である。

　それゆえにイエスの根本的態度は、彼が神、自らの父、また私たちの父と呼ぶところの、この究極的現実に根ざしている。それを一言で言い換えるならば、イエスの自由である。それは伝染作用を持ち、一元化されてしまった個々人にとっても社会にとっても、真に異なった次元を開示する自由である。それは異なった価値、基準、理想を持った、一つの現実的なオールタナティブである。それは新しい意識、新しい人生の目標と人生の道、それとともに自由と正義の中にある新しい社会へと向かって、真に質的に移行することである。それは真に超越することである。超越を抜きにして超越することなどではありえない。そうではなく、超越から超越へと超越することである。

私たちはイエスの父に対する関係において、イエスの究極の秘義に触れる。資料は私たちにイエスの内面を何ひとつ見せてくれない。心理学も意識哲学もこれ以上私たちの役には立たない。だがこう言っても許されるだろう。イエス自身は「子」という明確な称号をほとんど要求しなかったし、イースター以後の「神の子」キリスト論をイースター以前のテキストにほとんど読み込んではならない。ただしそれと同じくらい見過ごしてはならないのは、イースター以後のイエスに対する「神の子」という称号が、どれほどイースター以前のイエスに現実的な拠りどころを持っているかということである。イエスは告知と態度の全体をもって神を解釈した。だがそれならば、この異なったやり方で告げ知らされた神のほうから、イエスもまた異なった光の下で現れなければならなかったのではないだろうか？　確固たる信頼を抱いてイエスに関わった人々にとっては誰であれ、予期せぬ解放的な仕方で、以前に「神」だと思って見ていたものが変化した。だが、イエスを通してこの父なる神に関わった時、逆に、以前に持っていたイエス像も変化せざるをえなかったのではないだろうか？

以下のことは一つの事実であった。独特の新しい仕方で、父なる神を告げ知らせ、父なる神に語りかけることによって、その光は、かくも独特で新しい仕方で神を告げ知らせて語りかけた者自身を照らし返した。そして、すでに当時、イエスについて語るには、この父なる神について語らなければならなかったように、それ以降も、イエスについて語らずしてこの父なる神について語ることは困難になった。真の一人の神をめぐって、特定の名前や称号に対してではなく、このイエスに対して、信仰の決断が行われた。イエスとどのように関わるかが、神といかに向き合うか、神をどう思うのか、いかなる神を持つのかを決定した。イスラエルの唯一神の名と力において、イエスは語って行為した。そして最終的に、その神のために、彼は殺されたのである。

3　最期

ほとんどすべての重要な問題――婚姻、家族、民族、権威との関係、他者や集団との付き合い――について、イエスは通常とは異なった考え方をする。システムをめぐる争い、つまり律法と秩序、祭祀と習慣、イデオロギーと実践、支配的な規範、尊重すべき境界と避けるべき人々をめぐる争い、律法、神殿、民族が定める公式の神をめぐる闘いを経て、イエスの要求は終わりへと向かって突き進んでいく。誰が正しいかを明らかにしなければならない。それは生死を賭けた争いとなった。寛大で、囚われがなく、自由で、きわめて挑戦的な若い闘士は、沈黙して耐え忍ぶ者となっていく。

最後の食事

言葉と行動によって人生を幾重にも失ってきたイエスは、暴力的な最期を予想しなければならなかった。それは彼が死を直接誘発したとか欲したということではない。彼は死に対する憧れを持っていなかったが、死に直面しながら生きた。そして死を自由に――自己自身に対する忠実さと使命に対する忠実さとを、自己責任と服従へと統合する、あの偉大なる自由さをもって――受け入れた。なぜならば彼はそこに神の意志を認識したからである。それは単に死ぬことだけではなく、いのちを譲り渡して捧げることであった。このことを直視しなければならないのは、二千年全体にわたるキリスト教に特有な礼拝の起源をなす、あの処刑前夜の場面、すなわち最後の会食に向かい合う時である。

イエスが少なくとも彼の幾人かの弟子と同様に洗礼を受けたこと、だが彼自身、また共観福音書によれば、彼の弟子たちもイースター以前には洗礼を授けなかったこと、そして復活した主が与える洗礼の命令も史実としては何ら証明できないことは、今日の批判的な聖書釈義において一般的に受け入れられている。もちろんそれと同時に一般的に受け入れられているのは、洗礼を行わなかった教会黎明期は存在しなかったということ、すでに原始教会ではイースター後まもなく洗礼を始めたということである。これは矛盾した調査結果だと思うかもしれないが、以下のように説明できる。教団は、洗礼を授けることがイエスの意志にかなうという信仰に基づく、洗礼儀式の一定の指示をしなくても、ましてやそのような洗礼儀式を「制定」しなくても、イエスが肯定したヨハネが授ける洗礼それ自体の記憶の中で存在することができた。つまり、イエスが語った特定の委託の言葉に対する答えではなく、イエスが回心と信仰を呼びかけ、罪の赦しと救いを約束する、そのメッセージ全体に対する答えとして、存在することができたのである。教団は実際そのように、イエスの意向と霊に従って、洗礼を授ける。つまり彼の意志を満たし、彼のメッセージに応答することにおいて、それゆえに彼の名に応答することにおいて、洗礼を授ける。

ことによると、最後の晩餐に関しても似たようなことが言えるだろうか？　つまりイエス自身はそのような会食を祝わなかったが、イースター後の教団が「彼を記念して」、イエスの意向と霊に従って、つまりイエスから委託されて、その会食を祝ったと言えるだろうか？　そう考えれば、教会の祝餐は、洗礼と同様に正当化されるであろう。けれどもここでは調査結果はもっと複雑である。洗礼と聖餐を史実として単純に同等視することはできない。もちろんイエスが聖餐を「制定した」ことは疑われて当然である。実際パウロが二回繰り返して思い出すよう命じていることはマルコに欠けている。だがイエスが別れの食事、最後の晩餐を弟子たちと祝ったことは、資料に基づけばそれほど簡単に疑うことはできない。

イエスの最後の会食、別れの食事を適切に理解するためには、彼の弟子たちがイースター後も続けた、長い一連の会食の伝統を背景に置いて、見なければならない。そこから理解できることは、イエスがこの会食で新しい儀式を制定しようとはしなかったということである。あれほど長く彼とともに生きて旅をして食べたり飲んだりした人々と一緒に、会食の共同体をもう一度実現しなければならない。来たる神の国と自らの別れを予想しながら、イエスは彼に従う人々とともに、この会食を行おうと欲したのである。

過ぎ越しの会食であろうとなかろうと、いずれにしても、切り離して解釈できるような、いわば天から降ってくる聖なる制定の言葉のごとき、特別なイエスの言葉は語られることはなかった。それらの言葉は、儀式として整えられている――そして部分的には今日でもユダヤ人の家族で慣例となっている――ユダヤ人の祝宴の進行にたやすく順応した。主要な会食の前、食卓の祈りに続いてパンの言葉が唱えられる。つまり家の主人が平らな丸いパンを祝して裂き、一つのパンを食卓の人々に分け与える。それからワインの言葉が、会食後の感謝の祈りに続いて唱えられる。つまり主人がワインの杯を回して、各自がそこから飲む。これは、古代の人間なら誰でも、言葉で説明されなくても理解できた共同体の所作である。

つまりイエスは新しい儀式を発明する必要はなく、ただ古い儀式を用いて、ある告知とある新解釈とを結びつける必要があったのである。つまり彼はパンと――少なくともマルコの表現によれば――ワインによって自分自身を指し示したのである。死の脅威に直面して、彼はパンとワインをいわば預言者的なしるしとして用いて、自らの死を指し示し、それとともに彼が何者であったのか、何を行って何を欲したのかということのすべて、つまり自らのいのちを犠牲にして捧げることを指し示したのである。このパンのように彼の体は裂かれ、このワインのように彼の血は流される。これが私の体であり、私の血である！　それが意味するのは、両方とも完全に、人格の全体と、その人格全体を捧げることである。一家の主人がパンとワインをもって、飲食する者を食卓の祝福に与らしめるように、イエスもまた、彼に従う人々を、おのれの死にゆく体（ヘブライ語やアラム語で、「体」や「肉」は常に人間全体を意味する）および「多くの者」（「すべての者」という意味を含む）のために流されるおのれの血へと与らしめる。

　こうして弟子たちはイエスの運命に取り込まれる。会食というしるしにおいて、新しい持続的な、イエスと彼に従う人々との共同体が築かれ、それればかりか「新しい契約」が立てられる。マルコの表現よりもさらに一層（それよりも古い？）パウロの「この杯は私の血による新しい契約である」〔一コリント11・25〕という表現において、新しい契約という考えが前面に出てくる。この契約は（血の注ぎかけによって、また会食において、遂行される）シナイ山での契約締結においてまず作られ〔出エジプト24・8－11〕、エレミヤによって救いの時のために預言され〔エレミヤ31・31－34〕、イエスの時代にはクムラン共同体――そこでは日々の会食でパンとワインによる祝福が行われる――においても重要な役割を演じた。かくして、流されたイエスの血と、捧げられたイエスの体は、神とその民の間における、新たな契約締結のしるしである。

　確実に的外れなのは、宗教改革時代に論争された「である（ist）」〔マルコ14・22並行「これはわたしの体である」〕の意味問題である。なぜならば、教団もイエス自身も、私たちが持っている実体の概念を持っていなかったのだから。人はある物が「何であるか」と問うのではなく、それが「何の役に立つか」と問う。それが「何でできているか」と問うのではなく、「その役割は何か」と問う。逆説的なことだが、そもそも元のアラム語の文章表現には、数百年も論争されたこの言葉（「である」）が欠けていた可能性がきわめて高い。元の言葉は単純に「これ―私の体！」［マルコ14・22並行］だったのである。

つまり古い共同体は、会食の行為や言葉によって確証され、同時に新しい共同体を約束する。それはイエスおよび仲間たちとの「コイノニア」「コムニオ」（親交）である。親方からの別れが、弟子のグループに告げ知らされる。けれども弟子相互の共同体、さらに親方との共同体が作られる。それは、神の国で食卓の共同体が新たに設けられるまでの間である。弟子たちは、彼が不在の時でも一つであり続けなければならない。後になって、教会の理念がイエスの晩餐と結びつけられたのは故なきことではない。

逮捕、裁判、判決

受難物語についてここで研究報告はしない。それより簡単なのは、福音書の一つ、一番良いのはマルコ福音書の受難物語を読み直すことである。物語の順序に関しては、古い受難報告の一つを用いたに違いないヨハネも、三人の共観福音史家と一致している。すなわちユダの裏切り、最後の会食と裏切り者の名指し、逮捕と尋問、ピラトの面前での公判、十字架刑という順序である。これらの部分はヨハネでも同じ順番で現れるが、さらに弟子たちの洗足、ゲッセマネの場面、ペトロの裏切りがその予告とともに、加えられる。

諸報告が一致しているのは、祭りの直前、町の外のキドロンの谷の向こう側にあるオリーブ山上のゲッセマネの園において、逮捕が行われたということである。そこで起きたイエスの誘惑と祈りの闘いについては証人がおらず［マルコ14・32―42並行］、私たちは何も史実を知ることができない。教義史にとって重要な意義を持ち続けたのは、イエスの不安と戦慄が、ユダヤ教あるいはキリスト教の殉教物語とはまったく異なって、強調して描かれていることである。ここで苦しんでいるのは、あらゆる人間の苦悩を超越したストア主義者ではないし、ましてやそのような超人でもない。全き意味において一人の人間が試練を受けて誘惑されているのである。彼の最も近くにいる親しい者たちは、もちろん彼をまったく理解できずに眠り込んでしまった。

イエスの習慣を熟知しているイスカリオテのユダが率いた、夜間の不測の行動の中で、イエスは敵対者の一味によって捕らわれる。ユダが弟子の言葉づかいで「ラビ」と語りかけて接吻したことは、史実とは説明しがたいが、卑劣極まりない裏切りの象徴であり続けてきた。依然はっきりしないのは、誰が命令を下し、誰が逮捕に関与したかである。サンヘドリンと連携する大祭司の督励に基づく、神殿祭司の命令であることは確かだ。だがもしかすると、すでに早くからユダヤ人とローマ人の間で取り決めがなされていたかもしれない。これによって、ヨハネが（おそらくユダヤ人の神殿警護の隣りにいる）ローマの歩兵隊に言及しているが、それ以外にはローマ人を参与させていないことの説明がつくであろう。それとまったく同じように、およそ譲歩しないことで知られている総督ポンテオ・ピラトが、素早く有罪判決を下したことの説明がつくであろう。ユダヤ人とローマ人の当局の間の協力も疑うことはできない。だがあらゆる報告によれば、イエスはまずユダヤ人の当局によって拘留されたのである。

特筆すべきなのは、イエスと弟子たちが何も抵抗せずに逮捕されたということである。知られざる者が剣で切りつけたという、ぎこちなく滑稽に見える出来事、そしてイエスが切り落とされた耳を癒したという伝説は、それを単に強調するだけである。ここからは、イエスはどんな支持者もいない完全に孤独な状態に置かれる。弟子たちの逃亡は、逮捕そのものと同様に、簡潔でいかなる弁明もなしに報告されており、疑う余地がない。ルカだけが、この恥ずべき事実をまず沈黙によって、のちに遠くから見ている知人たちに言及することによって、もみ消そうと試みている。ヨハネはイエスの自由意志を神話的なものにまで高めて弁明している。つまり追跡者たちは神性の顕現を目の当たりにしてたじろぐ。そして彼が弟子たちを逃した後、彼を捕まえるのだ［ヨハネ18・4－9］。

イエスの（裁判での）誠実さと特にはっきりと対照的なのが、かの弟子の（少女の前での）不誠実さである。彼はイエスに対して死に至るまで忠実であることを強調して誓ったのだった。四つの福音書すべてにおいて、簡潔で信頼に足るように語られているペトロの否認の物語は――もとはおそらく独立していた物語の伝承である――ペトロ自身によって教団に伝えられた可能性がある。いずれにせよ、それは――おそらくマルコが書いた、二回目の鶏鳴（鶏はエルサレムでは禁止されていたらしい）による劇的な締めくくりを別とすれば――歴史的な事実にふさわしいかもしれない。教団内にペトロに対する何らかの嫌悪があったという証拠は存在しないからである。

どれほど綿密に検討しても、元の文書も直接の証言も存在しないイエスの訴訟手続きを復元することは、もはや不可能かもしれない。いずれにせよ明らかなのは以下のことである。

霊的な権威と政治的な権威が協力して、イエスは死刑判決を受けた。あらゆる報告によれば、政治家ピラトは告発によっていくらか困惑していた。なぜなら彼はイエスをおそらくゼロータイの指導者だと思っており、告発に相当する明白な事実をほとんど見出すことができなかったからである。たとえ福音史家たちがこのローマの代理人をイエスの無罪の証人にして免責しようとする傾向を持っていることを考慮に入れても、信憑性が高いのは、彼がイエスの大赦――毎年の習慣だったとは考えられないので、もちろん一回きりの事例として――を行ったが、最終的には、扇動された民の願いに応じて、ゼロータイの革命家バラバ（「アッバの子」）を自由の身にしたということである。いずれにせよこの点で資料の報告は一致している。その一方で、ピラトの妻の執り成しがマタイだけによって報告され［マタイ27・19］、ヘロデ・アンティパスの審問が無駄に終わったことがルカだけによって報告され［ルカ23・6―12］、大祭司アンナスの尋問審問とピラトの詳細な質問がヨハネだけによって報告されている［ヨハネ18・33―38、19・6―16］。だがピラトは、一度もメシア的な称号を求めなかったこのイエスを「ユダヤ人の王（メシア）」［マルコ15・2、9、12、18、26、32並行］と見なして有罪にしたことによって、逆説的なことに、公然と、イエスを十字架につけられたメシアにしてしまったのである！　このことはイースター後の信仰にとって、またその信仰を通してイースター以前のイエスをどう理解するかにとって、重要となっていく。十字架にかけられた罪状のアイロニーは、ローマ人が意図的に望んだ可能性がある。それがユダヤ人にも――十字架につけられたメシアは、ユダヤ人にとって途方もないスキャンダルであった――アイロニーと感じられたということは、表現をめぐる争いが示している［ヨハネ19・19―22］。

処刑

イエスは処刑される前――これに関しても歴史的な類例が存在するが――ローマの乱暴で規律のない軍隊によって侮辱を受けた。イエスが王として愚弄され嘲笑されたことは、彼がメシアを僭称したために有罪判決を受けたことを裏書きする。鞭打ち、それも金属片が埋め込まれた皮の鞭による恐ろしい乱打は、十字架刑の前に行われる慣例となっていた［マルコ15・15―20並行］。イエスが十字架の重荷を背負わされたために路上で崩れ落ちたこと、北アフリカのキュレネ出身のあのシモンがやむをえずイエスを助けたことは――シモンの息子たちへの言及は別として――可能性が高い。十字架の道はもちろん今日知られている「嘆きの道（ヴィア・ドロローサ）」ではない。ヘロデの宮殿――アントニア城ではなくここがエルサレムでのピラトの住まいだった――から、当時の城壁の外にある小さな丘の上の処刑場へと向かっている。それはおそらく形状のせいで「ゴルゴタ（されこうべ）」と呼ばれていた。

福音史家よりも簡潔に処刑を記述することはできない。曰く「そして彼らは彼を十字架につけた」［マルコ15・24並行］。奴隷や政治的叛逆者に対するローマ式の（だがおそらくペルシャ人が発明した）恐ろしい処刑方法のことを当時の誰もがあまりにもよく知っていた。罪人は横木に釘で打ちつけられた。その横木は、あらかじめ突き立てられた支柱に据え付けられ、そこに足が釘か縄によって固定された。処刑の理由が書かれた板は、罪人が処刑場に向かう道すがら首にかけられているが、到着すると十字架に打ちつけられ、誰でもそれを見ることができた。殴られ吊り下げられ血まみれになった者は、しばしば長い時間が経ってから、時には数日も経ってから、出血多量か窒息によってようやく死んだ。十字架刑はそれほど残酷で屈辱的な処刑方法だったのである。ローマ市民であれば斬首されることはあっても十字架にはかけられなかった。

福音書は何ごともありありと描写しない。痛みも苦しみも描写しないし、感情も刺激も呼び覚まさない。死んでいくイエスの振る舞いはまったく描写されることがない。むしろあらゆる手段――旧約聖書の引用、示唆、奇跡的なしるし――を用いて、イエスの死の意義が強調される。それは、あれほど多くの期待を呼び覚ましながら、今や敵によって抹殺され、嘲笑され、友どころか神自身からも完全に見放された、この一人物の死である。すでにマルコによれば、ここでは一切が信仰の問いへと収斂する。すなわちこの恐るべき屈辱的な死において、嘲笑する人々たちのように、迷走し挫折した熱狂主義者がエリヤに救いを求めて空しく叫びながら死んでいく有様を見て取るだろうか？　あるいはローマの百人隊長のように――これは異邦人による最初の証である――神の子が死んでいく有様を見て取るだろうか？

なぜ彼は死ななければならなかったのか

福音書の記述においては、ナザレのイエスの地上の道の目標かつ頂点に見えることが、同時代の人々にとっては絶対的な終わりにしか見えなかった。イエス以上に人々に約束をした者がいただろうか？それが今や、このように罵られ辱められながら死んで、完全に挫折してしまったのである！

すべての宗教やその「創設者」は同じだとはなから思い込んでいる人は、彼らの死を比べてみれば、違いがわかるだろう。モーセ、仏陀、孔子はいずれも高齢で死んだ。彼らはどんなに失望をもたらしたとしても成功を収め、彼らの弟子たちや支持者たちに看取られて、イスラエルの父祖のように「齢満ち足りて」死んでいった。モーセは伝承によると、約束された土地を目前にしながら、自民族の只中において一二〇歳で死んでいった。彼の目は濁らず活力は衰えていなかった。仏陀は八〇歳で弟子たちに囲まれて穏やかに、食中毒で亡くなった。それは彼が放浪の説教者として、僧侶や尼僧や一般信徒の支持者から成る大きな教団を形成した後のことだった。孔子は年老いてから、彼が法務大臣だった時に追放された魯国へと最後に戻った。それは彼が最後の年月に、彼の作品を守り継承する、たいていは貴族出身である弟子たちの集団を育成すること、また自民族の古い書物を編集すること――それらの書物は彼が編集した形でのみ後世に伝承されることになった――に打ち込んだ後のことであった。最後にムハンマドは、アラビアの政治的支配者として人生の最後の年月を大いに味わった後、自らの後宮において愛する妻の腕に抱かれて亡くなった。

さて、これらの人物とは反対に、この男ときたらどうであろう。この三〇代の若い男は、最長でも三年間、ことによるとたった数か月間活動したあとで死んでしまったのである。彼は社会から追放され、弟子や支持者から裏切られ拒否され、敵対者から侮辱され、人々からも神からも見放された。そして創意溢れる人間の残虐性が、人を死に至らしめるために発明した、きわめておぞましい曰くつきの儀式によって、死んでいったのである。

ここで究極の重要なテーマに向かい合う時、この十字架へと至る道についての未解明の歴史的問題は副次的なものとして色あせていく。争いが公然と発生する直接のきっかけが何であったにせよ、裏切り者の動機が何であったにせよ、逮捕時の厳密な状況や訴訟のやり方がどのようなものであったにせよ、個々の責任者が誰であったにせよ、この道の個々の停留地が厳密にはいつどこであったにせよ、彼の母が十字架の下に立っていようがいまいが（最古の福音書によれば立っていなかった）、イエスの死は偶然ではなく、悲劇的な誤審でも恣意的な仕業でもなく――責任者たちの罪を含む――歴史的な必然だったのである。当事者たちが完全に思考を転換し、本当に悔い改め、新しい意識を持ち、己の行為に閉じこもることをやめ、あらゆる律法的な自己保全と自己正当化から離れ、イエスが告げ知らせる絶対的な恵みと無制限の愛を持つ神へと徹底的に信頼する回心を行うことによってのみ、この危機を回避できたであろう。

イエスの非業の死は彼の告知と行動がもたらした必然であった。イエスの受難（パッション）は、彼のアクションに対して、律法、法、道徳を擁護する者たちが起こしたリアクションだった。彼は単に受け身で死んだだけでなく、それを行動によって呼び起こした。彼の告知だけが彼に対する有罪判決を根拠づける。彼の行為だけが彼の苦しみを明らかにする。ただ彼の人生と活動の全体によってのみ、この一人物の十字架が、あのユダヤ人の抵抗戦士たちの十字架とどのように違うのかが明らかにされる。ローマ人はイエスの死後数十年と経たないうちに、首都を取り囲む城壁に面して大量に十字架を立てた。また、あの七〇〇〇人のローマの奴隷の十字架とは何が違うのかも明らかにされる。七〇〇〇本の十字架はアッピア街道沿いに、スパルタクス（彼自身は十字架につけられず戦闘で死んだ！）の反乱が挫折したあとに立てられた。そもそも世界史において苦しめられ虐げられた者たちの無数の大小の十字架と何が違うのかが明らかにされる。

　イエスの死は彼の生涯に対する報いであった。だがそれは――挫折した王へと昇格させられた後で！――あのブルータスによる政治家ジュリアス・シーザー暗殺とはまったく異なっている。その出来事はプルタルコスによって史的かつ詩的な好奇心によって記録され、シェイクスピアによって戯曲へと仕上げられた。ナザレのイエスが非暴力を貫き、いかなる政治的権力も求めず、神とその意志のみを支持しながら死んでいったということは別格の出来事である。また福音書の受難物語はそれを戯曲や報告に変えることを必要とせず、冷徹な荘厳さをもって「なぜこの男はまさにこれほど際限なく苦しめられたのか」という問いを喚起する。

　もちろん受難物語だけでなく、そもそも受難物語を理解可能にする背景をなしている福音書の全体によって、なぜこうなってしまったのか、なぜ彼は毒殺でも心臓麻痺でも事故でもなく、はたまた老衰でもなく、殺害されたのかということが完全に明らかになる。それとも聖職者階級は、根拠も正当性もなく自分勝手に神の意志を告げ知らせる、このような過激な人物を放っておくべきだっただろうか？

　この偽教師は、律法および宗教的社会的秩序の全体を蔑ろにして、宗教と政治に無知な民を混乱させたのである。こんな人物を放っておくべきだっただろうか？

この偽預言者は、神殿の滅亡を預言し、祭祀の全体を相対化し、まさに伝統を重んずる敬虔な者たちを心底不安にさせたのである。こんな人物を放っておくべきだっただろうか？

この神を冒瀆する者は、いかなる制限も知らない愛をもって、不敬虔な者、道徳的に無軌道な者、律法に違反する者、律法を知らぬ者を支持者や友人として受け入れた。彼はそれによって律法と神殿に徹底的に敵対し、律法と神殿が崇める高尚にして義なる神を、このような神なき者や希望なき者にとっての神へと貶めた。それどころかとてつもない傲慢さをもって、罪の赦しを今ここで個人的に許可し保証することによって、神に最も固有な崇高なる権利へと介入したのである。こんな人物を放っておくべきだっただろうか？

この民衆扇動者は、それ自身が社会システム全体に対する未曾有の挑戦、権威に対する挑発、聖職者階級とその神学に対する反逆だった。それらすべてが混乱や不安だけでなく本物の騒動、デモ、民の反乱、いつ起きるかわからない占領軍との大衝突、ローマ帝国の武力介入をもたらす可能性があった。こんな人物を放っておくべきだっただろうか？

律法の敵は——神学的かつ政治的に見れば——民の敵でもある！　しばしば非常に明晰なヨハネ福音書によると、大祭司カイアファがサンヘドリンの重要な会合で以下のように考えを促したが、それはまったく誇張ではなかった。「あなたたちがまったく理解せず考えてもいないことは、一人の人間が民族のために死んで、民族全体が滅びないほうが、あなたがたにとって良いということだ」［ヨハネ11・49－50］。

つまり、ローマ当局が行った政治犯イエスに対する政治的裁判と処刑は、政治的トリックやいい加減な捏造によってもたらされただけの単なる誤解や無意味な運命では決してなかった。政治的告発と有罪判決の一種のきっかけは、当時の政治的宗教的社会的な状況とともにもたらされた。ここでは宗教と政治の単純な分離は不可能だった。宗教なき政治も政治なき宗教も存在しなかった。宗教の領域で騒動を起こした者は、政治の領域でも騒動を起こしたのである。イエスは宗教的権威にとっても政治的権威にとっても危険人物だった。それにもかかわらず、政治的な要素を――イエスの生と死を歪曲しないために――宗教的な要素と同等に扱ってはならない。ローマの権威との政治的争いは単にユダヤ人の聖職者階級との宗教的争いがもたらした（それ自体は必然的ではない）一つの帰結である。ここで厳密に区別しなければならないのは次のことである。

イエスに対する宗教的な告発、つまり彼が律法と神殿に対して卓越した自由をあえて行使したこと、また彼が伝統とされてきた宗教的な秩序を疑問視し、父なる神の恵みを告げ知らせ、個人的に罪の赦しを与えることによって、まったく前代未聞の全能を求めたことに対する告発。これは真実の告発であった。すべての福音書によれば、その告発には根拠がある。つまり伝統的な律法と神殿の宗教の観点に立てば、ユダヤ人の聖職者階級は偽教師、偽預言者、神を冒瀆する者、宗教的な民衆扇動者に対して反対しなければならなかったのである。さもなければ、彼らはまさに徹底的に回心してイエスのメッセージを信ずるほかなかっただろう。

だが政治的な告発、つまりイエスが政治的権力を求め、占領軍への納税を拒否するために反乱を呼びかけたという告発、自らをユダヤ人の政治的なメシア―王だと理解したという告発は、間違った告発であった。すべての福音書によれば、それは言いがかりと誹謗である。イエスと革命を扱った節ですでに詳しく説明し、それに続くすべての章で一貫して確かめてきたように、イエスは積極的な政治家、扇動者、社会的革命家ではなく、ローマの権力に対する軍事的な敵対者でもなかった。

つまりイエスは政治的な革命家ではなかったにもかかわらず、そのような人物と見なされて有罪判決を受けたのである！　イエスがもっと政治的であったならば、彼にはもっと多くのチャンスがあっただろう。政治的な告発は、聖職者階級や彼らのお抱え神学者たちが抱いていた、宗教的に限定された憎しみや「嫉み」を覆い隠した。メシアを僭称することは、当時のユダヤ人の法によれば犯罪ですらなかったし、それが功を奏しようがしまいが放っておけばよかった。だがローマ人の言葉使いから見れば、それはいとも容易く政治的な支配要求へと歪曲される恐れがあった。そのような告発がピラトを納得させてしまったのは、当時の状況においては一見もっともなことであった。にもかかわらず、その告発はまったく偏っているだけでなく、核心において間違っていた。だからこそ教団は「ユダヤ人の王」をキリスト論的なイエスの尊称として用いることができなかったのである。ローマの権力の観点からは、ポンテオ・ピラトはこの「ユダヤ人の王」に対して行動を起こす必要は決してなかった。総督ピラトについての報告に共通する躊躇がそれを証明している。実際に資料によれば、イエスの物語の中の政治的争いにおいて、たえず政治的「次元」が重要というわけでは決してない。明らかなことは、ローマ当局は最後になってようやく、しかも自ら率先してではなく、登場することである。すべての福音書によれば、ユダヤの聖職者階級による密告および意図的な政治的陰謀によってのみ、彼らは登場を促されたのである。

無駄死にしたのか？

当時イエスの死が意味したのは「律法が勝利した！」ということである。律法はイエスによって徹底的に疑問視されたが、報復に転じて彼を殺した。律法の正当性は新たに証明された。その権力は貫徹された。その呪いは引き起こされた。「木にかけられた者は神によって呪われている」〔申命記21・23〕と書かれている。この旧約聖書の文章は、支柱を立てた後でそこに吊るされた犯罪者を言い表しており、彼に当てはめることが可能だった［ガラテヤ3・13を参照］。十字架につけられた彼は、神に呪われた者だった。それはどんなユダヤ人にとっても、さらに西暦一五〇年頃のユスティノスによるユダヤ人トリュフォンとの対話が示すように、イエスのメシア性を否定する決定的な論拠だった。十字架における彼の死は、律法の呪いの実現だったのである。

イエスが無抵抗のまま苦しみ、助けも得られずに死んでいったことは、敵はおろか友から見ても、彼はもはやお終いであり、真の神と何の関係もなかったということの紛れもないしるしだった。彼は完全に間違っていた。つまり彼のメッセージ、振る舞い、本質のすべてが間違っていたのである。今や彼の要求は否定され、権威は失われ、彼の道は間違っていることが示された。偽教師が有罪とされ、預言者が否認され、民衆の扇動者の正体が暴かれ、冒瀆する者が拒絶されたということを誰が見逃しえようか！　律法はこの「福音」に勝利した。つまり正しい業に基づく律法の義に対立するような、信仰に基づく「より優った」義などというものはありえないということだ。人間が無条件に従うべき律法、それとともに神殿こそが神のテーマであり、これからもそうあり続けるのだ。

十字架につけられた二人の犯罪者の間で十字架につけられた者が、律法違反、不正、神への冒瀆を体現して［マルコ15・28］断罪された［二コリント5・21］者であることは明らかである。つまり彼は「神を冒瀆する者たちに数えられ」「罪人とされた」、人格化された罪である。文字通り、あらゆる律法違反者や律法なき者たちの代理人となって、それらの人々と根本的に同じ運命を身に招く者。つまり言葉の最悪の意味における罪人の代表者である！　敵からの嘲笑は、友からの呪いとまったく同様に、根拠があるように思われる。つまり彼らにとって、イエスの死が意味するものは、彼とともにもたらされた希望の終わり、彼らの信仰の否定、無意味の勝利である。

これがこの死の特異さである。つまりイエスは単に――ルカとヨハネでは和らげられているが――人間から捨てられただけではなく、神から完全に捨てられて死んだのである。ここでようやくこの死の深淵の極みが表現される。これこそが、非常にしばしば比べられる、無神性と青年誘惑のゆえに告発されたソクラテスやストア派の賢者たちの「美しい死」との違いである。イエスは徹底的に苦難にさらされた。快活さや、内的な自由や、優越性や、魂の偉大さについて、福音書は語らない。イエスの死は、七〇歳になって円熟し落ち着いた境地で、毒人参によって穏やかにもたらされる人間的な死ではない。あまりにも早く、すべてを断ち切って、尊厳を根こそぎ奪い去る、耐えがたい苦しみに満ちた死である。もちろんそれは泰然自若として迎える死ではなく、これ以上はないほどの極限まで見捨てられる死である。しかしまさにそれゆえに、この果てしない苦難の中における無限に人間的かつ非人間的な死以上に、人類を震撼させ、ことによると高揚させることもあった死が、長い歴史の中で存在したであろうか。

イエスは神との唯一無比の交わりの中にいると思い込んでいたが、それはまた神による唯一無比の見捨てをもたらした。彼が最後まで完全に一体化していたこの父なる神は、最後には彼と一体化しなかった。このように何もかもが前代未聞のことだった。つまり無駄だったのである。父なる神が近づいてやって来ることを公衆に向かって告げ知らせた彼は、このように完全に神に見捨てられながら死んでゆき、神を冒瀆する者であることを晒される。つまり神自身によって裁かれた者、決定的に片づけられた者である。「エロイ、エロイ、レマ、サバクタニ（わが神、わが神、なぜ私を見捨てたのですか？）」。また彼がそのために生きて闘ったテーマがこれほど彼の人格と結びついていた以上、そのテーマは人格もろとも倒壊してしまった。彼から独立したテーマというものは存在しない。彼がこのような酷い仕方で沈黙したまま死んでしまった後、どうやって彼の言葉を信じることができたであろうか。

処刑されたユダヤ人は土をかけて埋められる習わしだったが、十字架につけられた者はそのように扱われなかった。ローマ人の習慣では、遺体は友人あるいは親戚に委ねることができた。報告されているところによれば、弟子ではなく、たった一人の支持者、つまりこの箇所だけに登場し、おそらくのちに教団のメンバーとはならなかった議員アリマタヤのヨセフが、自分の私有墓地に遺体を埋葬させる。十字架刑を遠くから見ていた幾人かの女性だけが証人である［マルコ15・42―47］。すでにマルコはイエスの死が公認されていることを重視した［マルコ15・44―45］。マルコだけでなく、すでにパウロの伝承による古い信仰告白も、埋葬が疑いえない事実であることを強調している［一コリント15・3―5］。だが当時、ユダヤ人の殉教者や預言者の墓に対する宗教的関心が大きかったにもかかわらず、ナザレのイエスの墓に対する崇拝が起きなかったのは奇妙である。なぜだろうか？

第6章　新しいいのち

私たちは、ナザレのイエス論の最も困難な点にたどり着いた。これまで十分理解しながらついてきた人でも、ここで行き詰まってしまうかもしれない。私たちはこのことを非常に強く感じる。なぜならば、これは私たち自身の存在にとっても最も困難な点だからである。

1　新たなる始まり

この点で、あらゆる予測、計画、意味解釈、特定、行動、情熱が、ある絶対的な乗り越えることのできない限界にぶつかる。それは死である。

死ねばすべてが終わりか？

すべてが終わり？　それともイエスの死で何もかもが終わったわけではない？　ここでは最大限慎重になることが適切である。イエスの復活は、人間が己の不死を直接確保しようとする欲求を満たすものにすぎないという、フォイエルバッハの投影疑惑を承認してはならない。また、ナザレのイエスがそもそも一人の人間として本当に死んだということを事後的に、神学的な技巧によって、取り消してはならない。

神から捨てられたイエスの死を曲解、神秘化、神話化して、死がいわば半分だけ起きたかのように見なしてはならない。例えば――イエスの不死の神性を引き合いに出して――初期のグノーシス主義者たちはイエスの死を完全に疑った。中世のスコラ学者たちは、神に見捨られて死ぬ者が、（死ぬ時には）神にまみえる幸いに与るという非聖書的な主張によって、イエスの死を幾分か帳消しにした。今日では、再び教義学的前提に基づいて、幾人かの聖書釈義家たちは、イエスの死を神のもとにいることと早まって解釈し、彼の死の叫びを信頼の歌と解釈する。そこでは死というこの最強の非ユートピアそれ自体がユートピアにされる。けれどもイエスの死は現実であり、彼が人間からも神からも捨てられたことは明らかであり、彼の告知と振る舞いは侮辱され、彼の挫折は完膚なきものであった。つまりイエスの死は、一人の人間の人生と働きにおいて、ただ死だけがもたらしうる、完全なる断絶だった。

もちろん、今や歴史的に確かな事実であるのは、イエスの死後になって初めて、彼を引き合いに出す運動が真剣に始まったということである。少なくともその意味では、彼の死によって何もかも終わってしまったわけでは決してなかった。つまり彼の「テーマ」は続いていったのである！　また世界史の進行だけを理解しようとする者、世界の新時代の始まりだけを解釈しようとする者、キリスト教と呼ばれるあの世界史的運動の起原だけを説明しようとする者は、避けることのできない、関連する問いに直面する。

――あれほど破滅的な終わりの後で、どうやって新しい始まりがもたらされたのか？　どうやってイエスの死後に、このような、世界のさらなる運命にとってかくも大きな影響をもたらしたイエス運動が生じたのか？　どのようにして、まさに十字架につけられた者の名前に結びつく共同体が生じたのか？　どのようにして教団、つまりキリスト教の「教会」が形成されたのか？　あるいはより厳密に問おうとするならば、こうなる。いかにして、この断罪された偽りの教師がイスラエルのメシア、つまり「キリスト」となったのか？　いかにして、この侮辱された預言者が「主」となったのか？　いかにして、この仮面をはがされた民族の扇動者が「救済者」となったのか、いかにして、この拒絶された瀆神者が「神の子」となったのか？

――どうやって以下のことが起きたのか？　この完全に孤立して死んだ者の、逃亡した支持者たちは、ただイエスの「個性」、言葉、行為から感銘を受けて、彼のメッセージを固持し、むしろ破局の後ほどなくして勇気を回復して、最後に神の国と意志についての彼のメッセージ――例えば「山上の説教」――をさらに告げ知らせた。それだけでなく、彼らは直ちにイエス自身をメッセージの本来の内容としたのである。

――どうやって以下のことが起きたのか？　彼らはイエスの福音だけでなくイエス自身を福音として告げ知らせた。それによって、宣教する者自身が思いもよらず宣教される者となり、神の国についてのイエスのメッセージが思いもよらず神のキリストであるイエスについてのメッセージとなったのである。

――それゆえに、以下のことをどうやって説明したらよいのだろうか？　このイエスは、彼の死にもかかわらず、ではなくて、彼の死のゆえにこそ、つまり処刑された者がまさしく、彼らの告知の中心的内容となったのである。彼の全要求は死によって希望を断たれて信用を失ったのではなかったか？　彼は最も大きなことを欲したが、その希望を断たれて挫折したのではなかったか？　また当時の宗教的政治的な状況下で、まさにこんな風に嘲られ侮辱された挙句の果てに破滅的で公然たる終わりを迎えてしまったこと以上に、イエスのテーマの存続を心理的社会的に妨げることを想像できただろうか？

——要するになぜ、まさに希望なき終わりに何らかの希望を結びつけ、神に裁かれた者を神のメシアだと宣言し、屈辱的な処刑を救いのしるしとして説明し、運動の公然たる破綻をその運動のとてつもない新生の出発点にすることができたのだろうか？　彼のテーマはまさに彼の人格と結びついていたのだから、彼のテーマは失われたのではなかったのか？

——そのような不成功と失敗の後で直ちに、彼のメッセンジャーとして登場し、いかなる労苦も困難も死も厭わなかった人々は、この「良い」知らせを人々の間で、それどころかついには帝国の国境に至るまで広める力を、一体どこから得たのだろうか？

——これ以外の運動が設立者へと結びつくこと、例えばマルクス主義者のマルクスへの結びつきや、熱烈なフロイト主義者のフロイトへの結びつきとはまったく異なる、師に対するあのような結びつきは、なぜ生じたのだろうか？　つまりイエスは、かつて生きていた、崇拝され、研究され、尊ばれている設立者や教師としてのみならず——特に礼拝の集まりにおいて——いま生きている者として告げ知らされ、現在においても働きかける者として経験される。イエス自身が彼に従う者たち、彼の教団を、彼の霊によって導いているという尋常ではない観念は、いかにして生じたのだろうか？

要するに一言で言えば、キリスト教の成立、始まり、起原の、歴史的な謎である。成功した賢人であった仏陀や孔子の教えが徐々に静かに広がっていったことや、勝利を収めたムハンマドの教えが、特定の地域で力強く広まっていったことと、どれほど異なっているだろうか！　これらすべてはすでに彼らの存命中に起きたことである。完膚なき挫折と屈辱的な死の直後、まさに倒れ伏した者をしるしとして、かくのごときメッセージと共同体が成立して爆発的なまでに広がったことは、どれほど異なっているだろうか！　一体何が、この人物の生涯の破局的な終わりの後で、あの唯一無比の世界史的発展の起爆剤となったのだろうか？　つまり、恥辱の中で処刑された者から、真に世界を変革する「世界宗教」が成立することができたのは一体なぜだろうか？

心理学を用いると、この世界の多くのことを説明できるが、すべてを説明することはできない。また支配関係によってすべてを説明することもできない。いずれにせよ、キリスト教の始まりの歴史を心理学的に解釈しようとする時、推測や仮定を行い、知ったかぶりをしてでっち上げるだけではなく、先入見を捨てて、運動を率いた人々、その運動の最も重要な証人として私たちに記憶され続けている人々に向かって問わなければならない。その人物たちから、以下のことが明らかになる。破局的な終わりを迎えるあのような受難物語が——なぜそれは人類に記憶されることになったのか？——伝承されたのは、それと同時に復活の物語が存在したからこそである。復活の物語は受難の物語（そしてその背後にある行動の物語）をまったく異なる光の下で登場させたのだ。

だがここで今、困難が終わるわけではもちろんない。困難はここで初めて始まるのである。死とは、今生と別の生との間の境界、いわば時と永遠の間の境界であろうか？　きわめて慎重で微細な考察と議論がここで示される。

復活信仰の困難さ

さて、このいわゆる復活信仰あるいはイースター物語を心理学的に説明するかわりに、素朴な信仰をもって言葉通りに受け入れようとする者は、よくよく考えて理性をまるごと失うことがないのであれば、乗り越え難い困難にぶつかるだろう。歴史的・批判的な聖書釈義によって困惑がむしろ大きくなってしまったのは二〇〇年前のこと、つまり古典的ドイツ文学の明敏な論争家であったゴットホルト・エフライム・レッシングが、あのハンブルクの啓蒙主義者H・S・ライマールス（一七六八年没）が記した「知られざる者の断片」を――その中には「イエスとその弟子たちの目的について」と「復活の物語について」が入っていた――混乱した世間に委ねてしまった後のことだった。二一世紀の人間として、単に上の空でなく、良心に咎められることなく、誠実に確信を持って、甦りのごときものを信じようとするのであれば、信仰による偏見なしに、あるいは不信仰による偏見なしに、さまざまな困難を鋭く視界に捉えねばならない。まさにその時、その裏面も見えてくることは確かである。それらは乗り越えることができる困難なのである。

第一の困難：福音書全体に当てはまることが、イースターの物語にはとりわけ当てはまる。つまりその物語は、傍観者たちによる不偏不党の報告ではなくて、最高度に関心を持ってコミットする者たちが、信仰を持ってイエスに与する証言なのである。したがってそれは、歴史的であるよりもむしろ神学的な文書であり、プロトコールや年代記ではなく信仰の証言である。イースター信仰は、イエス伝承全体の決定に初めから関わっているが、もちろんイースターの報告それ自体をも規定しているため、そもそも歴史的に検証することがとても難しい。イースターの物語の中にあるイースターのメッセージについて問わねばならない。

この困難の裏面は、まさにこうして原始キリスト教にとってのイースター信仰の中心的意義が明らかになるということである。少なくとも原始キリスト教に当てはまるのは、キリスト教信仰はイエスの甦りの証言と命運をともにしているということである。イエスの甦りがなければ、キリスト教の説教は空しく、信仰も空しいということは、使徒パウロが認めている通りである。それゆえにイースターは――その快不快にかかわらず――キリスト教の信仰告白の出発点であるだけでなく、その持続的で構成的な核心でもある。すでに、パウロ書簡の最古の短いキリスト論的な式文は、称号以上のものを提供している時、イエスの死と甦りに集中している。

第二の困難：新約聖書の数多くの奇跡物語を――自然法則への超自然的「介入」を証明できないいま受け入れるということはせずに――理解しようとする時、甦りの奇跡のために、今さらまたしても突然そのような超自然的「介入」を要請するのであれば、それははなから克服された観念へと逆戻りするうさん臭さを感じさせる。そのような超自然的介入は、どんな科学的思考とも矛盾するのとまったく同様に、どんな日常的な確信や経験とも矛盾する。その点で、甦りは現代人にとってむしろ信仰への負担になるように思われる。処女降誕、陰府への降下、昇天などもそれと似ている。

その裏面。甦りにはそれに固有な性格があるのかもしれない。それゆえに甦りを、原始キリスト教の伝承におけるその他の不思議な要素や伝説的な要素と同一次元に置くことは容易ではない。なるほど、処女降誕、陰府降下、昇天は、甦りとともに、四世紀のローマの伝統に由来する、いわゆる「使徒的」信仰告白に記載されている。けれども、それらは新約聖書自体においては、甦りとは対極的に、ほんの時おり、それも例外なくのちに書かれた文献層に現れるにすぎない。新約聖書において最古の証人である使徒パウロは、処女降誕、陰府降下、昇天については一言も語っていないが、十字架につけられた者の甦りについては、妥協なき決断をもってキリスト教の説教の中心と見なしている。甦りのメッセージは、一部の熱狂者たちの特殊な経験ではなく、一部の使徒たちの特殊な教えでもない。その反対である。それはすでに新約聖書の最古の層に属している。そして新約聖書の全文書に例外なく共通している。甦りのメッセージは、キリスト教信仰にとっての中心であると同時に、さらなるすべての信仰表現にとっての土台であることは明らかである。つまり少なくとも問われるべきことは、おそらく甦りによって、処女降誕、陰府降下、昇天とは別の仕方で、最も究極的なもの、終末（エスカトン）が語られているのではないか、ということである。その際、自然法則に反する介入について、もはや超自然的なパターンで有意義に語ることはできない。このことをさらに厳密に見ていかなければならない。

第三の困難：甦りを直接見た証人は存在しない。新約聖書全体において、誰も甦りの証人であったと主張していない。甦りはどこにも描かれていない。西暦一五〇年頃成立した、真正ではない（外典の）ペトロ福音書は例外であり、最後に甦りについて、無邪気なドラマ仕立てで、伝説的断片を用いて報告している。それらの断片はもちろん、外典がしばしばそうであったように、教会のイースターのテキスト、イースターの祝い、イースターの歌、イースターの説教、イースターの絵画に入り込み、非常に多様な仕方でイースターの民間信仰と混ざり合わさっていった。イーゼンハイムの祭壇上にある、グリューネヴァルトが描いた比類なき甦りのような唯一無比の芸術の傑作もまた、誤解をもたらしかねない。

その裏面。まさに、新約聖書の福音書と書簡が甦りに対して控えめであることは、かえって信頼を呼び覚ます。甦りは前提とされているが、描かれてはおらず、叙述されてもいない。誇張への関心や誇示への欲求は外典の特徴であるが、かえって信頼を失わせてしまう。新約聖書のイースターの証言は、甦りの証言ではなく、甦らされた者、復活した者の証言であろうとしている。

第四の困難：イースターの報告についての厳密な分析が示すことは、克服できない不一致と矛盾である。調和させる組み合わせによって、統一的な伝承を構成することが繰り返し試みられてきた。けれども一致が欠けている。それをさしあたり手短に要約すると、1．該当する人物に関して。すなわちペトロ、マグダラのマリア、別のマリア、弟子たち、使徒たち、十二使徒、エマオの弟子たち、五〇〇人の兄弟、ヤコブ、パウロ。2．出来事の場所特定に関して。すなわちガリラヤ、そこにある山、あるいはティベリアス湖、エルサレム、イエスの墓、あるいは集合場所。3．そもそもイエス顕現の順番に関して。すなわちイースターの日曜日の朝と夕べ、八日後、四〇日後。無理にテキストを変えたり相違を軽んじたりしなければ、至るところで調和が不可能であることは明らかだ。

その裏面。明らかに必要とされ意志されたことは、統一的な見取り図や円満な調和ではなく、ましてや甦らされた人物の伝記のようなものでもなかった！　新約聖書の著者たちは、さまざまな報告の何らかの完璧さにも、一定の順序にも、批判的歴史的な検証にもまるで関心を示していない。ここから明確になるのは、個々の物語の関心事がどれほど異なっているかである。まずパウロとマルコにおいては明らかに、弟子たちの召命と派遣。それからルカとヨハネにおいては、甦らされた者とイースター以前のイエスが実際に同一人物であることも、さらに一層関心の対象となる（同一性の経験、最後には肉体性の明示と食事の交わりに関心が向けられ、そこで弟子たちの疑いが克服されることがますます強調される）。その際以下のことが明らかになる。物語の中で「いかにして」「いつ」「どこで」ということは、さまざまな資料のどこにも問われておらず、甦りが起きたことに比べれば副次的でしかない。この甦りは明らかに死と埋葬と同一のものではない。メッセージの本来的内容への集中が喚起されるが、それによって史的な不整合を改めて検討することが可能となる。

甦りは歴史的で、想像可能で、肉体をともなうのか？

福音書のイースターの物語から、イースターのメッセージを問い直さなければならない。空《から》の墓の物語が福音書だけに見られるのに対して、新約聖書の他の文書、とりわけパウロ書簡は、イエスが生きている者として弟子たちに出会ったことを証言している。福音書のイースター物語が伝説的な仕方で描かれているのに対して、新約聖書の他の証言は信仰告白的に語っている。また墓の物語が直接の証人によって保証されていないのに対して、パウロ書簡（福音書よりも何十年か先立つ）においては、パウロ自身の証言がある。パウロは甦らされた者の「顕現」「啓示」――おそらくヴィジョンや音――について報告している。パウロによって明確に「採用され」、コリント教団の設立時に「受け渡された」信仰告白についてはもう言及したが、この信仰告白はすでに、言葉と権威と人々の集団に関しては、もしかすると初期のエルサレム教団に由来しているかもしれない。いずれにせよそれは、パウロがキリスト者となり宣教者となった西暦三五年と四五年の間の時期に由来している。この信仰告白の中には、同時代人がチェックできる甦りの証人のリストが拡張されて挙げられている。証人たちに対して、甦らされた者は「姿を見せて」「現れ」、「自らを啓示し」、出会った。そしてその証人たちの多数は、西暦五五／五六年にエフェソで手紙が書かれた時にはまだ生きていて、尋ねることができた〔一コリント15・5―8。ガラテヤ1・16、一コリント9・1を参照〕。

（原始教団を反映している？）指導的証人のリストの中では、アラム語の「ケファ」という名前で呼ばれるペトロが頂点にいることが目立っている。彼はまさに甦りの最初の証人として、「岩の男」〔マタイ16・18〕、「兄弟を強める者」〔ルカ22・32〕、「羊の牧者」〔ヨハネ21・15―17〕だと言えるかもしれない。けれども一二人（エルサレムにおける中央の執行委員会）、ヤコブ（イエスの兄弟）、すべての使徒たち（宣教師たちのより大きな集団）、五〇〇人以上の兄弟、パウロ自身といった、あらゆる人々に対する顕現を、ペトロに対する顕現へと還元してしまうこと、つまり後者だけが前者を確証するかのように見なすことは、いかなるテキストからも正当化することはできない。人々も、出来事も、場所も時間も、あまりにも異なっており、またキリストを告知する仕方も、ペトロとヤコブとパウロではあまりにも異なっている。

だが、イースターのメッセージの本来の内容を明らかにするに先立って、このメッセージについての不要な誤解を初めから防ぐ説明を試みておくのが望ましい。すなわちイースターの出来事を言い表すために、新約聖書は実にさまざまな表現や観念を用いており、それらを正しく理解するならば、事柄を問うにあたってさらに役立ってくれるのだ。それは「甦り」「復活」「高挙」「栄光化」「携挙」「昇天」といった言葉である。これらの伝統的な諸概念を今日どうやって理解したらよいだろうか？

1　復活か甦りか？　今日ではあまりにも当然のように、復活がイエスのなしとげた自力の業であったかのごとく語られる。けれども新約聖書によれば、復活とはそれが神のもたらす甦りと理解されて初めて正しく理解されたことになる。根本的に重要なのは、神がイエスに対してなす行為、つまり十字架につけられて死んで葬られた者に対してなす行為である。実際、新約聖書において、イエスが「甦えらされること」（受動態）は、イエスの「復活」（能動態）よりも根源的、少なくとも一般的であるかもしれない〔一テサロニケ4・14を参照〕。「甦り」においては、神のイエスにする行為がまさしく中心に置かれる。つまり、神がいのちをもたらす行為によってのみ、イエスが死へと向かう受動性は、新たに生き生きとした能動性となるのである。ただ（神によって）甦らされた者として、彼（自身）は復活した者なのである。新約聖書においては、イエスの行為としての復活は一貫して、父なる神の業としての甦りの意味において理解されている〔ローマ6・4、8・11、34、10・9。一コリント6・14。エフェソ1・20。二テモテ2・8。使徒2・24、3・15、4・10、5・30、10・40、13・10、37〕。いにしえの式文が唱えるように、神は死の苦しみを取り去った後、彼を復活させた〔使徒2・24〕。私がここで意識的に、甦りについて、また甦らされた者について最も多く語っているのは、それ以外の表現を排除するためではなくて、それによってたやすく忍び込んでくる神話論的な誤解を避けるためである。

2　甦りは歴史的な出来事か？

新約聖書の信仰によれば、甦りにおいては、神の次元における神の行為が重要なので、それは厳密な意味での歴史的な出来事、つまり歴史学が歴史的方法を用いて確認できる出来事ではありえない。甦りとはさらに、自然法則を破る、世界の内側で確認できる奇跡ではないし、場所と時間を特定できる、空間と時間への超自然的介入のことでもない。撮影したり記録したりできるものは何も存在しなかった。歴史的に確定できることは、イエスの死、その後は繰り返しになるが、弟子たちによるイースター信仰とイースターのメッセージである。だが甦りそれ自体は、甦らされた者と同じく、歴史的方法によって捉えて客体化することができない。歴史学は――化学、生物学、心理学、社会学、神学とまったく同様に、常に、多元的な現実のたった一つの局面だけを見ており――ここでは答えを持ち合わせていないかもしれない。なぜなら歴史学は、それに固有な前提のゆえに、まさにあの現実を意識的に排除してしまうからである。あの現実とは、甦りにとっても、またまったく同様に創造と完成にとっても、ただそれだけが重要であるところの、神の現実である！

だが新約聖書の甦り信仰において、甦りとは神の行為であるからこそ、それはただ単なる虚構や思い込みの出来事ではなく、最も深い意味での現実的な出来事なのである。何ごとも起きなかった、ということではない。起きたことは、歴史の限界を突破し超出してしまうのである。それは、人間の死から神の包括的次元へと入っていく、超越的な出来事である。甦りは、まったく異なる神の存在様式において、まったく新しい存在様式に関係することであり、比喩のテキストにおいて輪郭が描かれているので、それを解釈しなければならない。人間的に見てすべてがお終いであるところに、神が介入するということ。これこそが――自然法則をまったく保持したまま起きる――甦りの真の奇跡である。死から新しいいのちが始まる奇跡である。それは歴史的認識の対象ではなく、信仰の呼びかけと提供であり、この信仰だけが甦らされた者の現実に近づくことができる。

3　甦りを想像することはできるか？

人がたやすく忘れてしまうのは、「復活」も「甦り」も、隠喩的な、比喩的な用語だということである。眠りから「目覚めること」や「起床すること」から比喩が取ってこられる。だがそれはまさに、理解しやすいのと同じくらい誤解されやすい比喩、シンボル、メタファーである。その比喩は死者の身に起きることを表現している。甦りとは、眠りから覚めるように以前の状態に戻ること、以前の、地上の、死すべきいのちへと戻ることではない！　むしろ、まったく異なる状態、他の新しい、前代未聞の、最終妥当的な、不死のいのちへのラディカルな変容であり、まったく異なったものである！

　繰り返し立てられがちな問い、つまりどうやってこのまったく異なるいのちを想像したらよいのかという問いに対しては、端的にこう答えるべきである。まったく想像すべきではないと！　ここでは、定かなもの、想像できるもの、客観化できるものは何もない。私たちの生から取ってきた概念や観念で目に見えるようにできるのであれば、まったく異なった生ではないであろう。私たちの目も私たちのファンタジーもここから先は助けにならず、私たちを惑わすだけである。つまり甦りの現実それ自体はまったく目に見えず表現できないものなのである。甦りと復活は比喩によって可視化された表現、あの当時の思考様式にふさわしかった比喩、メタファー、シンボルである。それらの表現は、目に見えず想像できないもの、そして――神自身についてと同様に――決して直接知ることができないものを表現するために、もちろん増やしていくことができる。

　確かに私たちは、この目に見えず表現できない新たないのちを、比喩を通してだけでなく思考によっても規定しようと試みることはできる（例えば物理学は、原子レベルでは同時に波動と粒子であり、可視化することも想像することもできないような光の性質を公式によって規定しようと試みる）。そこで私たちは言葉をもってしては限界に突き当たる。その時には公式や逆説によって語ること以外にもはや術はない。つまり私たちはこのまったく異なるいのちを表現するために、このいのちにおいて対立を意味する諸概念を結びつけるのである。それは福音書の顕現報告において、想像の可能性の極限においてなされる。曰く、亡霊ではないが、把握できない。認識できて―認識できない。見えるが―見えない。把握できるが―把握できない。物質的だが―非物質的。空間と時間にとっての此岸かつ彼岸。「天における天使たちのように」と、すでにイエス自身がユダヤの伝統的言語を用いて述べている。あるいはパウロが非常に控えめに、慎重に、逆説的な暗喩を用いて示しているように、語りうるものの限界を示唆している。それは不滅の「霊の体」「栄光の体」であり、滅びゆく肉体からのラディカルな「変容」によって生まれ出たものである。それによってまさにパウロが言わんとするのは、ギリシャ的に考えられた（肉体の牢獄から解放された）霊―魂のことではない。それを現代の人間学から切り離して考えることはまったくできない。彼が言わんとすることは、ユダヤ的に考えられた（いのちを創造する神の霊によって作り直され規定される）肉体を持った人間の全体である。これはむしろ、現代の総合的人間理解や人間の身体性の根本的意義にきわめてふさわしい。つまり人間は己の身体性から――プラトン的に――救済されるのではない。人間は、今や栄光化され霊的なものに変えられた身体性もろとも、そしてその身体性の中において、救済される。それは新たな被造物、新たな人間である。

4　肉体の復活？

私がルドルフ・ブルトマンとの個人的な対話を引き合いに出してよいならば、答えはイエスでありノーである。ノーであるのは、「肉体」が単純に、生理学的に同一の身体を意味する時である。イエスであるのは、新約聖書の「ソーマ」の意味での「肉体」が同一の人格の現実、私の全歴史と同一の私を意味する時である。あるいは違った言い方をすればこうなる。肉体の連続性はない。つまり、分子の行方に関する問いのような自然科学的な問いを立てることはできない！ そうではなくて、人格の同一性、つまり人格全体のいのちと運命の永続的意義が問われるのである。それはいずれにせよ、より小さな存在ではなく、完成された存在である。私は死を超えて生きのびることなく、ただ行いだけが生きのびるという東洋の思想家たちの考えは、それが非時空的な次元への移行を意味するのであれば、注目に値することは確かだ。だがそれでは不十分である。究極的な現実が神であるならば、死は破壊であるよりも変容である——つまり減少ではなく完成である。

このようにイエスの甦りが人間の空間と時間の中での出来事と関係ないのであれば、それはただ単なる彼の死の意義の表現でもない。それは歴史的ではない（歴史的な研究手段では確証できない）のはもちろんだが、むしろ（信仰にとって）現実的な出来事なのである。したがってイエスの甦りにおいては、ただ単に、イエス自身がもはや存在せず、もはや生きておらず、死んでいて、死に続けているという一方で、イエスがもたらし、存続し、歴史的に彼の名と結びつき続けている「テーマ」が重要である、というだけにはとどまらない。それと似ているのは、例えば亡くなったエッフェル氏が残した「もの（テーマ）」である。彼は死んだが、エッフェル塔において生き続けている。ゲーテは死んだが、作品や思い出において「今日もなお語っている」。そうではなくて、イエスの生きた人格が重要であり、それゆえにテーマが重要なのである。甦らされた者自身の真実を除外して考えることはできない。イエスの弟子たちが見捨てたイエスのテーマをめぐって、神自身がイースターにおいて決断を下したのである。つまりイエスのテーマは意味を持っており、さらに続いていく。なぜならば、彼自身が挫折して死の中にとどまっているのではなく、神のもとで真に生きているのだから。

それゆえにイースターはただ単に弟子たちとその信仰にとっての出来事ではない。イエスは彼らの信仰を通して生きている。イースター信仰は弟子たちの信仰の働きではない。イエスは、何人かのグノーシス主義者たちが考えたように単に偉大すぎて死ぬことができなかったのではない。彼は死んだのである。イースターは主としてイエス自身にとっての出来事である。つまりイエスは新たに神によって――弟子たちの信仰にとって、生きている。新たないのちの前提は、神の行為の時間性ではなくて、神の行為のテーマ的な「前」「前もって」である。それゆえに、生ける者自身を生ける者として示す、あの信仰が初めて可能になり、確立される。これが意味するのは――ブルトマンの誤解されやすい定式「イエスはケリュグマ（宣教）の中へと復活した」に関して言えば――以下のようなことである。イエスは宣教されるので生きているとブルトマンも言ってはいない。イエスは生きているから宣教されるのだ。それはかつてのロデオン・シチェドリンのソヴィエト・オラトリウム『民の心の中のレーニン』とはまったく異なっている。そこでは赤衛隊がレーニンの死の床でこう歌う。「ちがう、ちがう、ちがう！　そんなことはありえない！　レーニンは生きている、生きている、生きている！」。ここではただレーニンのテーマだけがさらに続いていく（もっとも長くは続かなかったが）。

5　高挙？

新約聖書の古いテキストの中で、イエスが「高挙されること」や「取り去られること」は、単にイエスの甦りや復活を言い表す、異なったアクセントを持つ表現方法である。イエスが甦らされたとは、新約聖書において、彼自身が甦りにおいて神のもとへと高挙されたことと何ら異ならない。すなわち高挙とは甦りの完成である。

だが高挙とは天に受け入れられるという意味ではないのか？　比喩的に語るならば、実際に「天」

への受け入れについて語ることはできる。その際、今日はっきりさせておかねばならないのは、青い天空をもはや聖書時代のように神の玉座がある広間の外面と理解することはできないということである。だがそれを本来の天のシンボルあるいは比喩として、つまり目に見えない神の領域（神が「生きている空間」）として理解することはできる。信仰にとっての天は、宇宙飛行士にとっての天ではない。まさに、宇宙から聖書の創造物語を朗読した宇宙飛行士自身が表現した通りである。信仰にとっての天とは、隠された、目に見えず把握できない神の領域であって、どんな宇宙飛行も到達することはできない。それは場所ではなく、存在様式である。もちろん地球から離れた存在様式ではなく、神において善きものとして完成され、神の永遠に与る存在様式である。

つまりイエスは父の栄光の中に受け入れられたのである。すなわち、父の天の神的な尊厳の中に置かれたのである。それは伝統的には再び、支配者の子あるいは代理者を想起させる比喩で語られる。曰く「父の右に座して」。すなわち父の力に最も近く、それを同じ尊厳と立場において代理的に行使するということである。使徒言行録の使徒の説教で用いられているような最古のキリスト論的な定式においては、イエスは低くされた人間であったが、神が彼を甦らせたあとに主およびメシアにされた［使徒2・36］。地上に生きる者からではなく、高挙された者から初めて、メシアであることと神の子であることが言い表される［ローマ1・3−4を参照］。

これはイースターの顕現の理解にとって、それが最終的にどう理解されるにせよ重要なことである。すなわち、この天的で神的な力の座と栄光の中から彼は「現れる」。人々に対して。その人々を彼は自らの「器」にしようとするのは、パウロが経験した通りである［ガラテヤ1・15−16］。またマタイ、ヨハネにおける顕現において、そしてマルコの補遺においても、顕現者がどこから来てどこに行くのかについて何も述べられず、完全に自明なこととして前提とされている。つまり復活の顕現は常に、もうすでに神のところに高挙された者の出現なのである！　神の方から現れる者は常に高挙された者である。パウロが自らを召命する者が天から来るのを経験しようと、あるいはマタイとヨハネにおいて甦らされた者が地上に現れようと、変わりない。

以上のように説明してきた後で、今や要約して次のように問おう。こうしたすべての発展において、また部分的な混乱において、このメッセージの本来の内容とは一体何であるのか？　このメッセージによって、二千年におよぶキリスト教の信仰と礼拝は生かされてきた。このメッセージはまた、キリスト教信仰の歴史的起源でありテーマの基礎でもある。

要するに、甦りとは何のことか？

このメッセージは、その難しさ、その時代に拘束された具体化や描写、状況に限定された拡張や練り上げや強調点の移動といったことをすべてひっくるめて、根本的には単純な何かを目指している。この点において、さまざまな原始キリスト教の証人、つまりペトロ、パウロ、ヤコブ、書簡、福音書、使徒言行録は、場所や時や人物や出来事の進行に関するさまざまな伝統がどれほど食い違って矛盾していようと、一致するのである。その一致点とはこうである。十字架につけられた者は永遠に神のもとで生きている——そのことは私たちにとって責任であり希望である！　新約聖書の人物たちを支えているばかりか魅了している確信とは、殺された者が死の中にとどまらずに生きているという確信、彼を信頼する者、彼のあとに従う者は、同じように生きるだろうという確信である。それは万人にとって挑戦でありかつ真の希望である、この人物の新しい永遠のいのちである！

これがすなわちイースターのメッセージでありイースターの信仰である。これは、さまざまなイースターの報告や表象がどれほど多義的であろうと、一義的に明確である。それは真に大変革をもたらすメッセージであるために、いとも簡単に拒絶されかねないのは今日に始まったことではなく、すでに当時からであった。ルカの記述によれば「それについては、いずれまた聞くことにしよう」と、アテネのアレオパゴスの丘で、何人かの懐疑家たちはすでに使徒パウロに対して言ったという［使徒17・32］。もちろんそうしたところで、イースターのメッセージの凱旋を押しとどめることはできなかった。

十字架につけられた者が生きている？　ここで言う「生きている」とはどういうことだろうか？　新約聖書が用いるさまざまな時代と結びついた表象のモデルや物語の様式の背後に、何が隠されているのだろうか？　二つの否定的な規定と一つの肯定的な規定を用いて、このいのちの輪郭を描いてみよう。

1　この時空のいのちへと帰還することではない：死は取り消されるのではなく、決定的に克服される。フリードリヒ・デュレンマットの劇『彗星』の中では（もちろん見せかけの）遺体が息を吹き返す。この遺体はまったく変わらない地上のいのちへと戻ってくる――これは新約聖書が甦りということで理解していることとは正反対である。死者の甦生《そせい》は奇術師についての古代文献に散見され（それどころか医師の証言によって保証されている）、イエスの三つの事例（ヤイロの娘、ナインの若者、ラザロ）において報告されているが、それらをイエスの甦りと取り違えてはならない。またそのような伝説的な報告の歴史的信憑性を完全に度外視しても（マルコはラザロの死からのセンセーショナルな甦りについて何も知らない）、まさに遺体の一時的な甦生はイエスの甦りが意味するところではない。イエスは――ルカにおいてさえ――死から甦らされた者たちのように、結局また再び死ぬために、ただ単に生物学的な地上のいのちへと戻ってきたのではない。否。新約聖書の理解によれば、イエスは死という最後の限界をついに超えたのである。彼はまったく異なる、朽ちることのない、永遠の「天の」いのちへと入っていったのである。それは神のいのちであり、それを言い表すために、すでに新約聖書においてはきわめてさまざまな表現や観念が用いられている。

2　この時空のいのちの継続ではない：死「後」について語ることがすでに誤解をもたらす。つまり永遠は「前」や「後」によって規定されるものではない。それはむしろ空間と時間の次元を超えた、目に見えず、滅びることがなく、把握できない神の領域における新しいいのちを意味する。つまりただ単に無限の「さらに」――さらに生きる、さらに行う、さらに行く――ということではなくて、最終的に「新しいもの」なのである。つまり新しい創造、新しい誕生、新しい人間、新しい世界である。「死んで生まれ出でよ」という永遠に同じことが回帰するのを最終的に突破するのである。決定的に神のもとにあり、それゆえに最終的ないのちを持つこと。これこそが言わんとすることである。また空間と時間の彼方にあるすべてのことは、イマヌエル・カントによれば、理論理性の圏外にある。

3　むしろ究極的な現実の中へと受け入れられることである：目に見えるように語ろうとしなければ、甦り（復活）と高挙（携挙、昇天、栄光化）を同一にして唯一の出来事と見なければならない。つまり目に見えない、隠れた神による、死と関係した出来事である。イースターのメッセージがこれほどさまざまなあらゆるヴァリエーションにおいて端的に語っていることはたった一つである。イエスは無の中へと死んでいったのではない。彼は死の中において、死の中から、あの把握できない包括的で究極的な現実の中へと死んでいき、その現実によって受け入れられた。その現実のことを私たちは神という名で言い表している。

人間が自らのエスカトン（終わり）、人生の究極の終わりに達するところで、何が待っているだろうか？　それは無ではない。ニルヴァーナを信ずる者でもそう言うだろう。待っているのは、ユダヤ教徒、キリスト教徒、イスラム教徒にとって神であるところの、あのすべてである。死は神への通路であり、隠れた神を訪ねることであり、神の栄光に受け入れられることである。死によってすべてがお終いとなるということは、厳密に言えば、神を冒瀆する者だけが言うことができる。

死において、人間は自らを取り巻き決定する諸関係から取り去られる。世界の側から、いわば外側から見れば、死は完全な関係喪失を意味する。だが神の側から、いわば内側から見れば、死は完全に新しい関係、つまり究極的な現実である神への関係である。死においては、人間に対して、しかも分かたれない全き人間に対して、新しい永遠の未来がもたらされる。それはあらゆる経験可能なことと異なるいのちであり、神の滅びることのない次元の中にある。つまり私たちの空間や私たちの時間ではなく、「この世」の「ここ」や「今」ではない。だが単に他の空間や他の時間でもない。「あそこ」とか「あの上の方」とか、「外側」とか「上側」「あの世」ではない。人間にとっての究極的で決定的なまったく異なる道は、万有の中へと出ていくのではないし、はたまた万有を超え出ていくのでもない。そうではなく――さっそく比喩を用いて語るならば――いわば世界と人間の最奥にある、根源的な土台、根源的な根拠、根源的な意味の中へと入っていくのである。つまり死からいのちの中へ、見えるものから見えないものの中へ、死の闇から神の永遠の光の中へ。イエスは神の中へと死んでいき、神へと到達したのである。つまり彼は、あらゆる観念を超えており、人間の目がまだ見たことのない、私たちによる把握も概念化も省察も空想も及ばない、あの領域へと受け入れられたのである！信仰者が知っていることはただ、自らを待っているのは無ではなく父であるということだけである。

こうした否定的かつ肯定的な規定から以下のことが帰結する。死と甦りは区別化されつつ一体性を成している。新約聖書の証言をその意図に抗って解釈しようとしないのであれば、甦りをただ単に十字架の「解釈手段」「信仰の表現手段」にしてはならないのである。

甦りとは神の中へと死んでいくことである。つまり死と甦りはきわめて緊密に連関しているのである。甦りは死とともに、死の中で、死の中から、起きるのである。それを最も鮮明に表現しているのはパウロ以前の初期の賛歌であり、そこではイエスの高挙がすでに十字架から始まることとして描かれている。とりわけヨハネ福音書においては、イエスの「高挙」は彼の十字架と「栄光化」とを同時に意味しており〔ヨハネ3・14、8・28、12・32、34〕、その両方が父のもとへの回帰という一つの出来事を形成している〔ヨハネ17・4－5〕。だがそれ以外の新約聖書においては、高挙は十字架の降下のあとに続く。

神の中へと死んでいくことは、自明なことではなく、自然な発展でもなく、絶対に満たさねばならない人間本性に欠かせないものでもない。つまり死と甦りを、必ずしも時間的ではない事柄上の違いにおいて見なければならない。このことはまた、古代の、おそらく歴史的であるよりも（むしろ）神学的である「三日目に復活した」という記述――「三」はカレンダーの日付ではなく、救いの日を意味する救いの日付である――によっても強調されている通りである。死は人間にとってのテーマだが、甦りはただ神にとってのテーマでしかありえない。神によって人間は、把握できない、包括的で最終的な現実である神の中へと受け入れられ、呼びかけられ、連れ帰られる。つまり最終的に認められて救われるのである。それは死の中において、あるいはより良く言えば、死の中から救い出される独特な出来事であり、神の行為と誠実に基づくものである。それは、存在しないものを存在へと呼び出す創造者による、隠された、想像を絶する、新しい行為である〔ローマ4・17〕。そしてそれゆえに――自然法則に抗う超自然的な「介入」ではなく――本当の贈りものであり真の奇跡である。

神信仰の徹底化

人間の新しいいのちは究極的な現実、つまり神そのものに関わる問題であるがゆえに、初めから信仰の問題である。このことをわざわざ強調する必要があるだろうか。それは最後の限界である死を破り、それとともに私たちの世界と思考の地平そのものを破る、新たなる創造である。それが意味するのはまさに、一次元的な人間が真に異なる次元へと決定的に突き抜けることである。それはすなわち、啓示された神の現実であり、あとに従うことを呼びかける、十字架につけられた者の支配である。

これを疑うくらい簡単なことはない！　すでに強調した通り、「純粋理性」はここで越えられない限界の前に立たされる。この点でカントは正しい。また歴史的な議論によって甦りを証明することもできない。その時点で伝統的な弁証論は役に立たなくなる。人間はここで神、すなわちその定義からして目に見えず、把握できず、意のままにならない存在と関わっているがゆえに、ただ一つの振る舞い方だけが適切であり、要求される。それはすなわち信仰をともなった信頼、信頼をともなった信仰である。信仰を素通りするならば、甦らされた者にも永遠のいのちにも至る道はない。甦りは保証つきの奇跡ではない。それ自体が信仰の対象なのである。

しかしながら、甦りに対する信仰は――このことは、あらゆる不信仰や迷信に対して言わねばならない――「付け足しで」信じなければならないような、何らかの実証不可能な珍事に対する信仰なのではない。甦りの信仰はまた、それだけが孤立した甦りの事実や甦らされた者に対する信仰でもない。それは根本において神に対する信仰であり、その神のおかげで死者が甦るのである。

それゆえに甦り信仰は、神信仰への付け足しではなく、神信仰の徹底化である。それは道半ばで止まることなく、道を徹底的に最後まで歩み通す神に対しての信仰である。この信仰において、人間は厳密に合理的な証明がなくとも、一貫して理性的な信頼をもって、以下のことに自らを委ねる。すなわち神は始まりにおいても終わりにおいても神である。神は世界と人間の創造者であり、その完成者でもある。私たちは無の中へと死んでいくのではない。これは私からすればほとんど理性的なこととは思えない。私たちは、私たちにとって根源、根源的な支え、根源的な目標であるところの神の中へと死んでいくのである。

それゆえに甦り信仰のことを実存哲学的な内面化や社会的な変化と解釈すべきではなく、創造神に対する信仰の徹底化と解釈すべきである。つまり甦りが意味するのは、創造神が死の真の克服をもたらすことであり、信仰者はこの神にはすべてのことが、また究極のこと、すなわち死の克服も可能であると信じるのである。終わりは新しい始まりなのである！　自らの信条（クレドー）を「全能の創造者である神」をもって始める者は、安んじて「永遠のいのち」への信仰をもってその信条を締めくくることができる。神はアルファであるがゆえにオメガでもある。非存在から存在へと呼び出す全能の創造者は、死からいのちへと呼び出す力も持っている〔ローマ4・17〕。

甦らされたイエスに対するキリスト教信仰は、創造者でありいのちの守護者である神に対する信仰としてのみ、有意義である。だが逆に、創造神に対するキリスト教信仰は、この神がイエスを死者から甦らせたということによって、決定的に規定される。「イエスを死者の中から甦らせた者」はまさにキリスト教の神の別名となるのである。

これによって今また、この章の初めに立てた問いに答えが与えられる。キリスト教成立の歴史的な謎はここで挑発的な仕方で解消される。つまり、生きているナザレのイエスをめぐる弟子たちの信仰の経験、信仰の召命、信仰の認識は、私たちが持っている限りの証言によれば、あの唯一無比の世界史的発展の起爆剤である。この発展においては、神と人間に捨てられる悲惨な最期を遂げた人物から「世界宗教」が、そしてたぶんそれ以上のものが誕生するということが起こりえたのである。キリスト教は、ナザレのイエスが生きて力をもって働いているということへの信仰告白である限りにおいて、イースターをもって始まる。イースターがなければ新約聖書の福音書も、個々の物語も、手紙も存在しないのである！　イースターがなければ、キリスト教には信仰も告知も教会も礼拝も存在しないのである！

2　基準となる者

甦らされ、高挙され、生きているキリストを告げ知らせることは、とてつもない挑戦を意味した。ただしよく注意してほしい。それは甦りそれ自体の告知ではない。ヘレニズムやその他の諸宗教においても多くの者が復活した。例えばヘラクレスのような英雄たちはオリュンポス山に受け入れられた。ディオニュソスのように死んで甦生した神々や英雄たちの運命は、信奉者にとっての模範や原型であった。そのような神々や英雄たちは、形を変えた自然崇拝であるあのヘレニズムの神秘宗教の中で、神秘的な仕方で繰り返し新たに祝われてきた。それは播種と成長、日の出と日の入り、生成と衰滅といった自然のリズムを読み取りながら、不死を求める人間の願いと憧れを投影したものであった。ここでは至るところで初めに神話が存在する。例えば旧約聖書の内部では神話は歴史化される。イエスの場合、それと逆である。

義とされる

イエスの場合、初めに歴史があり、それはもちろんしばしば神話的に解釈されたのだが、その歴史にとって、芥子種の死と新生［ヨハネ12・24を参照］は出発点ではなく、一つの比喩である。キリスト教信仰にとって決定的なことは、ここで一人の死者が甦って、死にゆく万人の模範になったということではない。決定的なのは、まさしく十字架につけられた者が甦らされたということである！　甦らされた者が十字架につけられた者でないとすれば、せいぜい一つの概念のしるし、一つの表意文字、一つのシンボルにすぎないであろう。

それゆえにイースターの出来事だけを切り離して観察してはならない。それはむしろイエスを問い直すこと、すなわち彼のメッセージ、振る舞い、運命を問い直すことを強いる。もちろんさらに、私たちと私たちの結果をあらかじめ問うことをも強いるのである。「死者の中から最初に生まれた者」は、疲れて重荷を背負わされた者たちのメシアであることを排除してはならない。イースターは十字架を緩和するのではなく、それを確証するのである。それゆえに甦りのメッセージは、十字架を凌駕して天に祀り上げられた神に対する崇拝を呼びかけるのではない。そのメッセージはこのイエスのあとに従うこと、すなわち彼を信仰しつつ信頼すること、彼のメッセージに身を委ね、十字架につけられた者を基準として己の生を形成することを呼びかけるのである。

すなわち甦りのメッセージが明らかにすることは、まったく予期できなかったことである。つまり、この十字架につけられた者はそれにもかかわらず正しかったということである！　神に自らを委ね切って、己のいのちを神と人間のテーマのために捧げた者へと、神は与したのである。神はユダヤ人の聖職者階級ではなく彼のことを公然と支持したのである。神は彼の告知、振る舞い、運命に対して「然り(Yes)」と言ったのである。

したがってイエスが神のいのちの中へと受け入れられたことによって、付け足しの真理が啓示されるのではなく、イエス自身の啓示がもたらされる。つまり、彼は今や究極的に信ずるに値する者となるのである。まったく新しい仕方で義とされたイエスは、まったく新しい仕方で決断を要求するしるしとなる。つまり、イエスが要求した神の支配への決断は、彼自身に対する決断となるのである。ここにはどれほどの裂け目があろうと、非連続性の中の連続性がある。すでにイエスの地上の活動の間、神の支配に従うか反対するかという決断は、イエスに従うか反対するかという決断とつながっていた。今やそれらが一つとなる。なぜならば、神のいのちへと甦らされた者において、神の近さ、支配、王国はすでに実現しており、すでに現臨しているからである。その限りにおいて、来臨期待は成就したのである!

こうして信仰へと呼び招く者が信仰の内容となった。神と己を同一化する者に対して、神は自らを永遠に同一化したのである。未来への信仰は今やイエスにかかっており、神とともに生きる究極的ないのちへの希望も彼にかかっている。こうして再び、来たる神の国のメッセージが鳴り響くが、それは新しい形をまとう。なぜならば、イエスが己の死と新生とともに、その形の中へと入っていき、今やその中心となったからである。神のもとへと高挙されたイエスは、神の国のメッセージを人格化して現すものとなった。つまり、そのメッセージがしるしとして短縮化されたもの、そのメッセージの具体的な成就である。一般的に「神の国」を告げ知らせる代わりに、今やますます「キリストを告げ知らせること」が強調して語られるようになる。そしてキリスト・イエスを信ずる者たちは、短く「キリスト者」と呼ばれるようになる。それによってメッセージとメッセンジャー、「イエスの福音」と「イエス・キリストについての福音」とが一体化するようになったのである。

それゆえに信仰者たちがますます認識することは、イエスを通して間近に期待される神の新しい世界が、罪と死によって刻印された世界の中へとすでに突入してきたということである。つまり彼の新しいいのちが、死の普遍的な支配を打ち破ったのである。彼の自由は貫かれ、彼の道は真実であることが示された。そしてますます明らかになるのは、死の相対性だけでなく、律法や神殿の相対性である。キリスト教の会衆は――まずヘレニズム・ユダヤ的な会衆、それから特にパウロが異邦人キリスト教徒とともに――それをますます徹底してゆく。つまりイエスを通していのちへと召命され、自由に向かって解放される。あらゆる有限な力から解放され、律法から、罪と死から解放される。ユダヤ人にとっては律法と神殿が立っていたところに、キリスト者にとってはますますはっきりとキリストが立っている。そのキリストこそが神と人間のテーマを代表する。ユダヤ人は成就をまだ待っているが、それはたった一人の人物においてすでに起きている。ではそのことは、この唯一の人物にとって何を意味するのだろうか?

称号

イエスの人格はイースターあとに神の国の具体的な基準となった。つまりイエスは、人間の同胞に対する関係、社会に対する関係、神に対する関係の基準となったのである。今やイエスのテーマを彼の人格から切り離すことはできない。キリスト教においては初めから、観念論のように持続的に通用する観念だけが重要なのではなかった。まったく現実的に、持続的に通用する人格、すなわちキリスト・イエスこそが重要だったのである。だからこう言ってよい。さらに続いていくイエスのテーマはまずイエスの人格であると。このイエスの人格は信仰者にとって唯一無比の仕方で重要であり、生きており、当てはまり、意味があり、力強く影響する。イエスの人格は自らその歴史の秘義を開くことによって、信仰告白、洗礼、聖餐式における相同性を、告知と教えにおいて可能にする。それは礼拝における賛同および世界に向かっての宣言である。そして信仰告白を直ちに、審判よりも前に行わなければならない。つまり世間が「主なる皇帝」という告白を要求するところで、信仰者は「主なるイエス」という告白をもって応答するのである。キリスト信仰の全体が、実にわかりやすく「主はイエスである！」というたった一言に表現されるのだ。

それは挑発された告白であると同時に挑発する告白、すなわち基準となる者イエスへの告白である。最初のキリスト教徒たちにとってはこれ以降、イエスが持っている唯一無比の重大かつ決定的な意義を表現するために、いかなる尊称も高尚すぎることはなかった。すでに見てきたように、イエスが自分自身のために何の称号も要求しなかった可能性はきわめて高い。まさにそれゆえに、会衆による称号の採用は手探りでためらいがちなものであった。その際、個々の称号そのものは重要ではなかった。これらすべての称号を通して表現されること、この人物自身、殺されたにもかかわらず生きている者こそが基準となる者であるということ、しかもそうあり続けているということこそが重要であった。基準となるのは彼の告知、彼の振る舞い、彼の運命全体、彼の生涯、彼の業、彼の人格である。人々にとって基準となるのは、神、世界、同胞に対する彼の関係、彼の思考、行動、苦難、生と死である。

個々の称号は、大きく異なった色合いを持っているが、イエスに関しては、かなりの程度まで取り替え可能なものであり、相補的なものである。まだ非常に短い式文はいずれもクレドー（信条）の一部分ではなく、クレドーの全体を成している。ただイエス自身においてのみ、さまざまな称号は明確な共通の基準点を持つのである。新約聖書においては五〇以上に及ぶさまざまな名前が、地上のイエスと甦らされたイエスに対して用いられている。今日まだ用いられている尊称の中には、初代のキリスト者によって発明されたものではなく、――初期のパレスチナの教団において、そしてヘレニズム的なユダヤ人キリスト教において、その後はヘレニズム的な異邦人キリスト教において――周辺世界から取ってこられて、イエスに当てはめられたものも存在する。すなわち、来たる「人の子」イエス、間もなく来ると期待される「主（Mar）」、終末時に任命される「メシア」「ダヴィデの子」、身代わりとなって苦しむ「神の僕」、そして現臨する「主（キュリオス）」「救世主（救い主）」、「神の子」（「子」）、「神の言葉」（「ロゴス」）といった尊称である。これらはイエスに適用された最も重要な称号であった。謎めいた黙示文学的称号である「人の子」（特にQ資料で用いられている）は、すでにパウロ以前のギリシャ語を話す会衆において使われなくなり、パウロ自身もますます使わなくなった（「ダヴィデの子」も似ている）。その称号は新しい環境においては理解されないか誤解を招くものだったからである。他の称号、例えば「神の子」はヘレニズム世界において意味を広げ、格別な重みを獲得した。さらに「キリスト」と訳された「メシア」は、「イエス」の名と合わさって、「イエス・キリスト」という一つの固有名詞へと一体化した。新約聖書では「ダヴィデの子」が約二〇回、「神の子（子）」が七五回、「人の子」が八〇回用いられているのに対して、「主（キュリオス）」は約三五〇回、「キリスト」に至ってはおよそ五〇〇回もイエスのために用いられている。

　こうして、イエス自身の潜在的に（含まれている）キリスト論的な語り、行為、苦難に基づいて、新約聖書の「キリスト論」が成立した。より正確に言えば、その都度の社会的・政治的・文化的・精神的なコンテキストに従って、その都度語りかけられる聴衆や、著者の固有性に従って、新約聖書における非常に異なった「さまざまなキリスト論」が成立したのである。唯一の規範的なキリスト像ではなく、異なった、その都度異なった強調点を持つさまざまなキリスト像が成立したのである！

「神の子」とは何のことか？

神ご自身（ギリシャ語では ho théos ＝「正真正銘の神」）は新約聖書においてはただ父のみである。イエスの死後になって初めて、特定のイースター経験、視覚体験や聴覚体験のゆえに、彼が苦難と死の中にとどまらず、神の永遠のいのちの中へと受け入れられて、神によって神のところへと「高められた」と信じられるようになった時、信仰する会衆が「子」あるいは「神の子」という称号をイエスに対して用い始めたのである。

人々が思い出したのは、いかなる内的な神経験、神との結びつき、神の直接性によってナザレの人が生きて、告げ知らせ、行動したかということだった。つまり、どのようにして彼が神をあらゆる人間の父（「われらの父」）と見なすように教えて、またどのようにして神ご自身を父（「アッバ、父よ」）と呼んだかを思い出したのである。それゆえに、イエスのあとに従ったユダヤ人たちにとって、神を「父」と呼んだイエスが信奉者たちによって後になって明確に「子」と呼ばれるようになったことには、事柄に即した理由と内的な論理があったのである。

人はメシア的に理解された詩編の歌、とりわけ即位の詩編を死から甦らされた者の栄光を讃えて歌うということを始めた。神のところに高挙されることは、当時のユダヤ人にとっては、イスラエルの王の即位との類比で容易に考えることができた。イスラエルの王が――おそらく古代オリエントの王のイデオロギーに依拠して――戴冠の時に「神の子」へと定められたように、今や十字架につけられた者は彼の甦りと高挙を通してそのようにされたのである。

特に詩編一一〇編において、ダヴィデ王は彼の未来の「子」を讃えたが、その子は同時に彼の「主」でもあった。この詩編は繰り返し歌われ引用されたかもしれない。「主は私の主に言われた。『わたしの右の座につくがよい』と」（第一節）。なぜならばこの節は、甦らされた者の「場所」と「地位」をめぐる焦眉の問いについて、ユダヤ人のイエス信奉者に対して答えを与えたからである。その問いは「復活した方は今どこにおられるのか？」という問いであった。これに対して次のように答えることができた。「父のもと、『父の右に』」。つまり本質の共同体においてではなく「王位の共同体」において父とともにあり、それゆえに神の国とメシアの国は事実上同一のものとなる。つまり「十字架につけられたメシアであるイエスを『死者からの甦り』によって、父のもとで『子』と任ずることは、もちろん最古の、あらゆる告知者たちに共通するメッセージに属している。そのメッセージとともに、『メシアの使いたち』が自ら己の民に向かって回心を呼びかけ、そして、十字架につけられ神によって甦らされ右へと高挙された『イスラエルのメシア』に対する信仰を呼びかけたのである」（M・ヘンゲル）。

詩編二編の七節――即位の儀式――において、メシアである王はさらにはっきりと「子」と言われる。「あなたはわが子。私は今日あなたを生んだ」。よく注意してほしい。「生む」はここでは即位、高挙と同義語である。エジプトの神‐王やヘレニズムの神の子らのような、肉体的で性的な出産について、またもっと後のヘレニズム的・存在論的な三位一体論の意味での形而上学的な出産については、ヘブライ語聖書においても新約聖書においても、何の痕跡も存在しない！

それゆえに、ローマ書の導入部における（おそらくすでにパウロ以前の）最古の信仰告白の一つにおいて、イエス・キリストは「死者からの復活以来、力ある神の子に任ぜられた」と言われている〔ローマ1・4〕。使徒言行録においても、この王位就任の詩編二編が取り上げられ、今やイエスに適用される。「彼（神）は私に向かって言われた（詩編によれば油注がれた者である王に向かって、使徒言行録によればイエスに向かって）。『あなたはわが子。私はあなたを生んだ』と」〔使徒13・33〕。そしてなぜこれらすべてのことが起こりうるのだろうか。なぜならば、ここ新約聖書においては、まだいたってユダヤ的に考えられているからである。王として「生まれた」ということ、油注がれた者（メシア、キリスト）として「生まれた」ということはまさに、代理者および子として任命されたということである。そして「今日」（詩編においては王位就任の日）という言葉は、使徒言行録では一義的に、クリスマスでは決してなく、イースターのことである。つまり、出産、人と成ること、「受肉」といったことの祝祭ではなくて、イエスの甦り、神のもとへの高挙、イースターこそが、キリスト教の主要な祝祭なのである。

それでは、もともとユダヤ教において、そして新約聖書において、神の子とは何を意味しているのだろうか。あとになればなるほどヘレニズム的な公会議によって、ヘレニズム的な概念をもって、このテーマにおいて定義されたことがある。それは、新約聖書において確かなことは、神の子が素性を意味するのではなく、ヘブライ語の旧約聖書の意味での、正当で力ある地位への任命を意味するということである。ヘレニズムの神話において、またユダヤ人やムスリムによって、今日までしばしば受け入れられて、正当にも非難されてきた、肉体的な神の子ではなく、イエスが神によって選ばれて全能とされること、それも完全にヘブライ語聖書の意味においてである。そこでは時としてイスラエル民族も集合的に「神の子」と呼ばれる。そのような神の子理解に対しては、唯一神へのユダヤ的信仰の側からの根本的反論はほとんどなかった。さもなければそれをユダヤ人の原始教団が主張することも確実になかったであろう。

神の子が今日でも再び根源的な理解に基づいて主張されるのであれば、ユダヤ教とイスラム教の一神教の側からほとんど反論の余地はないように思われる。ユダヤ人にとって、ムスリムにとって、だがキリスト教徒にとっても、「人と成った神」という表現は誤解を招くものである。聖書に正確に従うならば、パウロとともに「神の子の派遣」について語るであろう。あるいはヨハネとともに「神の言葉」が「肉と成ること」について語るであろう。イエスは人間の姿において、神の「言葉」、神の「意志」、神の「像」、神の「子」である。

このような前提に立てば、父と子と聖霊についての語りは、ことによるとユダヤ人やムスリムにとっても理解しやすくなるかもしれない。私は試みに、新約聖書を今日向きに考察して、伝統的な三位一体論の聖書的核心と思われることを以下の三つの命題をもって要約してみたい。

――父なる神を信じるということは、世界と人間にとっての唯一の神、創造者、保護者、完成者を信じるということである。つまり唯一の神に対するこの信仰は、ユダヤ教とキリスト教とイスラム教が共有するものである。

――聖霊を信じるということは、人間と世界において働く神の権威と力を信じるということである。つまり神の霊に対するこの信仰もまた、ユダヤ教とキリスト教とイスラム教が共有するものである。

――神の子を信じるということは、人間であるナザレのイエスにおける唯一の神の啓示を信じるということである。彼はそのようなものとして神の言葉、像、子である。この決定的な相違に関して、まさに三つの預言者宗教はさらに話し合わなければならない。

こうしてさまざまな同時代の尊称や神話的象徴が、イエスの名においていわば洗礼を授けられた。それらの意味内容を変えて、彼の名に結びつけて、彼に仕えるため、そして当時の人々、さらにそれ以降の人々にとって、彼が持つ唯一無比の基準としての意義を理解しやすくするためであった。それらは初めから理解しやすい証明書ではなかったが、彼を指し示す示唆であった。彼が何者であり、何を意味するかについての、アプリオリ（先験的）に不可謬な定義ではなく、アポステリオリ（後験的）な解明であった。

然り、それらは、まさに個々の称号に示されていたのと同様に、さらにそれ以上のものである。それらはイエスの本質、本性、人格をただ単に神学的理論的に定義して解明するだけではない。それらはただ単に平和で儀式的なもの、あるいは無害で宣教的なものであるだけでなく、それと同時にきわめて批判的で論争的な採決と宣言である。己の権力と知恵を絶対化して、神のものを要求し、自らが究極の基準たらんとする、あらゆるものに対しての、暗黙の、あるいはまったく公然たる、宣戦布告である。それがユダヤ的な（そして後のキリスト教的な）聖職者階級であろうと、ギリシャの哲学者やローマの最高司令官であろうと、大小の主人、支配者、権力保持者、メシアたち、神の子たちであろうと。それらすべてには究極的な基準が欠けていると見なされる。その究極的な基準は、自らのためではなく神と人間のテーマのために存在する、あの一人の人物に帰せられる。その点においてイースター後のキリスト論的な尊称は、間接的に社会的政治的な意味を持っている。神々の凋落がともかく始まっていたのである。そして、まさに皇帝（およびその後継者）がますます究極の基準たることを要求したために、ローマの国家権力（および後の諸権力）との争いがその後数百年も続く、いのちをおびやかす脅威となったのである。皇帝が神のものを要求した場合はいつも——ただしその場合だけ——、キリスト者は大いなる「あれかこれか」という決断を迫られた。つまり「キリストか、それとも皇帝か」という決断である！だがそれによって今や明らかになるのは、称号それ自体は決定的ではないということである。信仰者と信仰共同体は、称号ではなくイエス自身を決定的な基準を与える者と見なして、信仰と行動において彼に従うべきである。どのような称号によってイエスにおけるこの基準となるものを表現したかは、初めも今日も副次的な問題であり、当時も今日も、社会的文化的な文脈によって条件づけられる。

　誰も当時の称号をすべて反復し朗詠する必要はない。これらの称号はかつてまったく特定の、私たちにとっては過去の世界と社会によって形成されたものであり、それ以来——言語が保存される時はいつもそうであるように——変化し続けてきた。誰もさまざまな称号やそれらと結びついた観念から、たった一つのキリスト論を組み立てる必要はない。そんなことをすれば、まるで私たちが四人の福音史家の代わりにたった一人の福音史家しか知らないようなものだ。また多くの弁証的な書簡の代わりにたった一つの新約聖書教義学しか持っていないようなものだ。イエスに対する信仰は、彼についての多くの信仰表現を許容する。つまりキリスト信仰は一つだが、キリスト論は多数存在するのである。神信仰は一つであるが、神学が多数存在するように。

　このことが訴えかけているのは偶像と称号の凋落ではなく、当時の称号と観念を今日の時代と言語へと翻訳することである。それは、この本全体が試みていることでもある。そのような翻訳は、キリストへの信仰が存続するため、今日理解できない概念や観念、さらに紛らわしい概念や観念が、キリストのメッセージを受け取って生かすことを困難にしたり、さらに妨げたりしないためである。そのような翻訳は、ただ単に古い称号や信仰告白を廃止することを意味するのではない。長いキリスト論の伝統や、さらにその聖書的起源を度外視することを意味するのでもない。その反対である。どんな良い翻訳も、原典に導かれ、以前の翻訳の誤りや強みから学ばなければならない。だがどんな良い翻訳といえども、単に機械的に口真似するだけではいけない。創造的に新しい言語の可能性を感じ取って把握しなければならない。イエスの新しい呼び方を躊躇する必要はない。まったく同様に、様々な意味で優れていて、テーマを驚くほど良くとらえていた古い呼び方を躊躇する必要もない。

国家社会主義の時代、公に、教会においては変わることなくただ一人の基準となる「主」（「指導者(Führer)」）が存在するという告白を行った者は——それはカトリックやルター派の司教ではなく、カール・バルトと「告白教会」およびバルメンでの教会会議のことである——ほぼ二千年前にローマの裁判法廷で「主はイエス・キリストである」という告白を行ったキリスト教徒たちとまったく同じように、よく理解された。そのように語られた、あるいは生きられた信仰告白には、殉教者の時代だけでなく裕福な時代においても、代償、それもしばしば高い代償がともなう。人がイエスに召命されて、時の偶像崇拝を——実際多くの偶像が存在する——拒否するところではいつも、そのようなことが起きる。キリスト論的な称号や述語や式文や命題のために、キリスト者は苦しんで、極端な場合はいのちを代償として支払わねばならないのではない。このイエス・キリスト自身のために、そして彼がそのために基準であり代理者であるところのもの、すなわち神と人間のテーマのために、そうしなければならないのである。

第7章　キリスト教的な生活実践のための帰結

キリスト教の教会と神学と霊性の歴史が証明しているように、あまりにもしばしば、キリスト者らしさは人間らしさを犠牲にしてきた。だがそれは本当のキリスト者らしさなのだろうか？　だとすれば、多くの人々にとって代案は一つしかなかった。それはキリスト者らしさを損ねて人間らしくあるということだ。すでに見てきたように、人間社会の発展を新たに洞察することによって、またキリスト教のメッセージを新たに熟考することによって、人間らしさとキリスト者らしさの関係を新たに定めなければならなくなってくる。まさに行動において、人間らしさとキリスト者らしさはどのように関係するのか？　こうして今、最初の問いがライトモチーフとして必然的に回帰してくる。

少なからぬ非キリスト者の目には、キリスト者は自己否認や自己放棄を表明するが、自らの自己実現を蔑ろにしているように見える。「キリスト者は人間のために役立とうとしているが、自身があまりにもしばしば人間らしさを欠いている。他人を親切に救おうとするが、自身が正しい泳ぎ方を習っていない。世界の救済を告げ知らせるが、周辺環境に限定されていることを認識していない。大いなる愛の計画を持っているが、自身があらかじめ組み込まれている計画のことを見抜いていない。他人の魂のことを気遣うが、自身の心理の複雑さを見誤っている。隣人愛や奉仕や献身をどれほど過大評価し過大要求したところで、結局はいとも簡単に挫折し、諦めて、幻滅に陥るだけだ」。そんな風にキリスト者は見えるのである。

人間的なものの規範

実際に、人間らしさが欠けていることが、キリスト者らしさがこれほどしばしば完全には受け入れてもらえない理由ではないだろうか？　他ならぬ教会の代表者や代弁者たちに真の完全な人間性が不足していることが、キリスト者らしさが真の人間的な可能性とは見なされずに軽蔑され拒絶される理由ではないだろうか？　個々人が才能を最大限発揮するように努力すればよいのではないだろうか？　つまり、衝動や感情の層を含むあらゆる次元において、人格全体を人間らしくすればよいのではないだろうか？　キリスト者らしさは人間らしさによってカバーされなければならない。人間らしさを犠牲にするのでなく、人間らしさのためにこそキリスト者らしさを発揮しなければならない。

ただし今日ではむしろ、この人間らしさがどのように社会的変化を起こすかをその都度見なければならない。かつてはキリスト教の道徳神学が人間らしさの基準と人間的行為の規範を、もっぱら普遍的一般的な人間本性から、一見したところ明証的かつ理路整然と演繹したものだった。そしてそのような基準や規範は永遠に妥当するもの、よって反論の余地のないものだと主張していた。けれどもそのようなことは、人間がますます自分の手で未来を目指し計画し形成していく、私たちのダイナミックな社会の歴史の中では不可能となった。神学的倫理学もそのことをますますはっきりと認識している。一つの伝承された、単に受動的に受け入れられた、永遠の、硬直して変化できない倫理的規範体系を前提とすることは、もはや不可能だ。むしろ繰り返し新たに、具体的でダイナミックに変化する人間の複雑な現実と社会から出直さなければならないのである。もっと正確に言うならば、今日この多層的な現実は、厳格な学問的方法によって、できる限り偏見を排して、事物法則性と未来可能性を明らかにすべく研究されてきているのである。現代の生活はあまりにも複雑化してしまったため、倫理的規範（例えば経済力、セクシュアリティ、攻撃性といったことに関する倫理的規範）を決定する際、学問的に確証された経験的データや洞察を無視して、現実に対して無知蒙昧でいることは許されない。心理学、社会学、行動研究、生物学、文化史、哲学的人間学といった人文諸科学と密接にコンタクトを持たずして、倫理学はありえない。人文諸科学は、確証された人間学的認識や、行動にとっての重要な情報をますます豊かに提供しつつある。もちろん、それらは決断を援助するものであるとはいえ再検討可能なものであって、人間のエートスの最終的な根拠づけや規範化に取って代わるものではない。

見通しがきかない現代の情報やコミュニケーションの可能性を利用することによって、社会の中で完全に自主的かつ批判的に振る舞うことができるのは、比較的わずかな人々に限られる。このことはおそらく間違いない。どれほど批判的で自律的な人間であっても、自分一人で合理的と見なして創始した規範に従うだけではない。ゼロから始める人間など存在しない。それは人間が環境によって決定されていて、前もってプログラミングされて、衝動によって突き動かされているからだけではない。人間は共同体や伝統の中にいる。すでにその人間よりも以前から、人々は多様な関係の中で人間らしく尊厳をもって生きようとしてきた。規範となる人間的な振る舞いは、本質的に人間によって媒介される。それは言葉、行い、行為の遂行、態度をもって、真に人間的な仕方で起きる。それらは一般的な真理から導き出せるものではなく、きわめて具体的に、知的な考察と直接的な参与との間の複雑な緊張から生じる。つまり規範となる人間的な振る舞いは、常に賭けられたエートスであって、その耐久性は結果において、「成果」において、測られる。ここできわめて多様な仕方で説明され図解されうることを、ただ以下の命題によって確認しておこう。善に関する知識、規範、モデル、しるしは、個々人に対して社会的に伝達される。

実際それゆえに、哲学的倫理学も神学的倫理学も、エートスをただ単に創造して一般社会に義務として課すことなどできはしない。哲学的・神学的な倫理学が学問としてできることは、領域と限界を示すこと、障害を取り除くこと、経験を見直すこと、偏見を解明すること、真実のエートスと誤ったエートス、真正なエートスと偽善的なエートスを危機に導くことである。哲学的・神学的な倫理学は、新しい倫理的規範を理性的に受容する際に役に立ちうる。また人文諸科学の多様な知識を統合しながら、人間のエートスが新たな次元を獲得し、現在および来たるべき未来に対して、より良く、より早く対応できるような、新しい刺激、問い、可能性を提供することができる。だがこういったすべてのことと、同意の自由や経験の力、ましてや言葉の説得力を取り替えてはならないし、取り替えることもできない。それらはむしろ喚起されるのである。

それならば人間は、自らの問題、生活形成と規範と動機に関する疑問を明らかにするために、共同体や、偉大な人道的宗教的な諸伝統や、父祖たちの経験の宝庫から、経験や原則を取り出して、利用したほうがよいのではないか?

人間は自らの行いや生活規範に対する個人的責任から逃れることは決してできないだろう。だがまさにそれゆえに人間にとってきわめて重要なことは、誰に何ごとかを語らせるのか、誰に決定的なことを言わせるのかを決断することである。ここまで語ってきた一切のことからまったくもって明らかなのは、キリスト者は、実践的行動のためにも、決定的なことをイエス・キリストに語らせるということである。イエスは「私のあとに従いなさい」と言う。ただし――。

あとに従うとはどういうことか？

キリスト教の宣教と行動は、単に歴史的にだけでなく、テーマ的にも、イエスの人格と結びついている。プラトン主義ならば、それをプラトンの教えと見なして彼の人生から切り離せるだろうし、マルクス主義の体系ならば、それをマルクスとその死から切り離せるだろう。だがナザレのイエスにおいては、本書の最初から最後まで見てきたように、彼の生と死、彼の運命と教えが一体化しているので、抽象的で一般的な思想内容によって、何が本当に重要であったかを再現することはもはやできない。すでに地上のイエスにとって、ましてや神のいのちの中へと入ってゆき、神から承認されたイエスにとって、人格とテーマは完全に一致しているのである。それは以下のようなことである。

――仮にイエスの告知、振る舞い、人格の行き着くところが大失敗、無であって、神ではないとすれば、彼の死は彼のテーマを否定することになるだろう。それならば、彼のテーマが神のテーマである（そしてその限りで人間のテーマである）ことも無に帰すであろう。

――しかし彼の行き着いたところが、神とともに生きる永遠のいのちであるならば、彼の人格は生きたしるし、つまり彼のテーマも未来を持っており、行動を期待しており、あとに従うに値するものだということの生きたしるしであり、またそのようなしるしであり続ける。それならば何人も、彼のテーマを信ずることを行動において公に現さずして、生けるイエスを信じていると主張してはならない。またその逆に、何人も、実際に彼のあとに従って共同体の関係に入らなければ、彼のテーマに携わることはできない。

キリスト者はイエスのあとに従うことによって、その他の偉人に従う弟子たちや支持者たちから区別される。それは、イエスの人格への究極的指示、彼の教えのみならず、彼の生と、死と、新しい生への究極的指示が、キリスト者に対して与えられている場合のことである。マルクス主義者あるいはフロイト主義者ならば、自らの教師のためにそんなことをする必要はないであろう。マルクスとフロイト自身も著書を書いたが、彼らの人格への特別な結びつきがなくても、それらの著書を研究したり遵守したりすることは可能である。彼らの作品、彼らの教えは、彼らの人格から基本的に切り離すことができる。だが福音書、イエスの「教え」（メッセージ）を本来の意味で理解するためには、それを彼の生と、死と、新しい生の光の下において見なければならない。つまり彼の「教え」は、新約聖書全体において、彼の人格から切り離すことができないのである。このように、イエスはキリスト者にとって一人の教師ではあるが、それと同時に、それ以上の存在でもあることは明らかだ。つまり彼は人格において、生きており、基準となる、自らのテーマの体現者なのである。

「あとに従う」——新約聖書においては特筆すべきことに、活動を表す言葉しか存在しない——とは「彼の後からついていく」という意味である。それは今ではもちろん、イエスが生きていた時のように外面的に彼とともにいて土地を渡り歩くことではもはやなくて、同じ支持者であり弟子であるというしるしの下で、彼との関係に入り、継続して彼のあとに続き、彼に従って自らの生活を整えるということである。それがすなわちあとに従うことである。つまり彼と彼の道にわが身を委ね、彼の指導に従って、己自身の道を——各人には各人の道がある——行くことである。この可能性は当初から大いなるチャンスと見なされた。それは「ねばならぬ」ではなく「してよい」ということである。つまりそのような人生の道へと招く、本当の召命、真の恵みである。その前提となるのは、たった一つのことだけ、すなわち人がその恵みを信頼しつつ把握し、そのあとに従って自らの人生を整えるということである。

十字架のあとに従うことも？

濫用された十字架：残念なことに、キリスト教においてまさにこの最も深くて最も強いものこそが「敬虔な人々」によって評判を損なわれてきた。この人々はニーチェが嘲笑したように、「暗い者、ひそひそ話をする者、出不精者」、腰を曲げて「十字架へと這っていく」、老いて冷たくなり、あらゆる「朝の雄々しさ」〔ニーチェ『ツァラトゥストラ』に出てくる表現〕を失った人々である。実際に「十字架へと這っていく」ことは、今日の言葉づかいでは、抵抗を諦める、勇気がない、屈服する、黙ってうなだれる、卑屈になる、支配される、降伏する、といったことを意味する。また「己の十字架を担う」ことも同様に、降伏すること、へりくだること、引きこもること、不平をつぶやくこと、ひそかに拳を握りしめること……といったことを意味する。十字架は弱虫、お追従者のしるしである。けれどもパウロが、十字架は異教徒にとっては無意味であり、ユダヤ人にとってはスキャンダルだが、信仰者にとっては「神の力」であると言った時〔一コリント1・22－24〕、そんなことを言おうとしたのではなかった！

「敬虔な人々」が十字架は人間を辱めるものと誤解しているのであれば、神の言葉を公に告げ知らせる人々には大きな罪がある。十字架によってどれほど多くの虐待が行われてきたことか！　十字架は教会においてどれほど濫用されてきたことか！　どれほどしばしば、人は教会の教え（例：避妊の禁止）や伝統（例：独身制）の重荷を、神が嘉《よみ》する十字架と見なして正当化しようとして、これらのことすべてにおいて、権威的な教会運営に敵対する人々――自分の牧師、チャプレン、信徒、神学者――に対して「十字架を疎かにしている」という嫌疑をかけてきたことか。十字架は木槌として用いられた……。

誤解された十字架：十字架のあとに従うことを稚拙に歪曲することに劣らず、甚大な影響をもたらすのは、十字架の説教についての、もっと微妙な誤解である。それは以下のようなものである。

――十字架のあとに従うことは、結果をともなわない儀式的崇拝のことではないし、考えもなしに果てしなく十字を切ることでもないし、純粋な伝統や装飾品になった十字架像のことでもないし、営利目的でうやうやしく金を受け取ることでもない。

――十字架のあとに従うことは、神秘的な精神集中のことでもない。つまり、祈りや瞑想の中で硬直し、私事化された、同じレベルでの共苦のことでもない。信心ぶった崇拝や軽視によってイエスの魂と肉体の痛みと一体化することでもない。

――最後に、十字架のあとに従うことは、イエスの人生の道を文字通りに真似することではないし、彼の人生と告知と努力をモデルとして忠実にコピーすることでもない。同じ痛み、同じ苦しみ、同じ傷を身に受けることでもない。

理解された十字架：十字架のあとに従うこととは、イエスの十字架でなく自分の十字架を自ら担うことであり、自らが置かれている状況のリスク、未来の不確かさの中で、自分自身の道を行くことである。多くの人々が十字架につけられている。それは挫折した革命家、囚人、死刑囚、不治の病人のみならず、まったく役に立たない人、生きることに疲れた人、自分自身と世界に絶望した人である。十字架には多くの人々がつけられている。心配に苛まれている人、仲間に苦しめられている人、要求に押しつぶされている人、退屈で虚ろになっている人、不安に押しつぶされている人、憎しみに毒されている人、友から忘れられた人、メディアによって隠された人……そうだ、誰もが自らの十字架につけられているのではないだろうか？

言い表せないほどの苦難に直面した時、しばしば沈黙するほうが適切である。どれほどしばしば、答えに口ごもることだろうか。慰めを語ることはどれほど困難であろうか。このようなことを誰もが自分自身の人生において、病や死に直面した時、「なぜ」「何のため」というあらゆる問いに直面した時、経験してきただろう。だがまさにこのような極限状況に置かれた人間の経験もまた、言葉を求める。それは説明し、慰め、消化する言語である。喪の作業は必要なものであり、その物質的かつ精神的な助けは本質的に言語で構成されている。キリスト者は、キリストの十字架に対して無言で応答せずにいるのではない。ただし、まさにここではどんな決まり文句にも警戒しなければならない。キリスト者は、十字架につけられた者をして語らしめる時、無言でいるのではない。何を語るべきだろうか？　どの程度助けるべきだろうか？

1　苦難を探すのではなく耐えること：イエスは苦難を探したのではない。苦難は彼に強いられたものだった。誰であれ自虐的に痛みや苦しみに憧れる者、ましてや自分自身に痛みや苦しみを加える者は、イエスの十字架のあとに従っているのではない。痛みは存在し、痛みであり続ける。苦しみは存在し、苦しみであり続ける。このことを解釈し直すべきではないし、ましてやマゾヒスティックに無理やり快楽をひねり出そうとするべきではない。苦しみと痛みは人間に対する攻撃である。またそのようなものであり続ける。イエスとともに歩もうとする者は、イエスの十字架を担うのでなく、何らかの十字架を担うのでもなく、願わくば自分自身の十字架を担って、彼のあとに従おう〔マルコ8・34〕。修道士のように禁欲したり、ロマンチックな英雄たらんとして、異常な苦しみを求めることは、キリスト教的ではない。そうではなく——しばしば繰り返すがゆえに、英雄的行為よりもたいてい困難なことは——通常の、普通の日々の、まさにこの場所において、ただしそうはいっても、しばしば大きすぎる苦しみに耐えるということである。このことが十字架につけられた者を信ずる人に対して与えられた使命である。つまり日々の十字架である！　これが修養などではなく、自明なことでもないということは、以下のことを知っている人にとっては誰にでも明らかだろう。すなわち人間は非常にしばしば、おのれの十字架から、つまり日々のありとあらゆる、家族や職業における義務、請求、要求、約束から逃げ出そうとする。あるいは非常にしばしば、自らの十字架を押しのけたり排除しようとする。それゆえにイエスの十字架は、自己批判的な認識や自己批判的な行為にとっての基準となるのである。

2　苦難に耐えるだけではなく、苦難と闘うこと：ストア的な生のアパシーは、できる限り感情的にならず自らの苦難の経験に耐えること、苦難に対して精神的に関与せず、それを疎遠なものと見なしてやり過ごすことを理想として告げ知らせる。それはいずれにせよ、イエスの十字架のあとに従うこととは異なっている。イエスは自らの苦しみに対しても、他者の苦しみに対しても、感じる痛みを抑圧しなかった。まったく救いなき世界に存在している悪の力、病、死の力に対して、イエスは象徴的な行動を通して立ち向かった。イエスのメッセージは隣人愛において頂点に達するが［マルコ12・31並行］、それは強盗に襲われた者を世話する寓話に［ルカ10・25－37］、また最後の審判の批判的な基準に、忘れ難く刻みこまれている。その基準は、飢えている者、のどが渇いている者、裸の者、異邦人、病人、囚われ人のために行動することである［マタイ25・34－46］。それゆえに若い信仰共同体は当初から、苦しむ人々を思いやりに満ちて気遣うことを特別な課題と認識していた。キリスト者は、社会における日々の共同作業から逃れるために、また社会的現実を変える代わりにあの世に慰めを見出すために、自らの信仰を論証しようなどとしては決してならない。神に対する信仰、仕事を常に支える祈りは、敗北主義的で、苦難にぶつかって諦めに陥るキリスト者の避難所、はたまた天国を夢見るだけのキリスト者の避難所になっては決してならない。状況を変革するための常に限られた個人的・社会的な可能性を判断する際、冷静であり現実的であることは必要なことだ。それはキリスト教徒が苦難に打ち勝とうとして、苦難を忘れ去ったプラグマティズムや幻想的な行動主義へと陥らないためである。

3　苦難と闘うだけでなくそれを消化すること：イエス・キリストの十字架によって、苦難とその原因を逐一解消して片づけるだけではなく、それらを積極的に変化させて消化するという可能性が、人間に対して開かれる。わが身をイエスの道に委ね日常の中で己の十字架を冷静に担う者といえども、苦難に完全に打ち克って、それを取り除くことはできない。けれども信仰において、苦難を持ちこたえて乗り越えることはできる。そうすれば、苦難に押しつぶされ、苦難の中で絶望して滅びてしまうことは決してないだろう。イエスが人間に捨てられ神に捨てられるという極限の苦難の中にあって、滅びてしまわなかったのであれば、イエスを信頼し信仰しながら拠りどころとする者も同様に、滅びてしまうことはないだろう。なぜならば、そのような者に対しては、信仰の中で希望が与えられているからである。それは、苦難が単に決定的なもの、最終的なものではないという希望である。そのような者にとって、究極のものは苦難のない生である。そのような者自身も、人間社会も、この究極のものを実現することはできないが、完成された状態から、秘義に満ちた全き他者から、信ずる神から、期待することを許されている。それはあらゆる苦難が永遠のいのちの中で決定的に揚棄される状態である。

人間の生存は、社会や経済のシステムがどうあろうと、妨害された（十字に横切られた）出来事、つまり十字架——痛み、不安、苦難、死——によって規定された出来事である。けれどもこの妨害された人間の生存は、イエスの十字架によって初めて意味を得る。イエスのあとに従うことはいつも、時として隠された、時として明白な、苦しみながらあとに従うこと、十字架のあとに従うことである。人間はそこに身を委ねてよいのだろうか？　人は十字架の下で、十字架につけられた主イエスに最も近づく（隣人となる）。人は自らの受難において、イエス・キリストの受難の中に置かれる。まさにこのことによって、いかなる苦難の中においても究極の卓越した優越が可能となる。なぜならば、この世のいかなる十字架といえども、いのちへと甦らされた者の十字架において決定された意味の提供を反駁することはできないからである。それは、苦難、極限の脅威、無意味、虚無、見捨て、孤独、空虚といえども、人間と連帯する神によって包まれているということである。したがって信ずる者にとっては一本の道が、苦難を素通りするのではなく、苦難を貫き通して拓かれているということである。まさにそのようにして、個人の人生においても、人間社会においても、苦難とその原因に対する闘いに備えることができるのだ。

以上ですでに明らかになったことは、歴史上の一人物は少なくともそのような苦難に満ちた文脈において、非人格的な観念、抽象的な原理、一般的な規範、純粋に思弁的な体系とは異なった説得力を持っているということである。

抽象的な原理に代わる、具体的な人物

1　具体的で歴史的な人物としてのイエスは、永遠の観念や抽象的原理や一般的規範や思弁的体系には収まらないような**具体性**を有している。

観念、原理、規範、体系に欠けているのは、いのちの動き、比喩的に理解できること、経験的で具

体的な実存が持つ、尽きることのない、想像もできないような豊かさである。観念、原理、規範、体系は、たとえどれほど明確で決定的で、単純で安定していて、思考可能で言明可能であったとしても、具体的な個人から切り離されて抽象化されているがゆえに、モノトーンで現実離れしている。つまり、抽象化がしばしばもたらすものは、無差別、硬直、相対的な無内容さであり、そこではすべてが思考の生彩を欠いて病んでいる。

だが具体的な人物は、思考や批判的合理的な討議を刺激するだけではなく、常に新しく、ファンタジー、想像力、情緒、自発性、創造性、イノベーション、要するに人間のありとあらゆる層を刺激するのである。一人の人物を描くことはできるが、一つの原理を描くことはできない。一人の人物に対しては、直接の実存的な関係に入ることができる。つまり、その関係について物語って、理性的に見て、論証して、議論して、神学するというだけではない。いかなる歴史も抽象的観念と取り替えることができないが、それと同様に、いかなる物語も宣言やアピールと取り替えることはできない。像を概念と取り替えることはできない。影響を受けることを概念化することを取り替えることはできない。人物を一つの公式に収めることはできない。

原則ではなく生きた人物だけが人を惹きつけ、言葉の最も深く包括的な意味で「魅力的」でありうる。「言葉は教えるが、実例は魅了する（verba docent, exempla trahunt）」と言う通りである。「素晴らしい」お手本だと人が言う時には理由がある。人物は観念や原理を可視化する。つまりこの観念、この原理、この理想を肉体化、「体現」するのである。その時、人間はそれについて単に「知る」だけではない。それが「具体的に」生かされているのを目の当たりにする。抽象的な規範が指図されるのではなく、具体的な尺度が定められる。個々の方針が与えられるだけでなく、自らの生の全体を具体的に見渡すことが可能となる。それゆえに、単に一般的で「キリスト教的な」綱要、律法、理想を受け継ぐというだけではなく、単に一般的で「キリスト教的な」生活形成を実現するというだけではなく、他ならぬこのキリスト・イエスを信頼して、彼を尺度として、自らの人生を整えようとすることができる。その時イエスは、彼が尺度となり意味することのすべてをもって、ただ単なる「素晴らしいお手本」ということを遥かに越えた、真の「世の光」であることが明らかになる。

2

具体的で歴史的な人物として、イエスは**聴き取り可能性**を有している。これとは異なって、観念、原理、規範、システムは沈黙している。

観念、原理、規範、システムは言葉も声も持っていない。それらは呼びかけることも召命することもできない。それらは語りかけることも要求することもできない。それら自体は権威を持っていない。それらは権威を与えてくれる誰かに依存している。さもなければ、それらは顧みられず影響も与えないままである。

具体的で歴史的な人物は、取り違えようのない固有名を持っている。そしてイエスという名前は——しばしば苦労して、ためらいをもって語られるが——力、守り、逃れ、要求を意味することができる。つまり彼は、あらゆる非人間性、抑圧、不真実、不正に対して抗い、人間性、自由、正義、真理、愛に味方するからである。具体的で歴史的な人物は、言葉と声を持っている。その人物は呼びかけ、召命することができる。つまりイエス・キリストのあとに従うことは、本質的に、彼の姿と彼の道によって呼びかけられていることに基づいている。それはすなわち——今日人間の言葉によって媒介される——召命である。具体的で歴史的な人物は語りかけ要求することができる。イエス・キリストのあとに従うことは、本質的に、彼の人格と運命によって要求されること、一定の道を歩む義務を与える。媒介された言葉によって、一人の歴史的な人物の声を時の隔たりを超えて聴き取ることができる。そして人間は、聴き取る理性をもって呼び出され、理解しつつ信仰しながら、イエス・キリストの言葉によって導かれる。それによって人間は己の生の意義を探し、己の生を形成するのである。

何らかの原則ではなく生きた人物だけが、幅広く要求を掲げて、影響を与えることができる。生きた人物だけが招き、要求し、挑むことができる。イエス・キリストの人格は具体的であり、光をもたらし、さらに実践的な方向を指示するという特徴を持っている。イエス・キリストの人格は、人間の人格の中心を自由で実存的な出会いへと呼び起こし、神への信頼というあの根源的な信頼を活性化する。それによって人間は、この人物の招きと要求に「心から」身を委ねることができるようになる。イエス・キリストの人格は、彼にふさわしく行為できるようにという願いを呼び覚まし、日常においてそれを実現する、通行可能な道を示す。そしてイエス・キリストの人格は、あのような権威をもって信頼を前貸しするので、人は個々の場合において、なぜそのような信頼に十分意味があり、十分価値があるのかを必ずしも完全に合理的に証明できなくても、イエス・キリストの人格に従って行為することができる。このようにしてイエスは、彼の存在と意義のすべてをもって、「光」であるのみならず、人間の中に住まう神の「言葉」であるということがわかる。

3

イエスが具体的で歴史的な人物として示すことは、**実現可能性**である。これとは反対に、観念はしばしば達成不可能な理想に思われ、規範は実現不可能な律法に思われ、原則やシステムは現実からかけ離れたユートピアに思われる。

観念、原理、規範、システムそのものは、それら自身が調整したり秩序づけたりすべき現実ではない。それらは実現を提供するのではなく、実現を求める。それら自体は、世界の中でいかなる現実性も持っておらず、それらを現実化してくれる誰かに依存している。

だが歴史的な人物は、たとえさまざまに解釈されることがあっても、否定できない現実性を持っている。イエスが実在したこと、彼がきわめて特定のメッセージを告げ知らせたこと、彼が特定の理想を実現し、きわめて特定の運命をこうむり、それを耐え抜いたということは、否定できない。彼の人格と道はぼんやりした可能性ではなく史実としての現実である。また観念や規範とは違って、一人の歴史上の人物は他の歴史上の人物によって「追い抜かれる」ということが、そもそもありえない。つまり、その人物は取り替えることができない仕方で、一度限りだがすべて及ぶ仕方で、その人物自身なのである。歴史上の人物イエスを見れば、人は彼の道を歩むことができ、そして持ちこたえることができるということがわかる。つまりここでは単に「あなたはこの道を行き、自らを義として、自らを解放せねばならない！」という命法が課せられているのではない。「彼がすでに道を歩み終えており、あなたは――彼を見れば――すでに義とされて解放されている」という直説法が前提とされているのである。

何らかの原則ではなく、ただ生きた人物だけが、このように全面的な仕方で勇気づける効果を発揮する。彼は実現可能性を証し、あとに従うように喚起することができる。そして、その道を行くこともできるのだという信頼を可能にして強める。その際、善い行いをする自らの力に対する疑いを取り除いてくれる。それによってもちろん新しい基準が置かれたのである。つまり、外的な目標、無時間的な理想、一般的な振る舞いの規範だけではなく、ただ信頼に満ちて受け取るべき現実、成就された約束である。規範は最小化する傾向を持つが、イエスは最大化する傾向を持つ――ただし、その道が期待できるものであり人間にふさわしい仕方で。こうしてイエス自身が、彼が存在し意味するところのすべてにおいて、人間にとって「光」や「言葉」であるだけでなく、まさに「道であり真理でありいのち」であることが明らかとなる。

かくしてイエスは、基準となる具体的な人物として影響をもたらす。つまり、具体的であること、聴き取れること、実現できることにおいて、惹きつけ、要求し、勇気づけるのである。そして今やこの「光」、この「言葉」、この「道」、この「真理」、この「いのち」とともに、まだ明確に語られていないことがある。それは以下のようなことである。どのようなキリスト教的行動、キリスト教倫理が決定的なものであるのか？　何がキリスト教的なものの基準、キリスト教を区別するのか？　何がしばしば議論されてきた「キリスト教の固有性」であるのか？　またそれは、人間にとって一般的なもの、「普遍的な人間性」とどのように関係するのか？

キリスト教的なエートスと世界エートス

倫理においても、これこそがキリスト教的だと区別できるものを、抽象的な何らかの観念や原理の中に探しても、単純に何らかの信念や意味の地平や新しい構想や動機の中に探しても、徒労に終わる。例えば「愛」に基づく行為、「自由」な行為、「創造」あるいは「完成」の地平を目指す行為——このようなことは結局、他の人々、つまりユダヤ教徒やイスラム教徒や、実にさまざまな種類のヒューマニストにもできることである。キリスト教的なものの基準、これがキリスト教的だと区別できるもの——それは教義学に当てはまるのと同様に、倫理学にも必然的に当てはまる——は、抽象的な何ごとかではなく、またキリストの観念でもなく、キリスト論やキリスト中心的な思考体系でもなく、この具体的なキリスト・イエスという、基準となる者なのである。

倫理的基準を独自に発見あるいは採用しようとすること、そして他の規範体系とのさまざまな関連性を確認することはまったく正当なことである。イエスのエートスの中に含まれたさまざまな伝統を調べることも正当なことである。また今日のグローバル化した世界を見れば、他の教師たち、つまりユダヤ教やギリシャ、インド、中国の教師たちとの共通点を認めて熟考することは、意義深くて役立つこと、それどころか必要なことである。つまり、単なる倫理的な指図（例えば怜悧の規則）だけではなく、特定の高度な倫理的要求、とりわけ黄金律は、イエスによって初めてもたらされたのでは決してなく、他の場所でも、すでにキリストより五〇〇年前、中国の賢者である孔子によってもたらされた。この経験的な調査結果に基づくのが、グローバルな人類のエートスあるいは世界エートスである。

イエスにおいてもすでに、万人に義務づけられる根本的エートスと、イエスのあとに従うための特別なエートスとの区別が見られる。つまり彼は「戒めを守ること」を前提としており、世界エートスの四つの倫理的な指示を金持ちの若者に対して明確に語る。だがこの若者が「完全に」なるために、まだ「欠けている」ものは、イエスのあとに従うという特別な挑戦を受け入れることである。そのことは山上の説教で長く述べられている。イエスの倫理的な諸要求の唯一無比のコンテキストを見逃してはならない。これらの要求は、ごちゃごちゃとした倫理的に無価値な命題、アレゴリカルで神秘的な思弁や戯れ、小うるさい決疑論、硬直した儀式主義といったものの、孤高の頂点や最高命題などではない。ましてや、イエスの要求のラディカルさと全体性を見逃すことがあってはならない。それは、戒めを一つの簡単で究極的なもの（十戒、神と隣人に対する愛の根本的表現）へと還元し、集中させること、隣人愛の普遍性と徹底化、すなわち序列なき奉仕、終わりなき赦し、報復なき断念を敵に対する愛として実行するということである。その際決定的なのは、人がこれらすべてをイエスの人格と運命の全体において見ない時、完全な意味で理解することはできないということである。どういうことだろうか？

ウォルフガング・アマデウス・モーツァルトの音楽を見てみよう。彼のスタイルの根本、また彼がレオポルド・モーツァルト、ショーベルト、ヨハン・クリスチャン・バッハ、ザンマルティーニ、ピッチーニ、ハイドンやその他幾人かに依存している点をいちいち確認することはできる。だがそれによってモーツァルトという現象を説明したことにはまだならない。音楽的環境の全体および手持ちの音楽的伝統の全体と徹底的に対決したモーツァルトにおいては、驚くべき普遍性の中に、また特殊な均衡の中に、彼が生きていた時代の音楽のありとあらゆる様式や種類を見出すことができる。「ドイツ性」と「イタリア性」、ホモフォニーとポリフォニー、博識と慇懃、紡ぎ出し書法とコントラストといったことを分析することはできるが、そうするとかえって、新しいもの、唯一無比なもの、特殊モーツァルト的なものの洞察が妨げられかねない。新しいもの、唯一無比のもの、特殊モーツァルト的なものとは、より高次の精神的自由に根差した統一性を保っている全体のことであり、彼の音楽の中にあるモーツァルト自身なのである。

それと同様に、イエスのエートスの中においてもありとあらゆる伝統や並行箇所を見つけ出して再構成することはできる。だがそうしてみたところで、イエスという現象を説明したことにはまだならない。またイエスにおける愛の優越や愛の普遍性を強調し、ユダヤ教の倫理と比較するなどして、彼における神中心性のラディカルさ、そのエートスの集中性、徹底性、精神的深化のラディカルさを際立たせて、それと同時に、新しい意味の地平と新しい動機を引き出すことはできても、それによってイエスにおける新しいもの、唯一無比のものをまだはっきりと把握したことにはならない。イエスにおける新しいもの、唯一無比のものは、まとまった彼のすべてであり、働きかけて行為する、このイエス自身なのである。

だがそのようにしてやっと「イエスに固有なもの」を規定してもまだ――モーツァルトとの類比が終わるところで――「キリスト教に固有なもの」を規定したことにはならない。「キリスト教に固有なもの」はもちろん「イエスに固有なもの」に基づいている。イエスの宣教、山上の説教(エートス)だけを見てから、これをいきなり――今まで何も起きなかったかのごとく――今日の時代へと翻訳する時、まさにキリスト教倫理にとっても、このキリスト教に固有なものを見失ってしまう。山上の説教の史的イエスと、キリスト教のキリストとの間には、神の行為の次元において、死と甦りが存在する。これがなければ、宣教者イエスは決して宣教対象としてのイエス・キリストにはならなかったであろう。それゆえに、まさにキリスト教に固有なものは、統一された彼の全体、他ならぬこのキリスト・イエス自身、すなわち宣教する者であると同時に、宣教される者、十字架につけられた者であると同時に、生きている者なのである。

イエス・キリストのテーマを、排他的に理解されたイエスのテーマへと縮小すること、この出来事の中にある神の次元を断念できると思うこと、それは何であれ、究極的拘束の断念をもたらす。そうすればキリスト教倫理も、倫理的な恣意的多元主義にさらされる。イエス、原始教団、パウロ、その他の新約聖書――いわば四人の新たな福音史家――を横並びにして――神学的かつ歴史的に!――その都度語ってよいかのように、順番に論述していくならば、「新約聖書の論理」さえも、ただ苦労して事後的にしか統一することができなくなる。どんなキリスト教倫理にとっても注意すべきことは、その礎がすでに置かれているということ、それはただ単に愛の戒めや世界に対する批判的な態度、教団、終末論といったものではなく、ただキリスト・イエスのみだということである。

唯一の光と多くの光

イエス・キリスト、そして彼だけがキリスト者にとっては――ヨハネ福音書の言葉によれば――「世の光」「人間の光」「道、真理、いのち」である。

白か黒かという二元論に陥ることなく、またクムランのように光か闇か（「光の子ら」対「闇の子ら」）という安っぽい単純な対立を信奉することもなく、このキリストこそがキリスト者にとって変わることのない大いなる希望である。キリスト者はその希望によって、これからも引き続き、うぬぼれることなく、自己正当化することなく、キリストのあとに従う道を探し求めることを許されている。なぜならば、キリストによって私が知っていることは、キリスト教の歴史についてもそれをただ単純に悪党や犯人の「犯罪史」として語るだけではいけないということだからだ。そのように語ったところで結局は退屈なことである。人はその歴史を事柄に即して、つまり光と闇の間の緊張に満ちた歴史として語らなければならない。その歴史の中において、あらゆる悪行にもかかわらず、キリスト教の本質は繰り返し現れ出てきているのである。

すべての大陸の無数の人々に対して、イエス・キリストは最近になっても光と希望を与えてきた。それは無数の、どんな教会史にも名前が記されていない人々である。そのような人々は何世紀にもわたって、ナザレの人を指針として、数え切れない無名の男女の信仰運動を形成してきた。それは教会史というよりもむしろキリスト者の歴史である。ただ一人の人物からキリスト者が学んだことは、神の前に貧しい者たちが祝福されているということ、暴力に訴えない者、正義に飢え渇く者、憐み深い者、平和を創る者、正義のために迫害される者は祝福されているということである。この一人物からキリスト者が学んだことは、エゴイズムが支配し、人々が肘で押しのけ合うこの社会には何が欠けているかということである。それは思いやりを持ち、分け合い、赦すことができること、後悔して、いたわり、断念し、サポートすることである。

今日に至るまでキリスト者にかかっているのは、キリスト教が本当にキリストに向かっており、彼から光、放射力、霊を与えられることによって、精神的な故郷、信仰・希望・愛の家を提供することができるかどうかということである。そのようなキリスト者たちが世の日常の中で繰り返し示すことは、高い理想を生きることもできるのだということ、それどころか、キリストに対する信仰の深いところから、まさに苦しみ、咎、絶望、不安を克服することもできるのだということである。このような、光の光であるキリストを信頼する信仰は、あの世を指し示す単なる慰めではなくて、今日ここで起きている不正な状況に抗う参与、プロテスト、抵抗のための土台であり、神の国への希望によって担われ、強められる。

だがこの一つの光は、新約聖書的に理解するならば、人間を照らす〔霊感を与える〕が、世界に存在する他の光たちを見えなくしてしまうように眩惑することは決してしないであろう。「キリストのみ(Solus Christus)！」と言われる。つまりキリストだけで十分——他のすべてのことは信仰の役に立たず、価値がなく、興味深いものではないということだろうか？　福音主義神学者たちの中には、時としてそれを極限まで押し進めた者もいた。その中でも最も偉大な人物の一人がカール・バルトである。彼が記念碑的な『教会教義学』のIV／3においてキリストについて書いてしまった偉大ならざることは、キリストが唯一の光であり、それと並ぶ他の光は存在しないということ、このことがすべてのキリスト者にとって真剣に受けとめられて当然だということである。だがカール・バルト自身が長い人生の経過の中で洞察せねばならなかったことは、このような排他性は人間とともにいます神の意図には相応しくないということである。キリスト教の排他性は不寛容をもたらす。そして不寛容さは非キリスト教的なものである。なぜならば、それはイエス・キリストの精神に矛盾するからである。それゆえにカール・バルトは確かに、この最後に完成された教義学の巻において結局、一なる光と並んで他の光たちも存在するということを公に認めたのである。つまり神の言葉と並んで、他の諸々の言葉が存在するということ、唯一の真理と並んで他の諸々の真理が存在するということである。したがってイエス・キリストは、聖書の表紙の中にも、教会の壁の中にも閉じこめられていないということである。なぜなら、すべての人間にとっての神である神は、教会の壁の外側においても働いているのだから。

以下のことを否定することはできないだろう。ヘブライ語聖書と新約聖書によれば、非ユダヤ人も非キリスト教徒も真実の神を認識することができるし、神も彼らの近くにいるのである。またイエス・キリストがキリスト者にとっての光、神についてのあらゆる語りの決定的な基準であるとしても、だからといって次のことから目を逸らさないようにしよう。

――ユダヤ人にとって、この光は明確にトーラーのことであり、モーセ五書に記されている通りのことである。

――過去においても現在においても、この地上における何億もの人々にとって、ゴータマは「仏陀」「目覚めた者」「悟りを開いた者」であり、それゆえに大いなる「光」である。

――過去と現在における何億人ものイスラム教徒にとって、コーランは道を照らす「光」であり、唯一の神から霊感を与えられた預言者ムハンマドこそ、コーランのこのメッセージを説得力ある仕方で自ら体現している者である。

こう続けることができるかもしれない。すべての偉大な世界宗教における類似点を私は証明した。それゆえに、キリスト者にとって以下のような問いが立てられる。「私たちの光」であるイエス・キリストと、他の人々によって認識されるその他の多くの光とは、お互いに今どのように関係するのだろうか？　「唯一の光」とその他の諸々の光とを調和させることはできるのだろうか？　答えはこうである。できる。なぜならば、この調和はイエス・キリストの精神に相応しいものであるから。というのも、私たちがキリスト者としてこの問いに答える時、私たちはユダヤ人であるナザレのイエス、彼の具体的な振る舞い方、議論を引き起こしている問題の中での彼の態度を注視しなければならないからだ。このナザレ人は、同時代の世界の諸宗教について瞑想したり哲学したりしたわけではないし、いかなる宗教学的な知識も示さなかった。むしろ彼は、私が報告したように、異なった信仰を持つ人間を異なった仕方で扱う。つまり彼はそれらの人々を人間として尊重し、その人々に固有な尊厳を認めたのである。具体的な個々の事例において彼が示したことはまさに、人がどのようにして異なる信仰の人々と交わったらよいかということである。彼はヘブライの母から生まれたが、シロフェニキアの女性やローマの将校の信仰を大いに喜んだ。彼のことを探し求めるギリシャ人を友好的に受け入れ、同郷のユダヤ人に対しては挑発的に、サマリアの異教徒を隣人愛の忘れがたい事例として指し示した。彼は今日の私たちに、異なる人々との出会いを心がけさせ、こうした出会いの中で現世に対するキリスト教的責任を新たに発見することを教えるであろう。

かくしてイエス・キリストは、今日の世界の地平を前にしてもなお一貫して導きを提供し、基準であり、人生のモデルであることが可能なのである。

人生観と人生の実践にとっての根本モデル

陥りがちな二つの誤解を今や直ちに避けねばならない。

第一点。イエス・キリストは歴史的な人物として、明確であり、聴き取ることができて、具体化できることが強調されてきた。だがこのように明確で、聴き取ることができて、具体化できるにもかかわらず、イエスの人格とテーマは、初めから誰にでも問題なくわかりやすく説得力をもって明白であるからもはや拒否できない、というわけでは決してない。その反対である。彼はまさに明確であるがゆえに人を惹きつけ、聴き取れるがゆえに要求し、具体化できるがゆえに勇気づける。すなわち人ははっきりとした避けられない決断の前に立たされていることを知る。それはただ信仰の決断でしかありえない。つまりこのメッセージを信頼し、彼のテーマにわが身を委ね、彼の道にあとから従うという決断である。

第二点。イエスは、信仰において彼のテーマと道を選ぶことを決断した者にとっても、産児制限をどうすべきか、子どもをどう育てるべきか、権力をどうコントロールすべきか、共同経営やベルトコンベアー作業をどう組織化すべきか、環境をいかにしてきれいに保つべきかといった、日常生活の倫理的諸問題すべてに対する安易で包括的な解答とはならない。イエスは恣意的なあらゆる個々の事柄において簡単にコピーできるモデルではなく、時と場所と人に応じてその都度、無限に多様な仕方で現実化するべき基本モデルなのである。彼はまた福音書のどこでも、徳目を表す形容詞によって特徴づけられておらず、むしろ彼の行動と関係において描かれている。彼が何者であるかは行動に示される。このイエス・キリストが、あとに従うことを許容するのは、彼にふさわしく応じること、彼との相関関係においてであって、物まねやコピーにおいてではない。

一人の人間が基準としてのイエスに関わり合い、生活観と生活実践の基本モデルとしてのイエス・キリストの人格によって規定されるならば、もちろん人間全体が作り直される。実際イエス・キリストは単なる外的な目標や曖昧な次元や一般的な行動規則や、無時間的な理想ではない。彼は人間の生活と振る舞いに対して、外側からだけでなく内側からも、規定して影響するのである。キリストのあとに従うということは、情報（インフォメーション）だけではなく形成（フォーメーション）をも意味する。つまり表面が変わるだけではなく心が変わり、それゆえに人間全体が変わる。まさしく新しい人間が形成されるのである。それは新しい創造、もちろんその都度異なる個人的社会的に条件づけられた、固有の生活の文脈における新しい創造である。それは各人の特殊性、独自性の中で起きるがゆえに、何の均一化ももたらさない。

　こうして、人間の行為にとってのイエスの唯一無比の意義を要約して表現することができるかもしれない。彼自身がその言葉、行い、運命もろとも、彼自身がその明確さ、聴き取れること、具体化できることにおいて、個人にとっても社会にとっても、人格における招待、アピール、挑戦なのである。生活観と生活実践にとって基準となる基本モデルとしてイエスが伝えるのは、いかなる律法や決疑論からも遠く離れた、招き、義務づけ、挑戦する事例、象徴行為、導きの基準、導きの価値、範例である。まさにそのようにして、彼は信仰する人々に対して、それとともに人間社会に対しても感銘と影響を与え、変化と変革をもたらすのである。彼に関わり合う個人と共同体に対して、イエスは以下のことをきわめて具体的に伝えて、それを可能にする。

――イエスが求めてその帰結を示した新しい基本方針、基本姿勢、新しい生活態度。すなわちイエス・

キリストを人間、世界、神に対する関係にとっての具体的な理想像および人生モデルとする人間や人間共同体は、異なったやり方で、より真実に、より人間らしく生きることが許されているし、またそうすることができる。イエスは人生における同一性と内的一貫性を可能ならしめる。

――イエスの「理論」と「実践」から読み取ることができる、行動するための新しいモチベーション、新しい動機。つまりイエスのほうから、以下のような問いに答えることが可能である。なぜ人間は、まさにそのようにすべきであって、違ったことをしてはならないのか？　なぜ人は憎んではならず、愛するべきなのか？　なぜ人間は――フロイト自身も答えを知らなかったことだが――誠実に、人をいたわったり、思いやり深くあるべきなのか？　たとえそのせいで害をこうむり、他者の不信や残酷さによって「鉄床《かなとこ》」になるとしても。

――イエス・キリストの霊において、理解され、貫かれる新しい気質、新たなる首尾一貫した洞察、傾向、意図。つまり、個々の過ぎ去りゆく瞬間だけでなく、持続的に、この場所で、やる気が生まれ、姿勢が作られ、能力がもたらされ、それによって以下のような態度をとることができるようになる。つまり、仲間のためにもったいぶらずに参与する気質、冷遇されている人々との連帯、不正な構造に対する闘い、感謝、自由、寛大さ、無私、喜び、そして人をいたわり、赦し、奉仕する気質である。それらは限界状況においても実証される気質であり、身を委ね切って犠牲を払うことに備え、より大きなテーマを成し遂げることに備えて、不必要なことを断念する気質である。

――新しいアクション、大小の新しい行動を、イエス・キリストのあとに従いながら、まさに誰も助けてくれないところでも始めること。一般的な社会変革のプログラムだけでなく、人間性と、人間および人間社会を人間らしくすることの具体的なしるし、証言、証人。

——究極的現実における、神の国における、人間と人類の完成における、新しい意味の地平と新しい目標決定。それは、人間の生の積極的なものだけでなく否定的なものも担うことができる。つまりイエス・キリストの光と力において、人間の生と行動のためだけでなく、苦難と死のためにも、また人類の成功の歴史のためだけでなく、苦難の歴史のためにも、信仰者には究極的な意味が提供されるのである。

人間らしさは、キリスト者らしさの中で止揚される

短くダイレクトに、問おう。なぜ人はキリスト者であるべきなのか？　これに対して、同じく短くダイレクトに、答えよう。真に人間であるために！

これを原理的に言えば、人間らしさを犠牲にしたキリスト者らしさは存在しない。だが逆のことも言える。キリスト者らしさを犠牲にした人間らしさも存在しない。人間らしさと並ぶ、あるはそれを超える、あるいはその下にある、キリスト者らしさは存在しない。つまりキリスト者は分裂した人間であってはならない。

したがってキリスト教的なものは、人間的なものの上部構造でも下部構造でもなく、言葉の最良の意味で人間的なものを——守り、否定し、超えて——「止揚すること」である。キリスト者らしさが意味するのはしたがって、その他のヒューマニズムの「止揚」である。つまりそれらは人間的なものを肯定する限り、肯定されるのである。そしてキリスト教的なもの、キリスト自身を否定する限り、否定される。キリスト者らしさが人間的——あまりに人間的なものを、それらがどれほどネガティブなものであっても完全に取り入れることができる限り、それらのヒューマニズムは超克される。

キリスト者はあらゆるヒューマニストに劣らずヒューマニストである。だがキリスト者は人間的なもの、真に人間的なもの、ヒューマンなもの、人間とその神を見る。キリスト者は人間性、自由、正義、生、愛、自由、意味をイエスのほうから見る。このイエスとは、キリスト者にとって具体的に基準となる者、キリストである。キリスト者は、イエス・キリストのほうから、ただ単に真・善・美および人間的なものを肯定する任意のヒューマニズムを体現できるとは考えない。そうではなく、真ならざるもの、善ならざるもの、美ならざるものをも統合し、克服することができる、真にラディカルなヒューマニズムを体現することができると考えるのである。そこにはあらゆる積極的なものだけでなく、さらに――ここでヒューマニズムが何の役に立つかが決まる――あらゆる否定的なもの、苦難や罪や死や無意味も含まれる。

　十字架につけられた、生きている彼を見ながら、人間はこの世界において今日から行動するだけでなく、苦しむこともでき、生きるだけでなく死ぬこともできる。そしてこの人にとっては、純粋理性が降伏しなければならないところでも、無意味な危機や罪の中においてさえも、意味が光り輝く。なぜならばこの人は、肯定的なものにおいてのみならず否定的なものにおいても、神によって自らが支えられていることを知っているからである。こうして、キリストであるイエスに対する信仰は、神との平和、自分自身との平和を贈り与えるが、世界の諸問題を巧みに避けたりはしない。この信仰は人間を真に人間らしくする。なぜならば、それは真に人間仲間らしい（同胞的である）から、つまり自分を必要とする「隣人」である他者に対してとことん開かれているからである。

　私たちは「なぜキリスト者であるべきなのか？」と問うた。最後にもう一度、短く要約された表現を用いて答えれば、今やよく理解してもらえるだろう。

イエス・キリストのあとに従いながら
ひとは今日の世界で
真に人間らしく生きて、行動して、苦しんで、死んでいくことができる
幸福な時も、不幸な時も、生きる時も、死ぬ時も、神に抱かれて、
人々をおおいに助けながら。

訳者解説　キュンクの生涯とイエス理解

はじめに

ハンス・キュンク（一九二八－二〇二一）は、最も世界的な規模で活動した現代のキリスト教神学者の一人である。ドイツ語の鼻音を強調すれば、彼の名字を「キュング」と表記することも可能である。本書『イエス』（*Jesus, 2012*）は、キュンクが晩年に自らの中期の代表作『キリスト者であること』（*Christsein, 1974*）を回顧して、その主要な部分を二一世紀の読者向けに抽出した、一種の要約版である。『キリスト者であること』の巻末には、多様な文献を網羅した膨大な脚注がつけられているが、本書『イエス』ではそこからキュンク自身が脚注をすべて除去し、本文も半分弱に圧縮している。ただし本書の翻訳に際しては、キュンクが削除した脚注のうち、聖書箇所を指示する注釈だけを聖書になじみのうすい読者のために補った。

キュンクは単著だけで数十冊、数万ページを著し、世界各地から数多くの博士号や賞を贈られてきた。彼が展開した教派と教会の壁を超える世界的な活動は、世界的なネットワークを持つカトリック教会の保守的支配層によって、いたるところで検閲され弾圧されたが、同時にカトリックの内部からも外部からも、広汎な支持や賛同を獲得し続けた。キュンクは絶えざる迫害や弾圧に屈することなく、カトリック教会の変革を試み続け、しかも終生カトリック教会にとどまり続けた。また、後述するカトリック神学の教授職を剝奪されたことを生涯最大の転機として、キリスト教以外の世界の諸宗教や諸文化と、前人未踏の規模と深さの対話交流を切り開いていった。

本解説では、キュンクのそのような生涯の原動力となった、彼自身の独創的なイエス・キリスト理解を明らかにするため、キュンク自身の自伝を手がかりにしてたどることにしたい。

I　生涯の全体像

キュンクは三冊の自伝、すなわち『闘い取られた自由』(*Erkämpfte Freiheit, 2002*)、『論争される真理』(*Umstrittene Wahrheit, 2007*)、『体験された人間性』(*Erlebte Menschlichkeit, 2013*) を著している。これらは合計するとドイツ語で二千頁以上に及ぶ、壮大な自叙伝である。

まず第一巻『闘い取られた自由』(Ⅰ) では、最初の四〇年間の生涯 (一九二八―六八) が語られる。キュンクはスイスの伝統的カトリック社会で生まれ育ち、やがてナチス・ドイツの脅威に直面して「自由の孤島」と化した祖国を防衛する活動に従事する。少年時代に早くから聖職者となる決断をして、ローマで哲学と神学を学び、司祭に叙階される。その後、米ソ対立の危機が頂点に達した六〇年代前半、教皇ヨハネ二三世によって第二ヴァチカン公会議 (一九六二―六五) に抜擢されて、最年少の神学者として教会改革に尽力する。またその間、アメリカでケネディ大統領とも面会する。キュンクにとって一九六三年という年は、ヨハネ二三世とケネディにそれぞれ面会した直後、前者は死去し、後者は暗殺され、希望から挫折へと明暗が転じる分岐点の年となる。

第二巻『論争される真理』(Ⅱ) では、続く一二年間の生涯 (一九六八―八〇) が語られる。同書は、第二ヴァチカン公会議以降、教皇のパウロ六世（在位一九六三―七八）やヨハネ・パウロ二世（在位一九七八―二〇〇五）の下で、公会議の精神に逆行する反動的復古路線が強められる時代を描く。この時期、キュンクは教皇の無謬性のドグマを批判する『無謬？』（*Unfehlbar?*, 1970, 邦訳『ゆるぎなき権威？――無謬性を問う』（一九七三））を出版し、さらに代表作『キリスト者であること』や、画期的な神論である『神は実在するか？』（*Existiert Gott?*, 1978）などを著し、世界的な反響を呼び起こすものの、まさにそのために教皇ヨハネ・パウロ二世の支配下で、カトリック教授職を一方的に剝奪される。

第三巻『体験された人間性』（Ⅲ）は、この迫害に屈することなく、むしろそれを決定的な転機として、世界の諸宗教や諸文化との対話へと乗り出し、「世界エートス（Weltethos）」プロジェクトを大規模に展開しつつ、なおもカトリック教会に踏みとどまって改革に尽力し続けた経過が描かれる。なおこの自伝の第三巻は、本書『イエス』が刊行された翌年の二〇一三年に刊行された、キュンク最後の自伝でもある。キュンクはこの自伝出版後も八年間生きて、いくつかの書籍を刊行し、二〇二一年に世を去った。

キュンクは自伝の中で「世界の進行と人生の進行が一体化している」（Ⅱ 508. 以下、自伝の巻数・頁を表す）と述べているが、これは決して誇張ではない。それはキュンクが神学者として、良くも悪くも世界的影響力を有する歴代ローマ教皇と深く関係し対峙し続けたことによる。中でも、本書『イエス』の序文でも言及されている神学者ヨーゼフ・ラッツィンガー（教皇ベネディクト一六世）は、キュンクの生涯にわたる最大の対立者、迫害者となる人物である。キュンク（一九二八―二〇二一）とラッツィンガー（一九二七―二〇二二）は、ほぼ完全な同時代人である。両者の対決は、いわば「下からの」変革者と「上からの」抑圧者の対決であり、現代キリスト教史における重要な対立軸をなしている。さらにキュンクはキリスト教の壁を遥かに超え出て、各国の首脳や国連、財界の要人、諸宗教の指導的人物たちとも直接交流した。その意味で、彼の生涯は文字通り、世界史の動向と密接にからまり合い一体化していたと言っても過言ではない。

そのような世界情勢と連動しつつ、キュンクの思想は——彼自身によれば「強いられることなく、意図することもなく」——体系的なまでの秩序をもって、ほぼ一〇年おきに発展していった。それは以下のような展開である。一九五〇年代にはキリスト教的な実存をめぐって。一九六〇年代には教会論、第二ヴァチカン公会議、教皇の無謬性をめぐって。一九七〇年代には、キリスト教の根本的諸問題、神の実在、永遠の生命をめぐって。一九八〇年代には、諸宗教間の対話、世界文学をめぐって。一九九〇年代には世界エートス計画、世界政治、世界経済をめぐって。二〇〇〇年代にかけては『私が信ずること』(*Was ich glaube, 2009*) のような総合、さらにユダヤ教、イスラム教などについての歴史的・組織的な諸巻、および自伝的回想 (III 628) をめぐってである。

なお、キュンクに関する二次的な研究文献は多く存在するが、以下においては、三巻からなる自伝 (I、II、III) を主要な手がかりとして、キュンクをしてキュンク自身を語らしめることに徹したい。

2　カトリックのゲットーの中での原体験

そもそもキュンクはどのようにしてイエス・キリストの存在に出会って、イエス・キリストの福音を伝える聖職者を志すに至ったのだろうか。

ハンス・キュンクは、スイスのルツェルン州にある小さな街ズールゼーで、靴屋を営む両親のもと、二人の弟と五人の姉妹とともに生まれ育った。彼の幼少年期を取り囲んでいたのは「中世的・バロック的」というほど古色蒼然としたカトリックの閉ざされた世界である。キュンクはそれを「ゲットー・カトリシズム」と呼ぶ。ズールゼーでは教会の鐘が時を細かく刻み、行事を告げ知らせた。人々の全生活はカトリックの教会と政治によって隅々まで管理統制されていた。日曜や祝祭日のミサ参加は住民に義務づけられ、各人はそこで献金を行った。学校教育も教会の指導下にある。教会と社会はまるで中世のように分離していなかった。

すべての子供は小学校一年生の終わり頃、聖体拝領にあずかり、そこで告解を義務づけられる。子供たちは司祭に対して大小の「罪」を告白しなければならない。少年ハンスも「私は盗みを犯しました」と最初の告白をしたが、そこで聴罪司祭から「何をどれだけ?」と問いつめられ、恐怖におののいた。少年はたどたどしく庭のイチゴを少し盗んだことを告白したが、それ以来、この町の聴罪司祭を二度と訪ねることはなかった。この主任司祭の神学博士は、ズールゼーにおけるカトリックのエスタブリッシュメントの頂点に君臨していた。彼は子供たちに対して友好的だが、ただ見おろすように手をさしだすだけの冷ややかな権威として、子供たちから疎まれていた(I 50-51)。

幼少年時代のキュンクが体験したこのようなゲットー・カトリシズムとは、中世以来のピラミッド型の教会システムが、宗教改革やその後の近代化の荒波をくぐり抜けて、現代まで生き残ってきたものだった。ピラミッドの最下層には司祭や修道者たち、その上には司教、大司教、枢機卿、そして頂点には、あらゆる批判を超越した「聖なる父」すなわちローマ教皇が君臨している。このピラミッドにおいては、聖職者階級(ヒエラルキー)こそが教会であり、信徒たちはこの教会に所属するに過ぎなかった。

けれどもこのヒエラルキー的な教会は、一一世紀に教皇グレゴリウス七世(在位一〇七三―八五)が作りあげたシステムであって、それよりも以前に存在した教会とは異なっている。このことを後年のキュンクは『カトリック教会小史』（*Kleine Geschichte der katholischen Kirche*, 2002）や『キリスト教――本質と歴史』（*Das Christentum. Wesen und Geschichte*, 1994, 邦訳二〇二〇）において詳細に論じる。

そのような古色蒼然としたゲットーの中に「ただ一人だけ違っている」人物が存在した。キュンクはこの人物のことを特別に詳しく回想している（I 51-55）。それはキュンクが一〇歳になる頃、ズールゼーに赴任してきた二九歳の司祭フランツ・カウフマンである。カウフマンは後に同地の主任司祭に選出され、病院司祭の職務も務めながら、一九八六年に七八歳で亡くなるまで、キュンクのことを近くからも遠くからも見守り続けた。

カウフマンは、華美な聖職者たちとは全く異なる質素な暮らしを営み、地位や名誉に執着せず、聖職者的な形式にとらわれなかった。彼は一切のわけへだてなく、住民を謙遜に助けた。また季節を問わず、昼夜を問わず、ズールゼーの子供たちに無条件の居場所を提供し続け、思春期の若者の深刻な諸問題を真剣に受け止めた。キュンクの回想によれば、カウフマンは「ルーティーンをこなすだけのお決まりの聖職者」ではなく、また「古い要塞の教条的擁護者」でもなく、「この世に開かれた司牧活動の、謙遜なる一先駆者」だったという（I 53）。このカウフマン司祭の「不思議さ（秘義）」は何だったのかとキュンクは問い、それを次のように解き明かす。

彼の中に働いているのは、すでに二千年前に、聖職者の礼装や聖職者風の仰々しさなどまったく重視しなかった、あの人物の霊である。彼はいかなる人に対しても、その人が今持っている弱さも脆さもあるがままに受け入れ、その人のありのままの姿を――神が被造物に向かって欲したように――とことん真剣に受け止めた。人にレッテルを貼らず、人を断罪せず、むしろ新しいチャンスを与えたのである。彼は誰に対しても、異端審問のように信仰告白について問うて審判を下すようなことをせず、心の中を見ることができた。彼はあらゆる大げさな信心深さを嫌い、いかなる神聖な権力の地位もつくらず、率先して人々のために奉仕した。（中略）彼は、まったくイエスの霊によって、若者の司祭、町の司祭、そして最後に、病院の司祭をまっとうし、かくも飾り気なく、率直に、魅力的に語って、説教をすることができる。（中略）彼の霊的なものの中に、目立つことなく柔和に働いているものは、イエスの霊である。それは解放をもたらすイエス的なものであり、それこそがこの牧会者の持っているあらゆる人間的な魅力、あまりにも人間的な限界の秘義なのである！　そして、このイエス的なものの深さこそが、まだ若かった私を「聖職者（霊的なもの）」の道へと呼び、私にとっての理想像となっていくのだ。（I 55）

これはキュンクがカウフマンの葬儀の際に語ったことでもある。キュンクは恩師カウフマンの中に、権威的審判者という中世的イエス像の対極に位置するような、受容的で赦しと解放をもたらすイエス像を見出していたのである。カウフマン自身はキュンクが司祭になることを一度も勧めなかった。けれどもカウフマンに深く影響を受けたキュンクは、一二歳の時に聖職者になることを決断する。

3　神学的な出発点——バルト、ヘーゲル、テュービンゲン大学

キュンクはゲットー・カトリシズムの故郷を抜け出して、より開かれた人文主義的なルッツェルン市のギムナジウムへ進学する。そして一九四八―五一年、ローマの教皇庁立グレゴリアン大学で哲学を専攻し、哲学の学位を取得する。続く一九五一―五五年、同大学で神学を専攻し、神学の学位を取得し、

カトリック司祭に叙階される。

さらにキュンクは博士論文『義認――カール・バルトの教説とカトリック的な思慮』（*Rechtfertigung. Die Lehre Karl Barths und eine katholische Besinnung*, 1957）を完成させ出版する。この論文は、その当時次々と刊行を続けていたプロテスタント神学者カール・バルトの大著『教会教義学』（*Die Kirchliche Dogmatik*, 1932-1967）を五〇年代の半ばに研究対象としたものであり、カトリックの学位論文としては型破りなものだった。キュンクがそこで明らかにしたことは、彼自身が根ざすローマ・カトリックの思想的伝統とバルトの属するプロテスタントの伝統との間に、根本的な一致が可能であるということだった。それはいわゆる信仰義認論をめぐっての一致である。

信仰義認論は、一六世紀にマルティン・ルターが新約聖書の解釈を通して発見して以来、宗教改革の中心思想となった。それは人間が善行を積むことによってではなく、ただ信仰を通して神から無条件で受け入れられることを説く思想である。この思想はローマ・カトリック教会とルター派やカルヴァン派との間に分裂をもたらし、それ以後数百年間にわたって西欧世界を分断し続けてきた。しかしキュンクの博士論文は、この信仰義認論が二つの世界を分断する思想では今やなく、むしろ両世界を包摂する思想、つまり西方キリスト教世界全体（オイクメネー）にとっての共通な、すなわちエキュメニカルな土台、そればかりか「すべてのキリスト教教会に対する試練」として重要だという見解に到達した。キュンクの画期的な洞察は、それから数十年後に実現するカトリックとルター派の歩み寄り（一九七二年のいわゆる「マルタ文書」や一九九七年の「義認論に関する共同宣言」等）に先駆けるものだった。

バルト神学を研究したこの博士論文は、バルト自身からも高く評価され、青年キュンクは六〇歳近く年上のバルトと、同じスイス人として、カトリックとプロテスタントの隔たりを超えて深く交流するようになった。その交流の中で、キュンクはバルトから、イエス・キリストの福音を原動力とする、文字通り福音主義的な教会改革への刺激を受けとる。イエスは、徴税人の「神よ、罪人の私に恵み深くあれ」という祈りを語る（ルカ一八・一三）。それはユダヤ人社会の中で忌み嫌われた人物の祈りである。この取税人の言葉をバルトはキュンクに向かって印象深く語り聞かせたという。この祈りには、いかなる罪責によっても損なわれることのない、またいかなる功績によっても代えることができない、ある根源的な信頼が表現されているとキュンクは考えた。イエスとの出会いを通して得られるこのような信頼は、やがてキュンク神学の鍵概念である「根源的信頼（Grundvertrauen）」へと結実して、生涯にわたって深められてゆく。本書『イエス』の中でも「信頼」という概念が幾度も登場する。キュンクはここにカトリックとは異なる教派である福音主義（プロテスタント）神学が持っている本来の強み、すなわちイエス・キリストがもたらす「キリスト者の自由」（ルター）と解放の究極の根拠を見出したのである。

さらにキュンクは、バルト研究に続いてヘーゲル研究に着手する。それは紆余曲折を経て、最終的には一九七〇年の大著『神が人と成ること――将来のキリスト論へのプロレゴメナとしての、ヘーゲルの神学的思考への入門』（*Menschwerdung Gottes. Eine Einführung in Hegels theologisches Denken als Prolegomena zu einer künftigen Christologie, 1970*）となって結実する。同書においてキュンクはヘーゲルの生涯全体を叙述する。一九世紀のヘーゲルは神学を専攻したものの、プロテスタント教義学の硬直した神理解に納得せず、哲学へと転じた。彼は啓蒙主義的な有神論とロマン主義的な汎神論のはざまを行き、絶対的なものと偶然なもの、無限なものと有限なもの、同一性と可変性とのあいだの関係性を生涯にわたって探求した。つまり無限の神がいかにして有限の世界に入りこむか、いかにして受肉して人間と成るかを探求したのである。ヘーゲルにとって、神が人と成ったというダイナミックな神理解は、それ以前の宗教の諸段階から啓示宗教を分かつ決定的な違いである。けれども神の受肉、とりわけ十字架の死による救済という思想は、今なおキリスト教的世界観にとどまっている。ヘーゲルによれば、世界は展開と発展の継続的プロセスであり、矛盾は常により高次の総合の段階において解決される。この弁証法的な世界観によれば、神が人と成ることは、いまなお世界の最終目標ではない。そのようなキリスト教ではなく、同時代の、つまり一九世紀初旬の哲学こそが、人間の歴史が向かって進む完成点だとヘーゲルは自負した。

バルト研究もヘーゲル研究も、キュンクにとっては彼自身のキリスト論と神論を形成してゆくための重要な準備となった。ヘーゲルもバルトも、またカトリックの新スコラ主義も、いずれも「上からの」思想である。つまり超越者を大前提として、その後に、超越的な諸性質がイエスの生涯と活動においてどのように実現されるかを研究する学である。これに対して、キュンクはヘーゲル論のしめくくりにおいて、将来のキリスト論がイエスの告知と振る舞いと運命についての聖書的記述に基づくものとなることを論じる。このような「下からの」キリスト論は、人間であるナザレのイエスから出発し、彼の生涯と活動が神について何を伝達するかを研究しなければならない。

一九六〇年、キュンクは三二歳という若さでドイツのテュービンゲン大学のカトリック神学部教授に就任し、そこで基礎神学を講じ始める。キュンクはそこで文字通り「何が基礎となるのか」という「下から」の問いを立てる。つまり、キュンクは人間存在の不確実性を出発点として、すべてを支えることができる根本的な確実性を求め、そこから初めて神への信仰や啓示について問うという道を選ぶのである。これは神の三位一体から始めるバルトの『教会教義学』の手法とは全く異なって、また「上から」出発するヘーゲルとも新スコラ主義とも異なって、疑念を抱く人間存在の深みから、神と啓示について問う営みである。このような探求はやがて、後年の大著『神は実在するか?』(一九七八)などにも結実してゆく。

なおキュンクが赴任したテューービンゲン大学は、ヘーゲルの母校であることもさることながら、一九世紀から青年ヘーゲル派の影響を受けて、歴史的批判的な聖書研究のさかんな場所となった。そのような研究環境で、キュンクは同時代に新たに台頭してきたイエス研究や聖書研究に触発されつつ、それによってカトリックの伝統と批判的に対峙するようになってゆく(III 246)。

4 第二ヴァチカン公会議の光と影

キュンクは時のローマ教皇ヨハネ二三世(在位一九五八―六三)によって、第二ヴァチカン公会議(一九六二―六五)の専門的助言者の一人に任命され、ミュンスター大学の神学教授ヨーゼフ・ラッツィンガーとともに、最年少の神学者として公会議に参加する。

キュンクは一九六五年に、この同士をテューービンゲン大学へと招聘する。けれどもキュンクとラッツィンガーは、カトリック神学部の同僚として三年間を過ごした後、決定的な別れに至る。ラッツィンガーは一九六八年の大学紛争に衝撃を受けて、より保守的なレーゲンスブルク大学へと移籍していった。キュンクはラッツィンガーがやがて「ローマの大審問官」へと昇格して、様々な教会改革に反対し、ひいては自らを迫害する巨大な権力者になることを予想すらしていなかった。

「教会はピラミッドか共同体か?」――これはキュンクが公会議を通して自覚してゆく問題である。この問題は、一一世紀に教皇グレゴリウス七世による「上からの革命」が「ローマ・カトリック」モデルを確立したことにまで遡る。それは同世紀に西方教会と東方教会との分裂を引き起こし、さらに一六世紀にはプロテスタント教会という分派を生み出した。それ以降も「ローマ・カトリック」モデルは反宗教改革、反近代の路線を強行しつつ二〇世紀まで存続してきた。キュンクによれば「ローマ的なもの」によってカトリック的なものが排除され、狭められ、それどころか部分的に歪曲されたこと」にこそ諸悪の根源がある（I 456-459）。

こうした絶対主義的なピラミッド・モデルに対抗するキュンクの教会案は、聖書を指針とする共同体（コムニオ）・モデルである。それは新約聖書や古代教会に、そして部分的には中世初期の教会にも見出される。これによってキュンクは、イエス・キリストと原始キリスト教の原点に回帰する教会改革を目指したのである。

キュンクはまた第二ヴァチカン公会議中、「教会のカリスマ的な構造」を提唱した。「カリスマ」とは本来「奉仕」の意味を持つ語である。それは唯一の神の下で服従するキリスト者たちの共同体の下での奉仕、「キリスト教的だがローマ的ではない」奉仕を意味するものだった（I 567）。

変革の気運に満ちた公会議中の一九六三年、キュンクはアメリカに招待されて講演旅行を行い、絶大な反響を呼び起こした。各地での講演はカトリックの保守層から妨害や批判を受けたが、そのためにかえってキュンクの知名度は高まり、アメリカでキュンクは「最も若く、最も有名で、おそらく最も論争されている、第二ヴァチカン公会議の『専門家』」、「公会議のシンボル的人物」と見なされるようになった（I 424）。

同年三月ボストンでの講演において、キュンクは次のように語った。教会における不自由は「教会の善い明るい本質の啓示ではなく、その暗い悪しき非本質の啓示」である。「教会が基づくメッセージによれば、教会はその内的な本質においてむしろ自由の空間でなければなりません。イエス・キリストの福音を告げ知らせる教会は、人間を奴隷化するのではなく、自由にしなければなりません。『キリストは私たちを自由へと解放した』（ガラテヤ五・一）と言うように」。キュンクにとって、この自由とは「教会の中で繰り返し新たに獲得されねばならない」困難なもの、「賜物（Gabe）かつ課題（Aufgabe）」である。自由が教会の内部で脅かされることは、自由が教会の外部で脅かされることよりも遥かに危険だとキュンクは言う。「世間によって外側から自由が脅かされるならば、キリスト者は教会の中で保護、逃げ場所、自由を見出すことができます（壁で囲われた東独の教会では、このことは直ちに全く明らかに示されるはずです）。けれども自由が教会の中で内側から脅かされるならば、キリスト者はただ孤独に自分自身のもとで――自由な良心の避難城塞の中で――保護、逃げ場所、自由を見出さねばなりません」。このことは、異端審問にかけられたガリレイや十字架のヨハネや、火あぶりにされたジャンヌ・ダルクのような極端な事例にあてはまるだけではない。審判にさらされた無数の科学者、哲学者、政治家たちのことも念頭に置きながら、キュンクはこう語ったのである（I 404-405）。

一九六三年という年は、キュンクにとって最も変革への希望に満ちた年だった。この年、キュンクはホワイトハウスに招待されてケネディ大統領と面会する。ケネディはキュンクを「カトリック教会の新しいフロンティアを拓く人物」と評した。キュンクもまた、ケネディ大統領がキューバ危機（一九六一―六二）を回避し、「東と西、黒人と白人、企業家と労働者の間」の関係を調停する手腕に期待を寄せた（I 420）。

一方、教皇ヨハネ二三世はケネディ大統領と同様に、ベルリンの壁建設（一九六一）やキューバ危機に象徴される東西対立激化の中で、和平と戦争回避に努めた。キュンクにとって、ヨハネ二三世はカトリック教会の変化を体現する「最初のエキュメニカルな教皇」（I 430）であり「二〇世紀最大の教皇」

(I 432) だった。

けれども同年、二人は相次いで世を去る。教皇は公会議中の六月三日に死去し、大統領は一一月二二日に暗殺される。キュンクにとってそれは、カトリシズムの新しい段階を切り拓く二大人物が失われたことを意味した。

同年六月、パウロ六世が新たに選出され、第二ヴァチカン公会議を最後まで引き継ぐことになった。一九六八年、同教皇は避妊行為を非道徳的と見なす回勅「フマーネ・ヴィテ」によって多くの反対を引き起こした。本書『イエス』一二五頁にもこの回勅に対する批判が述べられている。

キュンクは第二ヴァチカン公会議の持つ二面性、すなわち革新性と守旧性をローマの神「ヤヌス」に譬える。それは「ヤヌア (janua)」すなわち「戸」の神である。ヤヌスは入口と出口、すなわち後方と前方、過去と未来を見る二つの顔を持っており、二義性や分裂を象徴する (I 564-567)。キュンクによれば、公会議の争点はつまるところ、改革を志向する教会と改革を阻止する教皇庁とのあいだの対立だった。前者は多数派であり、後者は少数の権力者層である。そして公会議の成果はまさにヤヌス的な、両者の妥協の産物となったのである。

キュンクによれば、肯定的な成果は以下のとおりである。公会議によって、今まで閉ざされていたカトリック教会は「エキュメニカルな時代」へと踏み出し、現代世界にも向き合い始めた。カトリック教会は、今まで敵視してきた宗教改革を一つの宗教的出来事として真摯に受け止め直し、ミサ、神学、教会生活において聖書を高く評価し、一般信徒を以前よりも高く評価し始めた。カトリック教会はまた、ユダヤ教を初めとする他宗教や世俗社会に対しても門戸を開き始め、寛容、宗教の自由、人権といった啓蒙主義的な課題にも取り組み始めた。これらの課題をキュンクはすでに公会議の二年前の著作『公会議と再統一』（*Konzil und Wiedervereinigung, 1960*）において要求していたが、公会議の諸文書はその要求に応答するものとなった（I 576-579）。

その一方でキュンクによれば、第二ヴァチカン公会議が残した負の側面は、何よりもローマの絶対的支配を延命させてしまったことである。一一世紀のグレゴリウス七世以来存続してきた中世的な権力機構は「無傷で残り」、本質的な改革はなされなかったとキュンクは見る（I 569）。その絶対的支配のいわば二本柱が、教皇の無謬性と異端審問である。

5 イエスは無謬性とも異端審問とも無縁である

第二ヴァチカン公会議が温存した絶対主義的ピラミッド型システムは、すでに述べた通り、一一世紀にグレゴリウス七世が敢行した「上からの革命」に由来する。これによって、かつては存在した民主的な要素、とりわけ「民衆と聖職者による、教皇や諸司教の選出と、彼らの権力に対する制限」が排除されてしまったとキュンクは言う（II 313）。それを決定的なものとしたのが、一九世紀の第一ヴァチカン公会議（一八七〇）であり、さらにそのような負の遺産を引き継いでしまったのが二〇世紀の第二ヴァチカン公会議である。

「この世において、権力から別れることにも増して困難な別れは存在しない」とキュンクは言う。かつてフランス啓蒙主義の重要な哲学者モンテスキューは権力の分割を説き、フランス革命やアメリカ合衆国憲法に大きな影響を与えた。けれどもその思想はローマ・カトリック教会に届かなかった。むしろそのような近代的社会の形成に逆行して、第一ヴァチカン公会議が決行された。この公会議においてこそ、ローマ教皇庁の絶対的権力が、教皇の「無謬性」によって、さらに教会全体や信徒個々人に対する厳粛な「司法裁判」によって、固定化されてしまったとキュンクは言う（II 321-322）。まさにこの無謬性と異端審問こそが、キュンクがローマ・カトリック教会の最大の難点と見なしたものであり、同時にキュンク自身を生涯にわたって苦難に陥れる二大障壁となる。

まず教皇の無謬性とは「ローマ的な聖霊の教説によって保証された、教皇自身の教職の無謬性」である（II 83）。この教義によれば「ローマの司教は、その最高度の使徒的権威に基づいて、キリスト教の最上位の教師として、信仰あるいは道徳についての教説が全教会によって最終的に固守されるべきだと決断する時、神の助力に基づいて、無謬性を所有している。それゆえに、ローマ司教によるかくのごとき諸決断は、おのずから、また教会の同意のようなものに基づくことなく、変更や修正が不可能なものである」（II 190）。第二ヴァチカン公会議はこの絶対的な教皇の権力を規制することができず、パウロ六世は自らの絶対性をいっそう強化した。

もう一つ、ローマ教皇庁の絶対主義的で非民主的な構造の最たるものが「ヴァチカンの権力の中心」（I 487）すなわち「異端審問聖省」（一五四九―）だった。同省は第二ヴァチカン公会議の時点では「教理省」と名称を変更され、ローマ教皇庁の最上位の聖省でこそなくなった（I 565）。それにもかかわらず、キュンクの見るところでは、この教理省はスターリン支配下のソ連の異端審問と比較しうるほどの超法規的な存在である（I 490）。無数の人々が「教会の健全」の名の下に異端審問にかけられてきた。その犠牲者たちは、かつてのように肉体を火あぶりにされることはなくても、精神的かつ職業的に破滅させられる。その審問がどれほど強権的で理不尽なものであったかは、キュンクの自伝の全体にわたって詳細に証言されている。

キュンクによれば、こうした中世以来のローマ教皇庁の専制は現代の民主主義に相応しくないだけではない。そもそも聖書に導かれた教会像とも矛盾するのである。無謬性なるものは新約聖書の中に見出せないし、聖書学的に根拠づけることもできない。キュンクが認める重要なカトリックの聖書学者たち（ヨーゼフ・ブランク、ルドルフ・ペッシュ、ヴォルフガンク・トリリンク）によれば、使徒ペトロの無謬性も、ローマ司教の無謬性も、どちらも最初の三世紀間の教会にはまったく見出せない。福音書の中でイエスが使徒ペトロに対して語ったという「岩の言葉」――「あなたはペトロ。私はこの岩の上に私の教会を建てよう」（マタイ一六・一八）――とて、これらの聖書学者によれば、歴史的イエス自身が語った言葉ではなく、パレスチナの教団による復活信仰成立後の創作であるか、あるいはマタイによる創作である（II 236）。

キュンクはさらにこう言う。「もちろんイエスとて、彼の名において行使される異端審問を『まるで理解しなかった』だろうし、それどころか――イエス自身が律法と神殿をめぐる間違った敬虔を批判したために、異端視されたのである――ことによると戦闘的に『神殿の浄め』を呼びかけたであろう」（II 237）。

キュンクは次のように考える。肯定すべきものはイエスの「福音に従った」あらゆる発展である。また場合によって許容すべきものは「福音を通り過ぎる」発展である。そして廃止すべきものは「福音に反する」あらゆる発展である。この廃止すべき最たるものが、一一世紀に西方教会で主張され、今日まで生き残ってしまった「教説、道徳、教会戒規における、ローマの中心主義、絶対主義、帝国主義」に他ならない。これこそが、一一世紀にヨーロッパを引き裂いた東西教会分裂、一六世紀に宗教改革がもたらした教会分裂、さらに現代のローマ・カトリック教会の危機の主要な原因だとキュンクは主張する（II 229）。

こうした問題意識に基づいて、キュンクは第二ヴァチカン公会議後の五年後に『無謬?』(一九七〇)を出版する。これによって無謬性の問題は学問的な問題である以上に教会権力の政治的問題であることが明らかにされた。カトリックの側で教皇の優越と無謬性をめぐる議論を真剣に行う時にだけ、他教派との相互理解は可能となるとキュンクは考えた。

ただし、これはカトリック教会への批判にとどまらず、他教会に対する批判でもある。東方教会に対しては、エキュメニカルな公会議の無謬性に対する疑問、プロテスタント教会に対しては、聖書の無謬性に対する疑問となる(II 234)。キュンクは総じて原始教会の意味での民主主義や同胞性、そして権力の放棄と分割を求めたのである。

6 歴史的イエスを求めて

第二ヴァチカン公会議中に死去したヨハネ二三世とともに、カトリック教会はユダヤ教に新たに向き合い始めた。キリスト教がユダヤ教と唯一無比の仕方で結びついていることが認められたのである。ナザレのイエスと原始教会は、イスラエル民族から生まれた。たとえイエスの時代に生きていたユダヤ人の大半が、イエスのメシア性を否定したとしても、そのせいでユダヤ人が神から呪われた存在となるわけではない。イエスの処刑は、当時のあらゆるユダヤ人の、ましてや今日のあらゆるユダヤ人の責任などではない。教会はあらゆるアンチセミティズム(反ユダヤ主義)の現象を批判しなければならない。教会の説教、教理、研究、対話は、ユダヤ教との相互的な理解や尊重に貢献すべきである。キュンクもまた「幾世紀にもおよぶキリスト教会のアンチセミティズムがなければ、国家社会主義のアンチセミティズムはありえなかった」と繰り返し指摘した(I 553)。

キュンクは、ユダヤ教とのあいだに道を開く真摯な神学的対話は、ただ「下から上に向かう」キリスト論の土台に基づいてのみ有意義に行われうると確信していた。まずは、イエス自身が持っていた信仰と、イエスに対する人々の信仰を区別しなければいけない。イエス・キリストに対する信仰を単純に前提として頭ごなしのキリスト論を展開すれば、最も友好的なユダヤ人との対話さえ壊してしまう。イエスと同時代に生きたユダヤ人の視点からイエスを観察して、「この人物はいったい何者か？」と問わなければならない。そのような仕方で、一ユダヤ人イエスについて語り始めれば、ユダヤ人と比較的長い道を共に歩むことができる。それればかりか、すぐれてヘブライ的な背景を持つ「神の子」のような尊称のことも一層よく理解できるようになる。律法の妥当性といった、今日のユダヤ教の内部の対立にも類似点がある諸問題が、その後いやおうなく浮かび上がってくる（II 407-8; III 265-7）。

キュンクはまた六〇年代から精力的に世界各地に招かれて講演活動を行い、多様な人々と出会うことによって、「教会の外に救いなし」（中世の教皇ボニファティウス八世）といった伝統的発想がもはや通用しないことを自覚してゆく（I 533）。飛行機による世界旅行がかつてないほど容易になり始めた時代に活動したことが、世界的地平においてキリスト教を見る機会をキュンクにもたらしたと言ってよい（II 240-298）。

例えば、歴史的イエスへの関心を喚起した原体験の一つとなったのは、一九六七年、第三次中東戦争の渦中にあるレバノンやイスラエルに滞在した時である。これらの地域は、三つの宗教――キリスト教、ユダヤ教、イスラム教――が接触し対立する地域である。レバノンにおいてもイスラエルにおいても、これら三大宗教の宗教間対話なくして「ユダヤ人、ムスリム、イスラエル人、パレスチナ人」のあいだに和平を実現することはできないとキュンクは考えた。

キュンクはこの中東滞在中、スイスのベルン出身のユダヤ人女性に次のように語りかけられた。「あなたはキリスト教神学者として、私たちにきっと答えを与えてくれますよね。この私たちの町エルサレムでは、絶え間なくこのイエス・キリストの名前にぶつかります。この人物が何だというのですか？なぜ彼はあなたにとって並外れて重要なのですか？」（II 59）。この問いかけがきっかけとなって、キュンクは「下からの」イエス研究、言いかえれば「ナザレのイエスを弟子たちはどのように見て経験したのか」を一層重視するようになる。キュンクが求めたのは「上からの」、天の高みから、神の子の永遠のほうから語られるキリスト論ではなくて、「下からの」、ユダヤ教の大地から、ユダヤ人であるナザレのイエスの側から語られるキリスト論である。

キュンクは第二ヴァチカン公会議における「歴史的批判的な釈義のほとんど全面的な不在」を根本的な欠落として批判し（I 577）、公会議の二年後に『教会』（*Die Kirche*, 1967, 邦訳『教会論　上下』一九七六−七七）を著した。キュンクは同書において教会を新約聖書の起源のほうから徹底的に根拠づけ、「真にカトリック的に（そしてまさにそれゆえに、時として、ありきたりのローマ・カトリック的なものから逸れて）」教会が「困難な現代において、よりよい未来を目指して、何でありうるか、何であるべきか」という道を指し示そうと試みた（I 588）。同書は歴史的イエスについての長い一章を含んでおり、イエスが本来欲していたこと、キリストとしてのイエスのこのメッセージが今日の時代にとって何を意味するかを論じた。歴史のイエスはキリスト教的アンチセミティズムと鋭く対立するものでもあった（III 259）。

教皇庁はこの書を警戒し、同書の拡大や多言語への翻訳を妨げようとした（I 595）。その一方でバルトは同書を読んで「これは深く福音主義的な本だ」と評し、テューービンゲン大学の聖書学者エルンスト・ケーゼマンは「この本によって私とキュンクのあいだの教会分裂は終わった」と評した（I 588-9）。保守的陣営からの論難は多数あれども、キュンクの教会論は高い評価を得たのである。

7 『キリスト者であること』（一九七四）

キュンクがイエス論を形成していった時代背景には、大学紛争や革命運動の広がりがあった。彼が探求した下からのキリスト論は、下からの民主化や自由化を求める教会改革と呼応し並行するものだったと言ってよい。

もっともキュンクは自らの政治的立場を「理性的な中道」（II 115）と理解していた。彼は「教会の根本的な改革、諸々のキリスト教会のあいだでの差し迫った相互理解、さらに大学と国家の諸制度の改革に与する」一方で、「革命的な転覆」には与さなかった。それゆえに「左からの批判と右からの隔絶」に耐えねばならなかったとキュンクは述懐する（II 116）。

キリスト教のメッセージは、単なる一理論や一教義に存するのではなく、ユダヤ人であるナザレのイエスの具体的な歴史にこそ存する。このことをキュンクは、中東滞在の三年後の一九七〇年、ブリュッセルで行われた国際的神学雑誌『コンシリウム（*Concilium*）』の会議において、要約的に発表した。これが四年後の大著『キリスト者であること』の原型となる。

翌一九七一年の世界旅行中から、キュンクは「学問的によく基礎づけられたキリスト教への新たな入門」を構想し始める。それはもはや「キリストの神性」を大前提とする伝統的な新スコラ主義によるものではない。ヘーゲル的な「上からの」思弁でもない。さらに先達のカトリック神学者カール・ラーナーやカール・バルト等が展開した「上から」のキリスト論の現代版でもない。新たな史的イエス研究の段階、とりわけケーゼマン等の知見を取り入れて、キリスト教を捉え直すことを試みたのである。

キュンクはまた同時代のキリスト教が、一方において非宗教的で世俗的なヒューマニズムに直面し、他方において伝統的な世界の諸宗教に直面していると考えた。さらにまた「政治的・社会革命的な人間主義」と「技術的で発展的なヒューマニズム」(II 277)、すなわち東西冷戦の二大イデオロギーに直面しているとも考えた。このような時代状況を背景として、キュンクの課題は「同時代の読者のために、根源のほうから、歴史的に厳密であり、なおかつアクチュアルに、最新の研究状況に基づきつつ、わかりやすく、キリスト教的プログラムを決定づけ区別することを明確にすること」だった(II 286-287)。

キュンクはまた聖書学者のみならず文学作家たちのキリスト理解にも関心を抱いていた。例えば、後年キュンクの指導の下で書かれたカール=ヨーゼフ・クッシェルの博士論文『ドイツ語圏の現代文学におけるイエス』(一九七八)は、キュンク自身に多大な示唆をもたらす(II 305)。本書『イエス』の中でも、社会主義者の作家ギュンター・ヘルブルガーのイエス像に触れられていることは、そのようなキュンクの関心の一端を示している(本書一七五頁)。

何よりも当時、最大の論争を巻き起こしたのは「ナザレのイエスは政治的革命家だったのか?」という問題だった。これは各地の学生闘争や解放の神学に触発されて起きた問いである。

例えば、テュービンゲン大学においてキュンクの同僚でありプロテスタント神学者であるユルゲン・モルトマンは、マルクス主義者エルンスト・ブロッホから深く影響を受けつつ、「革命の神学」を主張していた。けれどもキュンクによれば、イエスの説いた「神の国」を政治的社会的な革命がもたらす人間の王国へと解釈し直すことは困難である。キュンクはモルトマンの代表作『希望の神学――キリスト教的終末論の基礎づけと帰結の研究』(*Theologie der Hoffnung*, 1964, 邦訳二〇〇五)を高く評価しつつ、そこに時として批判的釈義的な基礎づけが欠けていることを惜しむ。またモルトマンは、原始キリスト教においてキリスト再臨への待望が成就しなかったことを踏まえながら、そのような黙示録的期待を社会主義革命のユートピアとして道具化してしまったとキュンクは批判する（II 306）。

当時のテュービンゲン大学の神学者たちの中で、モルトマンを「左」とすれば、「右」には聖書学者マルティン・ヘンゲルがいた。ヘンゲルは、ローマ帝国の駐留軍に抵抗したゼロータイ運動の専門家でもあり、文字通り『イエスは革命家だったのか?』（*War Jesus Revolutionär?*, 1970）と題された本を出版したところだった。キュンクはヘンゲル個人の保守政治的な立場にこそ与さなかったが、ヘンゲルのイエス研究から学んで、以下のように述べている。

福音書によれば、ナザレのイエスは精神的にとても目覚めた、決然とした、不屈の、そして、そうしなければならない時には戦闘的でもあり、いかなる場合にも恐れることのない三〇代の若者だった。彼は確かに政治的宗教的なエスタブリッシュメントの代表者ではなかった。つまり順応主義者ではなく、既存のものごとの弁明者でもなく、平穏さや秩序の擁護者でもなかった。彼は人々に決断を求めて挑んだのである。この意味で「彼は剣をもたらした」。つまり平和ではなく争いを、状況によっては家族の中にまでもたらしたのである。彼が宗教的社会的システム、ユダヤ人の律法と神殿の既存の秩序を根底から疑問視し、その限りにおいて彼のメッセージが政治的帰結を持っていたことは言うまでもない。ただし同時に以下のことがあてはまる。イエスにとってのオルタティヴは、まさに政治的社会的な革命ではない。暴力を新しい社会の助産婦としてロマンチックに称えたチェ・ゲバラや、彼に倣ったカトリック司祭カミーロ・トーレス、あるいはエルンスト・ブロッホよりも、むしろマハトマ・ガンディーやマーティン・ルーサー・キングおよび彼らの徹底的非暴力の実践のほうが、イエスを引き合いに出すことができた。

この意味で私はこう言ってもよいと思う。イエスは革命家たち以上に革命的であった。……殴り返す代わりに無条件に赦すこと。暴力をふるう代わりに、苦しみに備えること。憎しみや復讐を歌う代わりに、平和を創る者たちの幸いを唱えること。敵を滅ぼす代わりに敵を愛すること。イエスがもたらした革命は決定的に非暴力の革命、人格の最も奥深いところ、そして最も隠されたところから起きる革命、人格の中枢、人間の心から起きるが、社会へと向かう革命だった。これまで通りにするのではなく、ラディカルに思考を転換し回心して、エゴイズムを去り、神と同胞へと向かうことだった。（II 306-307）

このような考察は最終的に、『キリスト者であること』の中で、イエスが革命家であったか否かをめぐる、多くの脚注付きのきわめて入念な一章へと結実した。それとともに、この後に続く「イエスが禁欲家か修道士であったか?」について一章を書く際にも、死海の洞窟で発見されたクムラン文書についてのあらゆる研究文献も含めて、前章と同様に徹底的に精査しなければならなくなった。これが章から章へと連鎖していったために、当初予定されていた小さな『キリスト教入門』は巨大化していった（II 307）。要するに革命家イエス論の検討をきっかけとして、それ以外の章が次々とふくれあがり、大著が形成されていったのである。

かくして完成した『キリスト者であること』の出版は「冒険」あるいは「歴史的決断」と呼ぶべき出来事となった（II 398-456）。それは以下のような事情があったためである。ローマとドイツにおいて、カトリックの出版業界は抑圧的な教会政治によって圧迫されていた。カトリック神学者はカトリックの出版社から本を刊行することが当然と見なされていた。それゆえにキュンクの著作群もヨハンネス出版、ベンツィンガー出版、ヘルダー出版（一八〇七年に設立された世界最大のカトリック出版社）から出版され、その度に教会当局による厳しい検閲を受けてきた。けれどもキュンクは『キリスト者であること』を独立した世俗のピーパー出版から出版することに踏み切った。さらにこれ以降、すべての著作をピーパー出版から出版し、過去の著作もペーパーバックとして出版することにしたのである（II 399）。

『キリスト者であること』、およびその約四〇年後の『イエス』に共通して見られるイエス・キリスト論の骨子は、およそ以下のようなものである。これは、キュンク自身がこの大著を要約した『キリスト者であることのための二〇のテーゼ』（*20 Thesen zum Christsein, 1975*）に基づく。

A　キリスト者とは誰のことか？

1　キリスト者とはただ単に、人道的、社会的、宗教的に生きようとする人間のことではない。キリスト者とはただキリストに拠って、自らの人間らしさ、社会性、宗教性を生きようとする者である。

2　キリスト教的なものを区別するものは、キリスト・イエス自身である。

3　キリスト者であることが意味するのは、イエス・キリストのあとに従うことにおいて、今日この世において、真に人間的に生きて、行動し、苦しみ、死んでいくことである――幸福な時も不幸な時も、生きる時も死ぬ時も、神に抱かれて、人間を助けながら。

B　キリストとは誰か？

4　キリストとは、ナザレ出身の歴史的なイエスに他ならない。彼は司祭ではなく、政治的革命家でもなく、禁欲的修道士でもなく、敬虔な道徳家でもなく、あらゆる方面に向かって挑発的だった。

5　イエスは神学的な理論も新たな律法も告げ知らせなかったし、自分自身のことも告げ知らせなかった。彼が告げ知らせたのは神の国である。それは神のテーマ（＝神の意志）として貫かれ、人間のテーマ（＝人間の幸福）と同一のものである。

6　イエスは人間の幸福のために、神聖な制度や伝統、すなわち律法や祭祀を事実上相対化した。

7　それゆえにイエスは自らが神と人間の「テーマを–司る者（Sach-Walter）」（Sachwalter ＝代理人、弁護者）であるという要求を掲げた。彼は究極の決断を迫った。つまり、何らかの特定の称号や教義や律法ではなくて、彼の喜ばしいメッセージを受け入れる決断である。だがそれによって、間接的に、彼の人格についての問い、つまり「彼は偽教師、偽預言者、神を冒瀆する者、民を扇動する者ではないのかどうか？」という問いが生じた。

8　イエスは、いかなる新しい神でもなく、イスラエルの神、それも新たに理解された、失われた者たちの神を拠りどころとする。イエスはその神に対して全く打ち解けた態度で「お父さん（アッバ）」と語りかける。

9　イエスの非業の死は、神と人間に対する彼のこうした態度の必然的帰結だった。彼の非業の受難は、律法と法と道徳を擁護する者たちからの、彼の非暴力の行動に対する反応であった。つまり十字架の死は、律法の呪いの完遂となり、イエスは律法違反者すなわち罪人の代表となった。

人間からも神からも同時に見捨てられて、彼は死んでいった。

10 けれどもイエスの死によってすべてが終わってしまったのではなかった。彼の会衆は次のような信仰を持つに至る。十字架につけられた彼は、永遠に神のもとで、私たちの希望となって生きている。甦りは空間的時間的ないのちへと回帰することではなく、空間的時間的ないのちの延長でもなく、あの把握しがたい、包括的で、最後にして最初の現実――私たちはそれを神と呼ぶ――へと受け入れられることである。

11 それゆえに甦りに対する信仰は、創造神に対する信仰への補足ではなくて、その徹底化である。

12 イエスが甦らされたという信仰がなければ、十字架につけられたイエスに対する信仰も不確かなものとなってしまう。十字架への信仰がなければ、キリスト教信仰を区別する特徴が失われてしまう。キリスト教を究極的に区別するものは、十字架につけられたイエス・キリストである。

13 甦らされたイエスのいのちに対する信仰によってのみ、教会の誕生を説明することができる。つまりイエス・キリストの教会とは、イエス・キリストのテーマに関わり合い、そのテーマを万人にとっての希望として証言する者たちの共同体である。

14 カトリックとプロテスタント（福音主義）のあいだの決定的相違は、今日ではもはや個々の伝統的な教説の相違点ではなく、宗教改革以来形成された異なった基本態度にある。だが今日ではそのような相違点の一面性は克服することができるし、一つの真のエキュメニズムへと統合することができる。

15 すべてのキリスト教会のエキュメニカルな基礎は、キリストとしてのイエスに対する聖書的な信仰告白である。キリスト・イエスは、人間の神に対する関係にとって、また人間同士の関係にとって、基準となる者である。この信仰告白は新しい時代ごとに、その都度新たに翻訳されねばならない。

C　誰がキリスト教的に行動するか？

16　したがってキリスト教的な行動を区別するものは、イエス・キリストのあとに従うということである。このキリスト・イエスは人格において生きており、基準となる者である。またキリスト・イエスは自らのテーマを具現化、すなわち新しい生活態度と新しい生活スタイルを具現化する者である。具体的で歴史的な人格として、イエス・キリストは見ることが可能で、聴き取ることが可能で、実現することが可能な存在である。この三つは、永遠の理念、抽象的な原理、一般的な規範、思想的体系には欠けている。

17　それゆえにイエスは今日の人々にとって、多くの仕方で実現可能な生活観や生活実践の基本モデルである。彼は人格において、積極的にも否定的にも、個人と社会にとっての招待（あなたはしてよい！）、訴え（あなたはすべきである！）、挑戦（あなたはできる！）である。つまり彼は具体的に、新しい基本的導き、基本的態度、新しいモチベーション、気質、アクション、新しい意味の地平、そして新しい目標規定を可能にするのである。

18　教会にとっても、イエスはすべてにおいて基準となる者であり続けねばならない。教会が信頼に値するのは、暫定的で、奉仕する、罪を意識した、決然たる教会として、イエスのあとに従って道を行く時だけである。そこからいつでも、絶えざる教会内部的な改革およびエキュメニカルな理解のために、実践的な帰結が導き出されねばならない。

19　キリスト者にとっては、否定的なものの完全な克服は、ただ十字架のほうから意味を持つ。十字架のあとに従うことが意味するのは、祭儀的崇拝や神秘的沈潜や倫理的模倣ではない。それが意味するのは、多様かつ実践的に、イエスの十字架にふさわしくあることである。そこでは人間は自由に、自分自身の生と苦難の道を認識して、その道を歩むことを試みる。

20　十字架につけられたイエスを見るならば、人間にとって究極的に重要なものとは、業績（業績による義認）ではなく、善においても悪においても、生における究極の意味（信仰による義認）に対する信頼である。

以上の二〇項目は、キュンク自身の手による『キリスト者であること』の要約であるが、そのまま本書『イエス』の要約であると言ってもよい。

『キリスト者であること』は、同時代の聖書学者たちから幅広い賛同を得た（II 435-436）。例えばカトリックの側からは、フライブルク大学の旧約聖書学者アルフォンス・ダイスラーが、キュンクは「旧約聖書の神のメッセージの本質を、非釈義的な文献の中で、たぐいまれなほど際立たせている」と評した。またウィーンの新約聖書学者ヤーコプ・クレーマーは、キュンクが「専門の釈義家によってすらほとんど見渡せない、豊富な釈義研究」を卓越した仕方で用いており、「最近ナザレのイエスについて叙述した最良のもの」と評価した。プロテスタントの側からは、チューリッヒの新約聖書学者エドゥアルト・シュヴァイツァーが『キリスト者であること』を高く評価する書評を掲載した（『新チューリッヒ新聞』一九七四年一一月三〇日／一二月一日）。キュンクが自伝の中で自負するところによれば、「後になっても、私の本においてかくも強く現前している歴史的批判的な研究の側からは、重大な批判は来ていない」という（II 435-436）。

『キリスト者であること』は様々な言語に翻訳され、世界各地のメディアから大きな称賛を受けた。カーター米大統領も同書を高く評価し、さらに旧ソ連、ポーランド、ハンガリー等の旧東側世界からも大いに関心を持たれた。キュンクは同書をきっかけとして世界中からの訪問者たちに勇気づけられ、また様々な国々に招待された。

8　カトリック教授職の剝奪

『キリスト者であること』は、聖書学者、倫理学者、実践神学者、さらに一般読者層から支持された一方で、ドイツ語圏のカトリック教義学者や高位聖職者からの激しい批判や抵抗に直面した。キュンクは伝統的な教義を否定したのでは決してなく、それらを現代人に理解可能な仕方で解釈しようと試みたのだが、その点は彼らに理解されなかった。

キュンクはさらに『神は実在するか？』という神論の大作を著した。これは西欧近現代の神信仰が無神論にまで至る思想史を解き明かしつつ、「根源的信頼」という鍵概念を通して神理解を現代的に捉え直そうとした画期的な論考であり、『キリスト者であること』と双璧をなす七〇年代の代表作である。けれどもこれらの著作によって、カトリック保守陣営からの警戒は強まる一途であった。

時の教皇ヨハネ・パウロ二世と、その最側近となった枢機卿ラッツィンガーが目論む復興路線にとって、キュンクの存在は今や最大の障害となった。「異端審問は光（公開性）を恐れる」とキュンクは言う（II 73, 99）。教皇庁が秘密裡に遂行した一方的な異端審問によって、一九七九年のクリスマス直前、キュンクはカトリック神学部の教授職を突如剝奪される。そしてこの剝奪は生涯撤回されることがなかった。キュンクはそれをナチス・ドイツの「夜と霧」作戦に喩える（II 607）。かつてはガリレオ・ガリレイやジョルダーノ・ブルーノに対して、さらに二〇世紀になっても数多くのカトリック神学者――アンリ・ドゥ・リュバック、イヴ・コンガール、テイヤール・ド・シャルダン、解放の神学者たち等々――に対して行われた異端審問の犠牲者の群れに、キュンクも加えられたのである。

この異端審問によって、キュンクがカトリック教徒であること、またカトリック司祭であることまでは剝奪されなかった。けれどもキュンクは教会内部における教授資格や試験資格、神学部の学生や博士候補生（ドクトラント）や教授資格候補生（ハビリタント）をすべて失い、アカデミズムのみならず教会においても影響力を剝奪されることになった（II 596-597）。これがブルーノの時代であれば、キュンクは教皇の命令で火刑に処されただろう。けれども二〇世紀に異端とされた者は、肉体的な拷問こそ受けないが精神的な拷問を受ける。古代ローマ風に言えば「記憶から消し去ること（damnatio memoriae）」によって、つまり「沈黙と無引用によって、神学者は記憶から追放される」とキュンクは言う（I 172）。

キュンクはこの生涯最大の危機に屈することなく、テレビや新聞を含む様々な大手メディアを通してただちに抵抗を表明した。「私は真にカトリック的（公同的）な教会に対して無条件で『イエス』と言いますが、ローマからのいかなる種類の弾圧に対しても断固として『ノー』と言います。私はいつでもローマに行って、ローマの下で、誠実な規則手順の下で、誠実な議論を行うつもりです。とはいえ私は決してローマの異端審問には屈しません」（III 115）。これは教授職剝奪の翌年一一月のサンフランシスコ講演「私はどこに立つのか（Where I Stand）」の中でキュンクが語った言葉である。

キュンク迫害に対する巨大な抗議運動が、ドイツ語圏のみならず世界的に巻き起こった。教会外の政界や学生や世論からもキュンクは大きな支持を受けた。けれどもカトリック教会による教授職剝奪の決定はついに覆らなかった。キュンクは教皇ヨハネ・パウロ二世にも直接対話を呼びかけ続けたが、教皇の死去（二〇〇五）に至るまでの四半世紀間、ついに一度たりとも返答を得ることはできなかった。

異端とされた信仰者にはいったいどのような道が残されているだろうか。キュンクは七つの可能性を挙げている。第一に、教会から脱退すること。第二に、教会にシスマ（分裂）をもたらすこと。第三に、「内的亡命を行って沈黙すること」。第四に、「外面的に適応するが、私的にはまったく異なって考えること」。第五に、地域の個別教会で活動するが、教皇や司教には無頓着でいること。第六に、「公に抗議を行って、教会幹部に対してエネルギッシュに変革を要求すること」。そして第七に、「成立した状況を学問的に省察し、刊行し、それによって個々の教会員や教会を霊的に導き感化すること」。つまり「諦めて引きこもらず、あるいは快適にアカデミックな象牙の塔におさまらず、教会の教師としての自らの課題を認識すること（一コリント一二・二八―二九）」である（III 104）。

キュンクが神学者として自らに課したことは、特にこの第七番目の道だった。身に受けたあらゆる不条理にもかかわらず、彼はカトリック教会を離脱しなかった。教会の分裂を避けねばならないという信念に基づいて、あくまでも「ローマとの批判的な連帯」を保とうとしたのである。キュンクにとって重要なことは、「教会の教職に対する軽蔑」では断じてなく、「教会と世界における教会教職の新たな信頼性」を神学的に明らかにすることだった（II 613）。

とはいえ、カトリック教会内部において言論を制限されたため、キュンクは外部の世俗メディアでも言論活動を展開することを強いられた。彼は大手メディア――例えば『フランクフルター・アルゲマイネ』紙や『シュピーゲル』誌等々――の支持を得なければ闘うことはできなかった。キュンクは「ジャーナリスティック」と誹謗されたが、グローバルに活動するローマ教皇庁に対する反対を貫くためには、マスメディアに依存することは避けられなかった。

ただしキュンクは単にメディアの大衆的影響力だけに訴えたわけでない。彼の主張は、あくまでも聖書とカトリックの伝統に基づくものだった。「私の公的な名声は、博士論文以来の学問的刊行物に基づいている。ジャーナリスティックなクレバーさではなく、明確な神学的な議論と言語が世間における信用を私にもたらしたのである」(II 314) とキュンクは自負し弁明する。

かくしてキュンクの言葉は、従来の教会的神学的な言語とは異なるものとなった。それは自伝の中の「言葉をめぐる格闘」(II 506-507) と題された一節において語られている。キュンクは自らの書物が「光彩を放つためではなく、働きかけるため」、「文体ではなくテーマ (Sache)」が突出するように書かれているという。彼はまた「技巧なしに (kunstlos) 書かないが、飾り気なしに (ungeküinstet) 書く。作家として称賛されるのではなく、理解されたい。文学的な効果ではなく、私が主張すべきメッセージが、私にとって重要なのである」とも述べている。

キュンクはさらにこう述べている。「私は、あらゆる聖書的な擬古主義やスコラ主義的な教条主義を避けて、あらゆる流行りの神学的専門用語も避けて、今日の人間の言葉で語りかけたい。それから私は能う限りの言語的な努力をもって、単純に、そして神学的素養を前提として持っていない同時代人のためにわかりやすく、つまり、同時に厳密に、きめ細かく、心をとらえるように表現したい」(II 287)。キュンクの平易な文体は、教会内の高度な神学を駆使するだけでなく、教会外にも幅広く訴えるものだったのである。

こうしたキュンクの著作は「事柄を正確に書くだけでなく、文学的に磨き抜かれた」ものと七〇年代末に評価され、著名なスイスの劇作家であるフリードリヒ・デュレンマット (本書二五二頁) と共に、ドイツ連邦共和国の作家協会に受け入れられた。『キリスト者であること』の英訳もアメリカの作家協会から受け入れられた。『キリスト者であること』はカトリック教会とドイツ語圏を遥かに超えて、世界各地で受容されたのである。

9　世界への航海

キュンクはカトリック教会内部での教授職を剝奪されたが、カトリック神学部からは独立したエキュメニズム研究所に教授職を得て、テュービンゲン大学にとどまることになった。この人生の転換期について、彼は次のように述べている。「『教皇批判者』や『教会批判者』は私の職業ではなかったし、これからもそうではない。否、必要なのは新しい岸へと向かって出発することだ！　もちろん古い故郷との結びつきを私は決して破らない。けれども、私はローマ・カトリックの『内海』の諸問題に固執するよりもむしろ、今や以前よりもずっと、諸宗教と諸文化の『世界の海』へとあえて出てゆきたい」（III 18）。

一九八〇年を転機として、キュンクは多くの研究者たちを巻き込んで、かねてから企図していた実験的構想を展開してゆく。それは「教会だけでなく、人類を動かす諸々のテーマ。つまり、女性とキリスト教、神学と文学、宗教と音楽、宗教と自然科学、諸宗教や諸文化との対話、諸宗教の世界平和への貢献と、人類あるいは世界に共通するエートスの必要性」（III 16）である。

こうした多岐にわたる研究プロジェクトの中でも、イエス・キリスト論が一貫した役割を果たしていることに注目したい。それはキュンクが「パラダイム」理論をキリスト教史の理解に応用する時に現れてくる。パラダイムとはトーマス・クーンが『科学革命の構造』（一九六二、邦訳一九七一）で示した概念であり、「一定のコミュニティの成員が共有する信念、価値、技術などの配置全体」を意味する（III 124）。

キュンクはローマ教皇庁が固守する中世さながらの神論、教会論、キリスト論と衝突するたびに、そのような世界観がいったいなぜ今なお維持されているのかという疑問を抱いた。とりわけローマの「大審問官」ラッツィンガーこそ、ひとつの異なった、神学と教会の基本モデルの体現者だった。キュンクはラッツィンガーとの違いをプトレマイオスの天動説とコペルニクスの地動説の対立に譬える。プトレマイオスとコペルニクスにとって、太陽、月、星々は同じものだが、両者は全く異なったパラダイムに基づいてそれらを見ている。キュンクとラッツィンガーは同じカトリック教会に属す神学者でありながら、神、イエス・キリスト、聖霊、そして教会を、かつてプトレマイオスとコペルニクスが太陽、月、星々を見ていたように、異なった視点で見ているのである。双方の相互理解は不可能でないにせよ、困難である。

ここでキリスト教神学と自然科学を比較してみると、本質的な違いは以下のことにある。神学は――法学や歴史学に似て――自然科学とは全く違って、連続性に対して関心を持つ。キリスト教神学にとっては「イエス・キリストについての根源的な信仰証言」が不可欠の土台である。もちろん神学は自然科学と同様に「現在と未来へと関係している」。けれども神学はさらに「起源にも関係している」（III 126-127）。

キュンクによれば、キリスト教のパラダイムは、根源的でユダヤ・キリスト教的（I）、古代教会的・ヘレニズム的（II）、中世的でローマ・カトリック的（III）、宗教改革・プロテスタント的（IV）、近代（モダン）啓蒙的（V）、さらにポストモダン（VI）という五、六段階のパラダイムを成している。これらのパラダイムがどのように変化しようと、二つの「常数」が残り続ける。それは、現代の経験世界を地平として真剣に受け止めること、それと同時に、キリスト教に固有なメッセージを不可欠の尺度として持ち続けることである。

キュンクはこのような理論的土台を固めつつ、それと同時にキリスト教の壁を遥かに超え出て、諸宗教や諸文化との対話や平和構築を試み、それらに共通する「世界エートス（Weltethos）」を探求してゆく。その探求の理念はおよそ以下のようなものである。

まず、ローマ・カトリック教会が説いてきた「教会の外に救いなし」といった伝統的命題の無謬性を克服しなければならない。またプロテスタントに典型的な「キリストの外に救いなし」という思想も克服しなければならない。そもそも聖書は、これらの偏狭な視点に抗って、神の普遍的な救済意志を明確に証言している。つまり聖書の神は、すべての人間を祝福しているのであって、キリストを知っている者だけを祝福しているのでは決してない。宗教的な人間にも非宗教的な人間にも共通する土台は「根源的信頼」である。これこそが人間に共通する「根源的エートス」の土台となる。

聖書における擬人的な神観念は、あまりにも人間化されて理解されてきた。こうした神観念は、インドや中国に起源をもつ諸宗教の類比的な諸観念と対比しなければならない。また現代の自然科学の諸成果と和解させなければならない。

教義学的なキリスト理解は、ヘレニズム的なカテゴリーで表現されてきたが、歴史的批判的なイエス研究によって検証されねばならない。ナザレのイエスこそが、他の諸々の世界宗教との対話のための堅固な土台となる。なお、キリスト教のみならず、各々の宗教をそれらが自己理解しているように叙述すべきである（III 679-680）。

キュンクはまた「教会の一致」、「諸宗教の平和」、「諸国民の共同」という三つの目標を掲げる（III 112）。そして「宗教の平和なくして世界の平和はなく、宗教の対話なくして宗教の平和はない。そして基礎的研究なくして宗教の対話もなし」と主張する（III 680）。

こうした宗教間対話のための土台として、あらゆる属性を問わず「各人は人間的に扱われねばならない」という「人間性の根本原理」をキュンクは提唱する。それは伝統的に世界各地に見られる「黄金律」、「相互性の根本原則」に現れている。古代の諸宗教がこのような似た規則や中核となる規範をもたらしたことは偶然ではない。それらは人間の共生にとって必要な四つの領域に集中する。それはすなわち、第一に生命の保護（殺すなかれ）、第二に財産の保護（盗むなかれ）、第三に真理の保護（偽るなかれ）、第四に性的関係の保護（猥褻を行うなかれ）、という四点である。こうした基本的諸規範の共通性を意識化し、そしてそれを今日の状況へと適用しなければならない（III 684）。

キュンクはこのような理念を掲げて、一九九〇年に『プロジェクト世界エートス』（*Projekt Weltethos*）を刊行し、一九九五年には財団「世界エートス」を設立する。キュンクの活動は、カトリックの高位聖職者階級からは冷遇され続けた一方で、むしろその外部において、一般人から政界財界の指導者にまで至る世界各地の人々から、絶えず感謝や共感や励ましを受け、また国内外から数多くの賞を受賞した。この世界規模の活動は彼の最晩年まで続いてゆく。

キュンクは九〇年代から二〇〇〇年代にかけて、キリスト教の信条を現代的視点から解題した『我信ず――同時代人のための使徒信条注釈』（*Credo. Das Apostolische Glaubensbekenntnis – Zeitgenössen erklärt, 1992*）や『私が信ずること』（*Was ich glaube, 2009*）、その他にも『キリスト教』（一九九四）、『ユダヤ教』（*Das Judentum, 1991*）、『イスラム教』（*Der Islam, 2004*）といったアブラハム三大宗教を論じた歴史的体系的な大作、さらに自伝的回想などを次々と刊行してゆく。

10 『イエス』(二〇一二)とその背景

キュンクの生涯をたどってきた本解説は、ここでようやく本書『イエス』(二〇一二)にたどり着いた。冒頭ですでに述べた通り、『イエス』は約半世紀前に書かれた『キリスト者であること』(一九七四)の中から、二一世紀初頭の読者にとって必要な骨子を抽出し、改訂したものである。したがって本稿第七項で紹介した『キリスト者であること』の要旨がほぼそのまま『イエス』にあてはまる。

キリスト教に固有な持続するものは、何らかの抽象的な観念や原理や教義ではなく、単純明快にイエスという一人の人物である。教義や教理は人を喜ばせたり温めたりすることはできないが、人間イエスはメッセージ、行動、運命によって、人々を喜ばせ温める。教会は絶えずこの一人物に拠って立つ。『キリスト者であること』以来変わることのないこの立脚点に、キュンクは本書において今一度立ち返る(III 592-594)。

本書はまた、序文「どのようにして私はイエスへと近づいたか」で示唆されているように、生涯最大の論敵であり迫害者となったラッツィンガーとの長きにわたる対決を背景としている。ヨハネ・パウロ二世の死去後、ラッツィンガーが新教皇ベネディクト一六世となった在位期間(二〇〇五―一三)の末期に出版されたものである。

新教皇選出の直前、キュンクは枢機卿たちに公開書簡「教皇選出のための諸基準」を送った。その中には「教皇はイエス・キリストの福音に基づき、まさにそれゆえに今日の人々の諸欲求を顧慮していること」が基準の一つとして挙げられていた。その直後「大審問官でありあらゆる教会改革への敵対者」

ラッツィンガーが教皇に選出され、キュンクを落胆させた。それにもかかわらずキュンクはこの新教皇との対話を諦めなかった。両者の道がますます異なってくるにもかかわらず、決定的に共通するものが残り続けているはずだという希望をキュンクは捨てなかった。それはキリスト者であるという共通性、さらにどれほど対立しても人間として互いに尊重し合うという共通性に対する希望だった。二〇〇五年九月、キュンクは教皇となったラッツィンガーとヴァチカンで再会を果たし、直接に対話する機会を得た（III 540-555）。

だがその後、キュンクの期待は再び失望へと変わっていく。『イエス』の序文にもそれが示唆されている。二〇〇八年四月、教皇はワシントンに米大統領ジョージ・ブッシュを訪ねて、ホワイトハウスで自らの八一歳の誕生日を祝った。ブッシュは虚偽の情報に基づいて国際法に違反するイラク戦争を率いた張本人である。けれども教皇は、イラク戦争についても、国内外での拷問や人権侵害についても沈黙する。キュンクはヴァチカンがアメリカの共和党右派と共同戦線を張っていることを厳しく批判した（III 566）。

『イエス』の前年に出された『教会をまだ救えるか？』（*Ist die Kirche noch zu retten?*, 2011）において、キュンクは教皇ベネディクト一六世の下でカトリック教会が陥っているかつてない危機を論じた。二千年にわたって制度化されてきた支配システムは今や真理の独占、霊的かつ非霊的な権力濫用、放漫経営、性的虐待、女性差別といった数々の病に冒されている。近現代にこれほどの腐敗や不正に犯された教皇時代はなかったとキュンクは言う。こうした諸問題に追い詰められた教皇ベネディクト一六世は、二〇一三年に自らの意志で退任した（III 596）。

キュンクは半世紀にわたるラッツィンガーとの対立を「聖書か、それとも教義か？　教義は聖書の下教義のキリストは歴史のイエスの側から理解すべきか、それともそれとも上にあるのか、それとも逆か？」という対立として捉える（II 24）。ラッツィンガーはヘレニズム的な教義を大前提として、それを新約聖書の諸文書の中に読み込み、その上で、聖書と並行する伝承を神的啓示として受容する。その際イエスは、彼より後の教義を通して現代のために解釈される対象にすぎない。

これに対してキュンクは教義史と聖書を批判的に研究し、イエスの根源的なメッセージ、人物像、運命を尺度とする。その際キュンクは古典的なヘレニズム的キリスト論や三位一体論を単に拒否しているわけではない。むしろそれらの教義を聖書的な起源の側から解釈して、それらの意図を現代の言語で採り入れようとするのである（II 407）。例えばキュンクは『我信ず』（一九九二）の中で伝統的な使徒信条を極めて現代的に解き明かしている。また「上からの」キリスト論の発展、とりわけキリストの先在や救済論の発展を大著『キリスト教』（一九九四）において詳述している。

ラッツィンガーはまた「カトリック」概念を「カトリック的なものの生成した現実」と同一視する（II 228）。このように教会の遺産を無条件で受容する態度をキュンクは「カトリック主義（Katholizismus）」と呼ぶ。

これに対してキュンクは以下のように主張する。「カトリック（公同）」とは「全体の、普遍的、包括的な、すべての」教会を意味する。このような教会に対して責任があると考える者がカトリック神学者である。これは二重の意味を持つ。すなわち、あらゆる時代の教会との霊的な結びつき、そしてあらゆる空間におけるキリスト教会との結びつき、すなわち「時間と空間におけるカトリック性（Katholizität）」である（II 228）。キュンクによれば、このようなカトリック（公同）性の基準とは「根源的なキリスト教的メッセージであるイエス・キリストの福音」に他ならない。それは狭義のカトリック、プロテスタントの境界線をもはや超出した、次のような姿勢である。

真の意味のカトリック神学者は、福音主義的な志向を持たねばならない。逆に、真の意味で福音主義的神学者は、カトリック的に開かれていなければならない。この意味で私たちは、カトリックであろうが福音主義であろうが、エキュメニカルな神学者でありうる。言い換えれば、真のエキュメニカル性とは、イエス・キリストの福音のほうから中心化され秩序づけられた「福音主義的なカトリック（公同）性」である。（II 229）

キュンクはまたカトリック神学者として「情報（インフォメーション）の知だけでなく導き（オリエンテーション）の知」を提供しようとする。つまり「人間的なもの、宗教において一般的なもの、教会の外にあるものを、神学の中で通常なされている以上にしっかりと真剣に受け止めるが、それと同時に、キリスト教を区別するものを、それ以外のものよりも明確に結晶させたい。それによって読者が本質的なものを非本質的なものから区別することを学ぶためである」。キュンクはこのような神学を「キリスト教神学であると同時に、世界–神学（Welt-Theologie）」と呼ぶ（II 287-288）。それは最も広い意味においてエキュメニカルな神学、すなわち全「オイクメネー」＝「住まわれた」地の全体へと向けられた、「この世（Welt）」の神学である（II 295）。

『イエス』出版の翌二〇一三年、新たに教皇フランシスコが選出された。キュンクは新教皇の活動を以前の教皇たちよりは評価しつつも、批判的な注視と提言を続けた。教皇フランシスコもまたキュンクとの対話を拒まなかった。歴代教皇に対してキュンクが求め続けたことは、一貫して「キリスト者であること」に他ならなかった。各々の教皇との関係については、キュンクの晩年の著作『七人の教皇』（*Sieben Päpste, 2015*）に詳しく述べられている。

ひとは高邁で抽象的な理念だけではなく、具体的かつ利他的に生きた先人の実例を必要とする。キリスト教にとって、それはナザレのイエスという一人物に他ならない。その意味で、まさにキュンクが言う通り、キリスト教の本質は「イエスの記憶を理論と実践において活性化すること」である。巨大な権力との対決を耐え抜いたキュンクが拠りどころとしたものは、本書の序文と結びに登場するあの信条、すなわちナザレ人イエスの生と死にわが身をゆだねる根源的信頼であった。

冒頭でも述べた通り、本解説はキュンクの自伝三巻本に基づくキュンク像、とりわけ彼のイエス・キリスト理解に照準を絞ったものである。それゆえにキュンクが遺した巨大な功績をあくまで一つの視点から照射したものである。これとは異なる第三者によるキュンク研究ももちろん存在するが、本解説はここで稿を閉じることにしたい。

二〇二四年四月

福嶋　揚

著者紹介

ハンス・キュンク（Hans Küng）

最も世界的に活躍したキリスト教神学者の一人。1928年スイスのルツェルン州に生まれる。1954年からカトリック司祭。1960年からドイツのテュービンゲン大学カトリック神学部の教授。1962～65年、第二ヴァチカン公会議に最年少の神学的助言者として参加。1979年末、教皇ヨハネ・パウロ2世によってカトリックの教授職を剥奪される。翌年から1996年にかけて、同大学にてカトリック神学部から独立したエキュメニカル神学の教授。さらに「世界エートス」財団を主導してグローバルな宗教間対話を開拓した。2021年テュービンゲンにて死去。『キリスト者であること』、『神は実在するか？』、『キリスト教』、『ユダヤ教』、『イスラム教』等々、膨大な著書がある。

訳者紹介

福嶋 揚（ふくしま・よう）

東京大学大学院博士課程修了、テュービンゲン大学を経て、ハイデルベルク大学にて神学博士号取得。専門は組織神学と倫理学。現在、東京大学大学院、無教会研修所、日本聖書神学校にて講師。

著書に『カール・バルト――破局のなかの希望』（ぷねうま舎、2015年）、『カール・バルト――未来学としての神学』（日本キリスト教団出版局、2018年）、Aus dem Tode das Leben. Eine Untersuchung zu Karl Barths Todes- und Lebensverständnis（TVZ, 2009）、訳書にユルゲン・モルトモン『希望の倫理』（新教出版社、2016年）他。

イエス

2024年6月5日　初版第1刷発行

著　者　ハンス・キュンク
訳　者　福嶋 揚
発行者　大野祐子／森本直樹
発行所　合同会社 ヘウレーカ
http://heureka-books.com
〒180-0002　東京都武蔵野市吉祥寺東町 2-43-11
TEL : 0422-77-4368　FAX : 0422-77-4368
装　丁　末吉　亮（図工ファイブ）
印刷・製本　精文堂印刷株式会社

ISBN 978-4-909753-18-2　C 0016